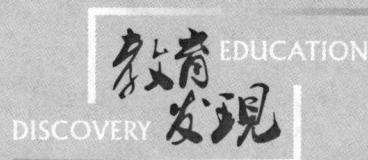

教育 EDUCATION
DISCOVERY 发现

王国平说

幼教管理

王国平 著

说管理，说方法，
说观点，说家园之间

听王国平说……

开创性地提出『四维管理』架构

制度、关系、目标、文化

团建每天一次
一次二十四小时

园长应该当『团长』

教育不是消费，是投资

幼儿园的『硬中软』和『软中硬』

山东文艺出版社

图书在版编目（CIP）数据

王国平说幼教管理／王国平著. —济南：山东文艺
出版社,2021.4
ISBN 978 - 7 - 5329 - 6377 - 5

Ⅰ.①王… Ⅱ.①王… Ⅲ.①学前教育—教育管理
Ⅳ.①G61

中国版本图书馆 CIP 数据核字(2021)第 059524 号

王国平说幼教管理

王国平　著

主管单位	山东出版传媒股份有限公司
出版发行	山东文艺出版社
社　　址	山东省济南市英雄山路 189 号
邮　　编	250002
网　　址	www. sdwypress. com

读者服务　0531 - 82098776(总编室)
　　　　　0531 - 82098775(市场营销部)
电子邮箱　sdwy@ sdpress. com. cn

印　　刷	青岛国彩印刷股份有限公司
开　　本	710 毫米×1000 毫米　1/16
印　　张	21
字　　数	290 千
版　　次	2021 年 4 月第 1 版
印　　次	2021 年 4 月第 1 次印刷
书　　号	ISBN 978 - 7 - 5329 - 6377 - 5
定　　价	58.00 元

说在前

　　我发现大多数管理者并非科班出身，多是半路出仕，都是在工作中不知不觉崭露头角，并因此被发现了无意潜藏或有意出头的管理才能。

　　被提拔为校长、园长的人，不外乎是在教学能力和业绩上出人头地了，或是在班级管理上优秀了，在家长管理和关系处理上做好了，当然，也包括在同事关系处理上显出了高情商，于是，就可能在有机会的时候抓住机会，提干了。

　　还好，当被提拔或准备被提拔的时候，对校长（园长）来说，有持资格证上岗制度，因此有了校长（园长）岗前培训班。然而，现实中更多的是"先上车后买票"的情况，尤其是管理不规范的民办学校，特别是快速发展的民办幼儿园，它们的校长（或园长）几乎都是"在游泳中学会游泳"，速成上岗。

　　本书的编辑理由，或叫初心，就是为刚踏上幼儿园管理岗位的人，"勾勾点点地画一个管理草本"。除此之外，书中也包括一些"过来人回头说的话"，以及一些被时间和实践佐证的管理"小验方"。

　　在您开始翻读之前，我还有话要说，说一个贯穿性的管理思想，属于个人对管理的积淀、认识和解释，概括起来就是：

　　管理就是管"理"，管到理上就叫"管对了"，这是管理的科学性；

　　管理就是管"人"，管得走心就叫"管好了"，这是管理的艺术性。

我不太认同管理就是管"事",因为事在人为,因为没把人管好就谈不上管事,因为目中无人的管理本身就不在理。尤其是以人为本的教育管理。

早年,于显州校长就讲过这个理。

他是小学体育老师出身,竟然被提拔为市重点高中校长,他说自己不懂教学,还说自己在学校管的人最少,只管教学副校长和后勤副校长。

他把这两个人管好了,学校也管好了。他是好校长。

其实,管理这点事说简单就简单,就看你是否具备删繁就简的功夫,包括我的"说在前",也不敢啰唆,怕把"序言"说成了"絮言",若如此,没到正文就读累了。

所以,我把前言写成了"说明书",并且,依然是"以说为本",不谈不论,但凡涉及的学术理论也尽量转化为"白话文"。目的只有一个,让太忙一族的园长们,读着轻松,读后有用。

王国平　2020 年春

目　录

第一辑 说四维架构

制度管理就像盖大楼，
基础和框架组合为制度体系，
但只有基础和框架就如烂尾楼，
是没生命灵性、很僵硬的管理。

关系管理不简单，比盖大楼复杂得多，
尤其是教育管理的核心元素是人，
人的特点是有天性，有人性，有个性。
于是，人和人、人和事，
纷繁复杂、盘根错节的关系构成了教育管理的重心。

管理要有方向，有目标，有高度，
若无目标就会集体迷失方向，
就可能有劲用错了地方。

管制度、管关系、管目标这"三维体系"有能见度，
见不到却能感觉得到，第四维度是文化管理，
她隐藏在三维架构的任何一处。
文化是管出来的，文化也具备管理功能，
文化管理的境界很高，属于无为之治。

我提出了"四维管理"架构

管理是一门科学，也是一门艺术，如用俗解，科学就是"管对了"，艺术就是"管好了"。尤其是管理艺术问题，属于管理有方但无定式，很个性，与管理者的个人素养和能力有直接关系。

本文并非讨论管理艺术问题，而是基于科学的管理体系，在以管理三大主轴的内在张力关系建构起来的三维立体架构基础上，将文化管理用非空间的概念，以"大象无形"的存在感，表述为第四维。

不过，有两点必须说在前面：

1. 文中观点属于本人在管理实践中的归纳，未及理论庙堂之高，或有不揣浅陋之处，或属见仁见智；

2. 以学校（幼儿园）管理的经验为基础，其他行业管理仅作参考。

接下来，先"搭个台阶"，以便让管理新手能"登堂入室"。这个"台阶"就是我常说的话：管理其实很简单，就两条，一是"知道管什么"，二是懂得"怎么管"。

然而，恰恰就是"管什么"的问题，会让初涉管理的人有点慌乱，甚至知道得越多心里越没谱，越没有头绪。为解决这一问题，我通过有序、有理的归纳，建构出四大管理体系，并借此绘制出一幅管理结构图。（如图）

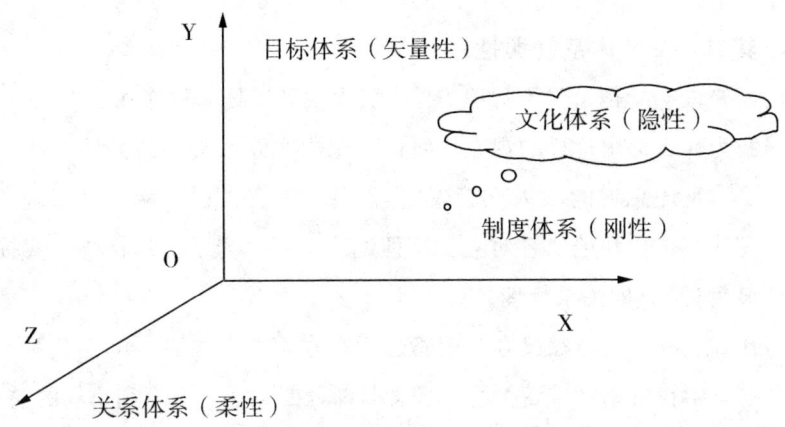

其一：制度体系（刚性）

没有制度不成管理，所以，我在表述诸多管理板块或元素的时候，会把管理制度的建设，或者说制度管理，放在首位。

一般来讲，常规制度的分类有五种：工作职责类（干什么）；工作规范类（什么不能干）；工作程序类（怎么干）；工作考核类（干好干坏怎么看）；工作激励类（干好干坏怎么办）。

当然，除了上述常规制度之外，每所学校（幼儿园）肯定还有属于自己的校本（园本）制度，或者说，属于项目形式下发挥自主权和融进了管理者的思想的机制建设。

比如，有一所民办幼儿园的工作规范红线是不允许收取家长馈赠，却支持家长给整天忙在幼儿园的老师介绍对象，说这个可以有，并就此给家长设立了"红娘奖"。

再比如，有一所民办幼儿园用活了自主机制，设立一个"当家做主奖"，竟然直接奖励园龄五年以上的优秀老师股份。这才是真正的家文化。

总之，制度体系应该有很清晰的板块和线条，分常规和非常规两类。关键是，制度是不是有用和有效，以及能不能管对人和管对事。

其二：关系体系（柔性）

需要说明的是，关系管理的提出我没找到出处，权作我个人观点。

我为什么提出这样的观点，而且还建构成体系呢？这是源于我们多年说不清楚还总说的"人文管理"。而且，还有人说人文管理很虚，制度管理才实在，并把二者对立。这种说法不对。为了梳理概念，我提出了"软管理"，即关系管理。

比如，我认为，在民办学校管理中存在着八大关系：师生关系、家校关系、师校关系、校董关系、理念与课程的关系、教育和市场的关系、学分与学品的关系、部门之间的关系。

通常这些关系的管理基于两个管理点：一个是摆正关系定位，一个是关系发展定向，一静一动，均取决于管理者的思想、素养、历练、眼界、行为。而能够把一个组织中的各种关系管理得和谐有序，绝不是简单的管理手段和方法问题，而是前面所言，首先要管得对。

其三：目标体系（矢量性）

前面所说的制度体系和关系体系，若能做到"制度建设有人文，关系管理看制度"，那么这两个维度之间就不是孤立的存在，而是有机的关联，并因此构成张力，让管理呈现出一个基础平面来。

但这远远不够，管理不能没有目标，否则团队就没有方向感，管理也缺少高度。所以说，任何层级的组织，都必须建设好适合自己的工作目标体系。

在此，我用了物理概念矢量来表述目标，因为矢量是有大小和方向的量，目标即如此。

而且，对于任何一个组织而言，每一个成员必须清楚："我的努力方向和目标在哪里？我们的努力方向和目标在哪里？"对于学校或幼儿园整体来讲，一般表述为三年规划、年度重点、学期计划、月度大事等，并且还要分解到各个部门和各个项目中，也包括个人的工作目标、发展目标等。

这些目标集合就是三维架构中的纵轴——目标体系。

请大家注意，在三维立体坐标系中，以纵轴来表述目标有两层含义：第一，目标管理属于管理的高度，是衡量所有管理效果的硬道理，甚至可以说，没有目标就没有管理；第二，制度管理和关系管理是支撑目标管理的基础和保障，由此可以看出，这三个维度的管理本身就是密不可分的一个整体。

其四：文化体系（隐性）

与前三个维度的显性管理不同，一所学校或幼儿园能呈现出文化管理，绝非一时之功，靠的是多年的管理积淀。我曾在《中国教师报》《平视教育》专栏发表过一篇文章《文化是老汤》。文章的核心观点是，文化不是写出来的，也不是喊出来的，而是用优秀的管理熬出来的。

我还说，"熬出来"的文化是有管理作用的，并且，相对于前面的显性管理，文化管理当属于更高级别的隐性管理。如同武术大师的内功，无形而有力，"熬出来"的文化无为而有治，时时处处都在，潜移默化地作用于组织内所有人。

所以说，一所学校若能管理出有内涵的文化，一定是日积月累、文化长期坚守的结果。尤其是百年老校的文化，如"铁打的衙门"，坚固厚重。

至于文化体系内含板块有哪些，若以学校和幼儿园为例，应该集中在理念、团队、课程、服务和行为等方面。当然，有时对于那些长年抓实践而缺少理性提升的组织，文化可能被埋在很深之处，需要提炼。

描述完四维管理的整体架构之后，说点实话。

管理者从来不是师范学校教出来的，一定是在工作实践中锻炼和发展起来的，所以，我们常常会提出如下问题：管理者的成长路径科不科学？有没有快捷的成长模式？

我想，这就如游览风景区，有的人顺路不问路，见啥看啥，然后出门回顾，把碎片粘贴为整体；有的人进门先找导游图，然后按图索骥做游览计划，这叫心中有数，总揽全局。

管理应该更像后者，但难度要大得多，因为缺少一个"导游图"。所以，更多的情况是，从一点一滴、一事一人的管理做起，在经验提升和职务提拔的路径下，拓宽管理视野，发展管理能力。

但这不是捷径。

捷径在哪里？我想把自己几十年的教育管理经验，把"自家特产"的"四维管理"拿来与诸位教育管理者或正在走向教育管理平台的朋友们分享。

说制度管理

制度的"产房"在哪里

我师范毕业分到高中当班主任时，不仅没有当老师的经验，也没有当学生的经验。因为，我只上了四年半小学，"文革"开始后就停止了学业。所以，初为人师，处处有问题。

第一个问题是，教导处要求各班级制定班规。我不懂，一点都不懂，问谁？傻傻的我竟然先向学生请教。

好在我的学生比我还傻、还实在。七嘴八舌、献计献策，一个班会下来，近二十条班级管理条款就弄出来了。那时我不知道啥叫民主管理，算是歪打正着。我挑了十条组成了班规，恰好这十条分别出自不同的学生。我灵机一动，任命这十名学生为"班规监督员"，谁说的谁管。

这招有效。其中一个"胳膊粗"的男生写了一条，"下课后桌面必须整理干净"。然后，他就用"粗胳膊"在很短的时间内把这事管好了。每天课间检察，我班教室的桌面最整洁。于是，我表扬了他和他的那一条班规。

这条班规"下岗了"，再补充一条吧。还是这位学生，在管理桌面的时候发现，表面干净了，书桌内部却很乱。于是，他自己主动换成"无论上课与课间，书桌里面的物品必须摆放整齐"。他又有了新任务……

那一年，我这活干得很漂亮，得到了学校领导的表扬，这让我确定了一点，我的班规是学生定的，与常规班规相比，出生的"产房"不同,"体质健康"。

之后,我在主政创建一所新学校时,也没用那些"放之四海而皆准"的通用制度,也没自己躲在校长室冥思苦想写制度,而是提出三个原则,一是简约,二是民主,三是实用,然后扔给各部门让他们自己写制度。

记得当时我并没有想太多,而是很武断地提出:开学之初不易窝在办公室做文案,各个部门自己讨论,尽快写出"开学初必备制度"。而且,各个部门的制度不允许主任执笔,更不许从网上下载。同时我还讲到,写制度不要求滴水不漏,没用的话不说,有用的话说利索点,每个部门不得超过五条。

那次下来,全校加在一起也不过三十几条制度,都是一些基本的要求和流程。整理完,行政部一位老师十分惊讶,说:校长,再简约也不能没有考勤制度啊!我一看,也是。但一想又释然了,因为大家在研讨制度前我有言在先,要讲实用,讲开学急需,所以,大家都忘了这件事。为啥忘了考勤呢?原因是大家都满怀创业激情,没黑没白,把无私当作情怀,把奉献作为常态。

想明白之后,我笑了笑,平静地对发现问题的这位老师说:不急,以后再说。

后来,我在讲制度管理的时候归结了一个"出生与成长"原则:

1. 出生:只有健康出生,才能具有活力。那些在校长室里出生的制度,往往缺少生命力。

2. 成长:制度成长有一个曲线规律,我解释为,由少到多,再由多到精。或者说是,"由瘦到胖",当文化形成后,再去"健康减肥",减掉一些没有用处的制度,让管理变得更加轻灵。

总之,需要记住,制度必须是活的,从出生就有生命力,要有用、实用、好用。

制度家族都有谁

制度的特征是约定性,制度的品质是法度性。约定性决定了制度的种类，法度性解释了制度的严肃性。

正是基于此，我把"制度家族五兄弟"归纳如下：

1. 约定干什么的制度——岗位职责

对于新入职的员工，在培训时第一件事就是要告诉他们应该干什么，不然他们会稀里糊涂"不知道自己是干什么的"。以我个人为例，我刚分到学校当班主任的时候，就没人交给我一份岗位职责，我也真不懂怎么当老师，以至于课表中周一的班会我不知道是谁的课，竟然傻傻地去教务处反映，说教班会的老师缺课了。

2. 约定什么事不能干的制度——规范类

诸如，不能体罚学生，不能收家长馈赠，不能迟到早退，不能在上课和组织学生活动时接打电话，等等，也就是教师行为规范之类的制度。

这类制度的特点是具有职业性约束，也反映了社会规则意识。

3. 约定什么事怎么干的制度——常规类

这一类包括课堂教学常规、班主任工作一日流程、校医工作一日流程、生活教师工作一日流程、每周消毒工作流程，还包括人力资源招聘入职流程、大型考试流程、学生事故处理流程、家访工作流程、大型活动工作流程等等。除此之外，还有一些专项制度也属于此类，如工资机制、福利发放规定、教师业务进修规定、教师产假规定等。

4. 约定干好干坏标准的制度——考核类

这类制度通常和一个组织的管理文化对接，具有相对园本（校本）的特点。甚至，更换领导也会直接影响这类制度的标准。当然，这种情况本身就是问题，可实际又是如此，一个领导一种看法，角度不同。

不过，无论如何，制度体系中的各项工作都应该有考核标准，也必须有监督检查的过程；若无，前面的三类制度就无法落地。

5. 约定干得好坏怎么办的制度——奖惩类

毫无疑问，制度体系没有奖惩就没有动力和活力，也可以说，奖惩制度最终是激活前面四类制度的发动机。

所以，在我的观点中，制度这一家子，以奖惩制度为王。

除此之外，还有两点需要说明：

第一，上面说的这五种类型，常常混搭在一起出现在一个制度文件中，不一定以分立的形式出现。

第二，广义的制度还包括口头约定，特别是一些"临场问题"，在没有时间走程序的情况下，领导的口头要求也具有制度属性。

另外，我们在谈制度家族的时候，不能忽视"全制度"问题。"全制度"是我个人的说法，不是指制度体系的完整性，而是指一些制度缺项导致的无效制度问题。

举一个例子：六一文艺活动之前，园长开大会对全园老师提出要求（口头制度），"今年的六一大家一定要努力做好活动，内容要有所创新，节目要有品位，做不好可不行！"

大家想想，这位园长的口头制度有效吗？我看问题大了。一个是具体标准很模糊，另一个是没说清楚怎样考核，考核点在哪里，更重要的是根本就没说做好了和做坏了怎么办，也就是缺少最重要的奖惩制度。所以，这是一个典型的无效制度管理。

口头制度的问题很多，常常是不经过三思、没有文稿的决定，而且，单位一把手的话都有些"金口玉言"的意味，所以，对那些喜爱随意管理、喜爱随便许愿、喜欢随时说制度的领导，必须送上两个字——慎言。

好制度下才有好人好事

我常讲，所有的人都是两面人，一面为善，一面为恶。在优秀的环境下，人心向善；在恶劣的环境下，人心显恶。我说的这个环境包括大的人文环境，也包括组织体制内的制度环境，具体讲，好的制度一定是抑恶扬善的制度，不好的制度会让人释放负能量。

上面的说法有些概念化了，我还是讲故事吧。

一位有些财产的孤寡老太太，雇了一位保姆。这位保姆非常勤勉，也善解人意，她的照顾让老太太十分满意。后来，老太太竟然感动得立了遗嘱，承诺把身后的财产全部赠给保姆。保姆得知后非常高兴，工作也越发努力，老太太身体被照顾得也越来越好。

时间久了，保姆的心态渐渐发生了变化，有些着急拿到遗产。终于有一天，她心底的恶彻底跳了出来，她用药慢慢地把老太太毒死，取得了那份垂涎已久的遗产。

这个故事说明了啥？在我看来是坏的制度触碰了人性恶的底线。

同样的情形，另一个老太太的做法是，给保姆设定了阶梯式增长的薪酬机制，而且，增长的幅度越来越大。结果，这位保姆的工作很到位，一心希望老太太健康长寿，因为，后面的薪水越来越诱人。与前者相比，后者赢在好的制度设计上。

上述两个故事都设置了激励制度，都体现了"干好干坏怎么办"，结局却完全不同，问题出在哪里呢？是制度的品质出了问题。我在讲制度管理时说过，好制度就好在对人性的保护，好制度一定是尊重人性的，而不是去挑战人性。

说到这里我想到了孔融让梨，这个经典故事几千年来影响和教化着一代又一代的孩子，但这个故事深处潜藏着问题，即挑战人性。与之相反的做法是什么？让我们来看看西方文化下"哥俩分蛋糕"的故事。

故事讲的是，哥俩分一块蛋糕，爸爸制订了"怎样做"的制度：事先约定，谁切蛋糕，谁就后取蛋糕。这个制度有意思吧，逼着切蛋糕的孩子切得非常平均。其实，在我看来，这个制度不是有意思的问题，是有文化的问题，是对规则意识的高度敬畏。

为了更好地解释坏制度在管人时的问题，我们再看看下面的案例：

有一所幼儿园，创办者曾是加工业的老板，在管理工人时积累了一些经验，他把这些经验拿到幼儿园来使用。结果怎么样呢？一塌糊涂，先是团队成员心烦意乱，然后纷纷一走了之。

我调研了这所幼儿园，认为老板的出发点没有大问题，他讲的"人都是懒惰的，必须有制度约束"这句话，也很有道理。可他制订的制度却是有问题的，我主要研究了他给幼儿园制订的两个制度。

第一个是考勤制度。开篇就讲"没有理由只有结果"。这是一句刚性十足的定语。我循着这句话在老师中找到了一个案例：一名老师上班时，在幼儿园门外遇见一家父母送孩子时发生争吵，就主动走过去做了一番协调，然后抱起孩子进了幼儿园。结果，错过了摁手印打卡的时间。园长按照老板的管理制度处理，迟到不解释，扣款无条件。

这件事是有副作用的。接下来，大家变得天塌下来也不管，什么家园关系，什么园所利益，甚至有位老师问园长，要是坏人抢孩子，我是不是也要把手印摁完了再说！

第二个是考核制度。他们给老师定的薪酬不低，但全拿到手的很少，为什么呢？被考核掉了。他们的考核细得不得了，每天每时每刻，每事每人每课，都有量化考核。一所区区不到三百儿童的幼儿园，园办专管考核的竟有三个人，园长天天坐在监控屏前记录。如此的考核制度，加上"减法激励制度"的运用，谁能忍受得了，只得三十六计走为上！

好了，不说了，只希望我们的管理者能懂什么是好制度，能制订出好制度。为此，我归结了六条好制度的基本元素：

1. 不以治人为出发点的制度；
2. 尊重人性、不挑战人性的制度；
3. 不去逼迫好人做坏事的制度；
4. 尊重科学而不苛刻的制度；
5. 激励人的上进心的制度；
6. 不扩大管理与被管理之间矛盾的制度。

好文化来自好制度

有一次，我驾车去邯郸，一下高速就看见"不闯红灯从我做起"的标语。我很不理解，如果这是市政府精神文明办公室做的宣传口号尚可，若是交警大队的行为就不对了。因为，交通管理不是靠政治思想工作能完成的事，必须用制度或法制来规范。所以，我认为即便满街都是这句口号，也不如"闯红灯罚款200元，驾照扣6分"这个好使，制订一个制度，不挑战人性。

　　都说在新加坡谁也不敢践踏草地和随地吐痰，有人赞叹其社会文明，并说新加坡人有文化修养。我听后立马想到了"李光耀的鞭刑"。想想就明白了，当年这个多民族杂居的城市，如果只喊一些"小草在睡觉，请别打扰我"之类的口号，能把新加坡治理到今天这样吗？

　　当下民办幼儿园的管理者也都在讲家文化，甚至一些新创办的幼儿园没等开园就把家文化写到了墙上。我在一所提倡家文化的幼儿园考察时，问一位老师：什么是家文化？这位年轻的老师很可爱地回答：园长妈妈说我们是一家人，所以，我们园管理比较宽松，像家一样。

　　且不说这所幼儿园是否体现了家文化，单从这位老师对家文化的理解来看就有问题。因为，家文化不只有爱，家里还必须有家规。反之，没有家规的家、可以任性的家，一定是没有文化的家，一定不会持久，最终的结局就一个——家破人走。

　　那次，我的一位朋友谈起了贪官的事，感叹说世风日下。我说其实这些贪官早年一定很优秀，一定有忘我奉献精神，否则不会被提拔。至于后来为啥违背初心，走向贪腐，我看是因为没有完善的监督制度，让这些原本的能人、好人变坏了。反之，如果监督制度完善，这些人就不会走到这一步，人之向善，社会文化之健康，就会得以保障。这点，习主席看得最准，说：要把权力关进制度的笼子里。

　　有一所民办学校找我讲团队建设的问题。我问校长：你认为当下有什么问题？他说：我在的时候，这些老师还算听话，可我要是不在就不行了。他还说，这些老师最缺的是奉献精神。听他说完，我一抬头，看到了教学楼墙体上的八个大字——惜时、勤奋、文明、奉献。于是，我想了想说：你们不是把奉献写到墙上了吗？咋还说缺乏奉献精神呢？他不知如何回答，说：那是校训。

　　很明显，学校的制度建设有问题。当时我就判断，问题可能出在学校的董事长身上，可能是董事长把教师视为给他打工的人，也可能校长的认识就是这样，老师就是被管理者。果然，通过深度调研，和一些教师进行谈话，这个判断得到了证实。一位中年男教师颇有想法，他说：董事长一开会就要求我们奉献，要求我们以校为家，可他从来没把我们当家人。另一位老师说：他们弄的那些规章制度能治死人，看我们就像看犯人一样。

这就是问题的根源，可能办学之初董事长希望组建一支讲文明、讲奉献的团队，但可惜他没有制订出好的制度。

前日，有朋友向我推介北京丰台区的一所幼儿园，说这所幼儿园的管理太给力了，无论园长在不在，都井然有序。我问：为什么？她说：一切工作都有制度，大家都习惯按照制度和程序做事，根本不用人说。我点头认同，同时表示：可能不止这些，这里一定有文化，一定是他们园所的制度好，有能调动大家主动工作和享受工作的元素。

对这两个例子进行归结，可以得出这样的结论：好制度生出好文化，坏制度制造坏文化，文化始于制度。

同时，我还有一个观点：文化弱的时候制度必须强，文化强的时候制度可以弱。

最后说说医闹、学闹和扶不扶老人问题，因为这些糟糕的社会文化现象，其根本原因也是制度建设问题，是社会经济发展得太快了，制度约束没有跟上来。

比如，明知摔倒的老人在讹人，却没有人敢作证，因为没有保护证人的制度，也缺少惩治讹人的法律。比如，我们民办幼儿园谁没有被学闹过，谁又没有把万般无奈和苦水一并咽下。这是为啥？不就是因为缺少保护学校和幼儿园的制度吗！所以，一些家长堵校门、拉条幅、恣意闹事，一些无良记者造势。当学校和幼儿园求助政府和警察部门时，他们为了维稳，把民办学校推到弱者地位。

说到这种社会问题，着实心痛，因为在家长"维钱"的时候，政府部门"手无制度工具"，只能"维稳"，而我们的学校和幼儿园却无法"维权"！

最后，以一句话结束本篇：有好制度才有好文化。

薪酬机制：制度体系中的"压舱石"

下面是一个幼师在应聘时和园长的对话，其他条件双方都已谈妥，相互满意，只剩下谈薪资了。

老师：园长，你能给我多少工资？

园长：多少工资你能来？

老师：我希望每月不低于3000元。

园长：试用期2500元，转正后3000元，行吗？

老师点头，成交。

对话结束，故事还没完。这位老师入职后发现同工不同酬，就问园长：为啥我们干的活都一样，有的老师工资比我高？园长说：那是因为那些老师来的时候缺人手，所以工资就高一点。

这个真实的故事，后来成了事故，是管理事故，把大家的心管乱了。因为，这位原本做小生意的园长，虽然很懂做生意讨价还价的事，却不懂幼儿园管理。

这是一个典型的薪酬管理反面例子，接下来我们言归正传，正说薪酬。

薪酬体系都包含什么

什么叫薪酬体系？简单讲，就是一组与薪酬相关的制度、机制的组合体。

比如，薪资标准、薪资结构、福利制度、薪资管理制度，还包括与工资相关的考核制度、与工资挂钩的人力资源培养制度等等。

把这些制度和机制放到一个"集装箱"里，可以标上"薪酬体系"的标签。

薪资结构一般有几项

我认为一般有四项：基础工资＋岗位工资＋绩效工资＋各项津贴。

1. 基础工资可谓"本薪"，特点是相对固定，人人平等，是基本保证，只有普调时才"水涨船高"。

2. 岗位工资属于"岗薪"，应该是"薪随岗变"，是干啥活拿啥钱，是基本不变的那部分薪资。

幼儿园的岗位包括主任、教师、配班、保育、校医、保洁、司机、厨师等。

3. 绩效工资是"活薪"，属于典型的活工资，是干好干坏不一样的认定，是有激励效应的板块，这是个人说了算的那部分工资。这部分在管理中学问最大，至少有两点要把控好：一个是按岗位作用大小定基准数额；一个是用合理考核做评估。如此，才能让这种薪资结构中的"活化能"释放出正能量。

4. 津贴的意义何在？我理解为前三项的补充，包括加班津贴（补充临时性工作）、组长津贴（补充岗位工资的小差别）、园龄津贴（补充前三项都无法顾及的部分，是对园所忠诚度认同的体现）。

教师入职只谈钱伤感情

跟应聘教师不谈钱不对，只谈钱会伤感情，怎么办？

我的回答是，谈清楚薪资体系，尤其是把薪资体系中的绩效部分和考核机制讲明白，这是关键。但更重要的是，要告诉老师，"你的工资你做主"，要有言在先，把提薪的标准和过程说清楚，让老师知道自己能把控的因素是什么。

总之，每个教师都应该清楚园所的薪资结构和薪资管理制度，这样才能避免前面说的"小生意"模式，才能在最好的制度下，把主动成长的动力融进薪资管理中。

最好的薪资管理是透明的

国外有种薪资管理方式叫作"背靠背"，也叫"黑箱操作"，就是每个人的薪资不同，彼此不问，也不能攀比。

如果真的能做到如此理想化也罢，可实际上真的做不到，这是对人性的挑战，弄得大家相互猜疑，团队很难凝心聚力。所以，后来就没后来了，渐渐地，没有企业这么干了。

对于学校管理我提出一个观点：最好的薪资结构和薪资管理是透明的。

这种管理操作有难度，属于高手行为。因为，做不好，做得有失公允，做的过程中有"黑箱"，就会让团队抱怨，就会释放负能量，甚至把人管散了，管跑了。

反之，若园长有天下为公的格局，有一身正气，有娴熟的团队思想和管理技术，就一定会用好透明的薪资管理操作，让会干的人和能干的人，劳有所得，心有所归。

最后解释两点：

第一，园长不应在此列，宜采用年薪制管理。因为，园长的格局、园长的利益，必须捆绑在幼儿园的大局和发展之中。

第二，好的薪资体系对团队成员能起到稳定作用，属于"压舱石"。

制度和人文：到底是冤家还是鸳鸯

在有些人眼中，制度和人文是一对互不相容的冤家；可在懂管理的行家眼里，却是一对不可分割、形影相随的鸳鸯。

这个道理不难解释，首先要厘清两个问题：一个是制度的内涵有啥；一个是人文概念的真实是什么。我个人的观点是，制度内涵有三点：法、理、情。尽管许多人说制度无情，可我不那么认为，下面再进行详细的说明。这是对第一个问题的简答。第二个问题是人文管理不是玩虚的，是基于对人性的尊重，管理好各种人与人、人与事的关系，不是唠嗑，不是喊口号。

接下来我还是以话题点穴的方式，说说我的"管理鸳鸯说"。

第一说：制度不仅约束人，还能发展人和成就人

通常谈到制度时大家都会想到规范和约束，但不要忘了，那些尊重人性的制度和激励人心的制度才是最美的制度，因为，在规范下的激励制度能发展人、成就人。包括监狱管理也不全是规范、约束，还有减刑制度。

发展人和成就人，把人当人，这是制度中的人性表达，或者叫作人文管理。

第二说：领导总是讲人情，这未必属于人文管理

这可能是一个不敢得罪人的领导，是一个不敢用制度处理问题的领导，或者说是一个只讲人情没有原则的领导，最终不把群体管得一塌糊涂才怪呢！

所以说，我们千万别用人情来亵渎人文，因为，讲人情的本质是为了自己的利益，讲人文的本质是为了所有人的发展。

第三说：诸葛亮挥泪斩马谡就是"制度＋人文"

马谡失街亭违反军令，当斩。尽管马谡是诸葛亮的爱将、弟子，可面对军法，诸葛亮毫无私情，当斩则斩，这是敬畏制度。但别忘了，斩马谡的时候诸葛亮不仅哭了，还告诉马谡：你走之后，你的父母和孩子我来抚养，我替你尽孝。

这是人文管理的典范，若无后面的"我替你尽孝"，制度就没人情味，若诸葛亮徇私情不斩马谡，制度就没了。

第四说：对事不对人是境界，不是真实

有些管理者处理员工违纪时，先把自己撇清，说"我对事不对人"，言外之意，别怪我无情，遇谁都这样。

其实，对事不对人是必要的，古人都讲"王子犯法与庶民同罪"，所以，执行制度的时候，这等解释不说也罢。但是，有经验的领导按制度处理人之后，一定会用理解和尊重的态度和当事人谈话，以保障制度管理的后效。这是什么？也是制度执行后的人文。

第五说：好制度能保证好人做好事，这是最好的人文管理

好制度对人的私欲和贪婪有制约和管控效力。很多曾经的"好人＋能人"，经过奋斗走向权力平台后，就因为缺少能关住权力的"笼子"，

或者"笼子"缝隙太大，最后，好人没得做了，弄出一堆"好人坏事"后，被重新定义为坏人。

我不认同好人坏人的划分，只认同每个人都有好坏两面性。而后来"被坏人"，实则属于制度不健全，缺少人文关怀，没有保护人的制度。

第六说：必须给制度和人文排序时，我坚持制度第一

别一说制度就联想到"治人"和"管得严，没人味"，不是这样的，制度就如高楼大厦混凝土浇筑的基础和框架，重要性不言而喻。所以，任何一个组织，不论大小都必须首先建设制度，然后再谈人文。

有这样一种说法，小微企业靠人治，中型企业靠法治，大型企业靠文治（文化）。对此，我并不认同。其实，无论大小，包括二人组合，首先要有规矩，也就是制度。只有如此，才能有后来的人文管理呈现。

第七说：西方分蛋糕是好制度，因为内含法理情

爸爸买一块蛋糕给两个孩子分，他懂得孩子的私欲和贪婪，但是，却没用所谓的道德谦让来分配，而是建立一个制度，谁切蛋糕谁就后拿。

这个制度好就好在抑制了人性负面的呈现。因为，西方讲原罪论，就如中国古代荀子的主张"人性本恶"。切蛋糕的制度是保护人、尊重人、在情在理、不挑战人性的制度。

第八说：孔融让梨不是制度，或许是在挑战人性

谦让固然是美德，但若不是发乎于心，别有用心时，这种谦让可能是虚伪。"融四岁，能让梨"就很挑战人性，几千年来让多少儿童以为这是礼仪规矩，尽管心里惦记着大梨，也得违心让给别人。

没有制度支撑的人文，难以立足。

第九说：田忌赛马和洒水车的故事，说明有问题的制度没人文

流传几千年的田忌赛马是小聪明，是钻制度空子的反面教材。所以，

有文章说中国年轻人在外国坐公交车逃票，我说，这是学田忌赛马了。还有治理雾霾的洒水车雨天正常出行，许多人疑问，下着小雨还洒水，是司机脑袋进水了吧？了解后才知道，环卫处每天考核司机洒多少车水，没说天气的事。所以，这不是好制度，不懂人的私欲，没有人文理解。

第十说：幼儿园唯招生的奖励制度是坏制度

有所幼儿园关于老师招生的制度十分简单，每招一个学生给一份奖金。结果有一位教学最糟糕的年轻老师，奖金却拿得最多，这让许多埋头实干的老师心里很不舒服。后来有人发现了个中玄机，原来这名每天工作打不起精神的招生大王，竟然天天站在班级的窗户边望风，一看见胡同口有带着孩子来咨询的家长，就立马冲过去截下来，变成自己的业绩。

这个制度也在挑战人性，而且是赤裸裸的"用钱让鬼推磨"，结果也可能会"让人变成了鬼"，把团队的人文品质弄得一团糟。

最后给出结论：好制度一定内含人文，一定不只是约束人，更重要的是尊重人，发展人，成就人。所以，在制度建设中，千万别棒打鸳鸯，把制度和人文分开对立。

应该有个"管理关系学"

最优秀的管理应该各种关系都理顺，因为，摆正关系，处理好矛盾，才是管理之道。我概括成：关系决定态度。

有一次，在给幼儿园园长培训时，我抛给大家一只"空篮子"，并"索求"：你发现在幼儿园中什么关系能决定园所的命运和发展？

于是，大家开始往我的"空篮子"里扔东西了，如：家园关系、师生关系、师园关系、园董关系、园长和老师的关系、理念和课程的关系、教育服务和商业服务的关系、环境与教育的关系等等。

我删繁就简，集中谈上述"八大关系"，简单整理如下：

一、家园关系

正确的家园关系是真诚、平等、合作，不把家长"当顾客忽悠"，也不"让家长管园长"，情感上是"一家人"，家长和老师一样"在园长管理下"。

好的家园关系，取决于园长的管理理念和方法。

二、师生关系

我有四个观点：第一，孩子是第一服务对象；第二，对孩子好是家园关系的第一"链条"；第三，老师像妈妈但绝不是妈妈，因为老师的第一任务是教育；第四，如果老师不喜欢孩子，就别当老师。

三、师园关系

决定老师和幼儿园之间关系的不是老师，是老板或园长。

我用因果说来解释：老板若把老师当自己家人看，老师就会把幼儿园当作自己家；老板若把老师当打工仔，老师就只干该干的活。曾有人说过：老板把员工当人看，员工就当牛干；老板把员工当牛看，员工就不干。

支撑健康师园关系的是家文化，是老板的人文修养。

四、园董关系

我认为，园董关系的好坏既不依赖于董事长的懂事，也不依赖于园长的圆滑，而是依赖于制度，在好的制度中应该有一种"合力元素"和"捆绑效应"。具体说，二者之间的关系不应该是"东家"和"管家"的关系。

再简单点说，健康的园董关系不应该是简单的聘用关系，而应该体现合作共赢。

五、园长和老师的关系

这个关系我认为是幼儿园的第一关系。这种管理者和被管理者的关系不是庸俗的"你好我好大家好"的关系，而是健康的人际组织文化关系，其健康所在就是在组织运行中能体现出和谐、执行、有序、认同。

至于这两者之间的关系为什么是第一关系，我的理论立足点是"人的因素第一"，实践逻辑是：园长管理下老师能幸福地工作，老师就会把幸福的心态融进工作中，就会把爱孩子的心态体现在工作中，并让家长感受到，进而塑造出好幼儿园的形象。

六、理念和课程的关系

幼儿园的教育理念一般都具有方向性和目标性，在正确的办园思想下实现自己的教育追求最需要的是什么？就是指向目标的课程，课程就是轨道。

所以，理念与课程之间的健康关系首先应该体现出统一性。当下这个问题比较突出：理念成为包装，课程迎合市场，你是你，我是我，指东打西，相互脱节。

七、教育服务和商业服务的关系

把孩子照顾得舒舒服服，让家长感受到 VIP 服务，这很可能脱离了幼儿园的教育本质，很像商业服务。真正的教育服务首先有教育，没有教育的幼儿园是什么？什么也不是！

教育服务是有基本点的，即一切为了孩子的成长。举例说，帮儿童穿衣和教儿童穿衣就是两种服务的分界线。商业服务的表现可能是，一切为了家长满意！

八、环境与教育的关系

蒙特梭利教育思想的核心是，支持儿童的主动学习行为。这提醒我们，儿童具有比成人更强大的"吸收性心智"，所以，老师的任务之一就是给儿童提供"有准备的环境"。我说过，环境有教育，环境即教育。

孟母三迁和近朱者赤也都说明了这个问题，所以，幼儿园的环创，包括人文环境的建设，应该是懂幼教的园长所为。

以上是基于园所管理谈关系管理。其实，每个人一生都在管理各种关系，包括个人与集体的关系、舍与得的关系、同事之间的关系、社会价值和个人价值的关系、眼前利益和长远利益的关系，甚至包括理性的自己和现实的自己之间的关系等等。

如何管理学校中的五大关系冲突

在学校乃至所有组织中，各类关系的冲突无时不在、无处不在，如何管理好各种可能的冲突以及发生的冲突，考验着管理者的能力。

基于人文关系，基于事物的对立统一，我梳理了学校、幼儿园在管理中常见的五大关系冲突：集体与个人的利益冲突，管理者与被管理者的冲突，竞争与合作的冲突，常规与创新的冲突，理想与现实的冲突。

作为学校管理者，这些客观存在的各种冲突是无法回避的一个管理课题，必须正视。而且，管理者在思想上必须有正确的认识，善于平衡，并处理好这些冲突所引发的种种问题。

一、集体与个人的利益冲突

这是一个随时随处都存在的问题。作为管理者在处理这样的问题时，要站在一个较高的思想平台上，厘清集体与个人之间的相关利益。

一般来讲，任何一项工作和决定都会在不同程度上牵动二者之间的关系。所以，在摆事实讲道理的过程中，要把握和突出个人与集体相互依存、荣辱与共的事实，要构建"大家"的概念，要提升先集体后个人的团队品格。

与此同时还要有人文理解，对个人利益予以认同，照顾和考虑到合理的个人利益。这是管理的辩证所在，也是管理平衡技术之所在。

二、管理者与被管理者的冲突

这种情况是普遍存在的一种必然关系冲突。因为管理与自由在客观上和广义上就是一对矛盾，所以，当组织秩序和队伍思想均处于稳定状态时，这样的矛盾会在很大程度上"被潜伏"。反之，当队伍整体思想建设不到位时，这样的冲突便会被某一事件或某一决定触发，甚至引爆。

解决这类冲突的一个基本原则或方法是运用好民主管理的技术。例如，在制订计划和出台新决策的过程中让教师或教师代表参与讨论，在日常管理中启用"值周园长"机制，在各项工作考核中注重民主参与，在管理组织中构建以教师为主的各项工作小组，等等。

总之，从幼儿园的整体工作运行来看，我们期望达到的效果是，"人人都是管理者，人人也都是被管理者"。这样一来，上述冲突便会在健康和民主的机制运行上得以减弱。

三、竞争与合作的冲突

可以确定的是，没有竞争的集体便没有活力，没有合作的集体便没有凝聚力。

此类冲突一般具有"横向性"，也就是在同一个高度的工作平台上会出现这类问题，当然合作问题也出现在这样的关系位置上。例如在学校的各个班级之间，各教研组之间，教学管理与保育管理职能部门之间，甚至也包括教师之间，都存在合作与竞争的矛盾。

处理这一类冲突的关键主要在考核机制上。如考核班级工作，以班级所有教师为单位来进行集体考核，就可以避免个人英雄主义。当然，这样的考核也要避免"大锅饭"和"南郭先生"之类的问题，所以，具体操作中运用集体"大考核"、个人"小考核"的策略。至于基层团队之间的合作问题，也应该在考核中体现，比如在考核项目中把违规竞争、破坏团结等体现得多一些，以避免不正当竞争现象的出现。

四、关于常规与创新的冲突

在很大程度上，这可以说是管理者的个性问题，但也是学校和园所的文化表现。因为，一般来讲，人们从思想认识到具体行动都有一个习惯障碍，那就是墨守成规，求稳怕变，特别是管理者，如果本着这样的哲学做事，那么何谈创新？而一所学校或幼儿园，不去"越雷池"或许没事故，但也一定因此而没故事。

但是，如果在创新管理上一味地求变，也有问题，因为变在不变中。所以，任何创新举措想要取得成功都是需要基础平面和支点的，这个平面和支点就是常规，是坚实而有支撑的常规。

五、关于理想与现实的冲突

理想首先是在理，然后是敢想。作为教育管理者，制订一些很给力的远大目标不难，难的是如何把握这些高远的理念诉求与学校及园所现状的客观差距。如果我们不顾实际只是仰望星空，只谈诗和远方，而不顾及脚下的路该如何走，不考虑当下的事该如何做，那么，所谓的理想就会变成空口号。

理想必须要有，现实必须要看。科学的理想是一种愿景管理，客观的现实是提出理想的基本依据。任何一所学校和幼儿园的资源和文化都具有本校特点，所以，在提出目标引领的理念时，不可或缺的是面对现实，找准适合自身基础与文化积淀的思路与方向，之后才能提出未来发展的理想目标。

其实，在教育管理中还有许多关系冲突，尤其是市场机制下的民办教育，其教育行为与市场行为的冲突，家长与学校之间的冲突，以及创办者与管理者的冲突，等等，这些都属于教育管理中应该重点思考和解决的问题。

用"三十而立"说解目标体系

"为儿童三十而立做准备",这是我给小米尔顿教育集团提出的培养目标,属于教育理念系列。听我用这一理念解释口号和理念的区别后,有业界朋友问:王校,三十而立要靠什么立?幼儿园教育能担负起如此重任吗?

我为此问击掌叫好,因为问到了点子上,这属于目标体系的完善问题,也是理念落地的关键所在;否则,没具化到精细目标,就处于漂浮状态,就类于喊口号。

为了解释这一目标,我从以下三个角度进行归纳:

一、从定义出发,对比古今说而立

"三十而立"出自《论语·为政》,是孔子的现身说法,似乎没有太多其他含义,主要说他在三十岁的时候,做事合乎礼,举止很得当,仅此而已。之后,被后人多方面解释了。后人比夫子想的可能多一些,如立事、立业、立家等说法。

或许,当下的解释会更实际些。首先,大家的共识是,三十岁是个时间节点,也是每个人行走于社会可能遇到的第一个发展机会点。而此时抓住机遇,三十而立的基础准备是什么?我简言为三点:懂事、有本领、有成就。用当下人力资源的语言表述,就是德、能、绩。

二、从需求出发，遴选人才看什么

曾在一次家长会上，请三位做管理工作的家长组成临时董事会，讨论提拔三十岁左右的员工的条件。

这对于企业经理级别的人不是难题，是基本功。所以，三言两语，简单交流后，立马写出了八个条件：

人缘好，能吃苦，能吃亏，输得起，有计划，有胆识，有口才，有业绩。

尽管这八个条件出自现场，肯定有不成熟和不完善之处，但客观地讲，已经基本涵盖了遴选人才的主要方面。我现场点评，认为前三个条件当属于对人品的基本要求，输得起应该属于情商表述，计划、胆识和口才是能力问题，最后是业绩。

我当时还注意到了一点，问：你们提的八个条件中为啥没有"985""211"？三人当时都愣了，互相对望一下，不好意思地笑着说：给忘了。

过后我明白了一个很实在的道理，作为企业，在用人的时候肯定看文凭，这是门槛和标签，但在识人的时候就不这样了，要看实际和业绩，事实胜于文凭。

从上可见，三十而立应该有四个立足点：

品德，是个人修养；情商，是管理素养；能力，是做事本领；业绩，是硬杠条件。

不过，有一点必须阐明，这里论述的是遴选管理人才的条件，是基于所谓的"人上人"论之。如若就一般的"人中人"去说三十而立，也很简单，就三条：以德立身，以孝立家，以勤立世。如此，也当属三十而立。

三、从起点出发，幼儿教育做什么

这是本题的关键，幼儿园教育能为三十而立做什么样的准备？

我概括为两点：内在的素养与外在的能力。

我将"为儿童三十而立做准备"的大目标，具化为"双十目标"体系，包含十大素养和十大能力。

十大素养为：劳动、礼仪、卫生、阅读、独立、感恩、谦让、责任、规则、秩序。

其中，劳动、礼仪、卫生、阅读，属于习惯养成；独立、感恩、谦让、责任，属于品性养成；规则、秩序，属于社会意识。

十大能力为：专注力、记忆力、观察力、发现力、想象力、逻辑思维力、自控力、耐挫力、表达力、沟通力。

其中，专注力、记忆力、观察力、发现力、想象力与逻辑思维力，这六项的总和就是学习力；自控力与耐挫力是情商能力；表达力与沟通力是社会能力。

总之，在我看来，如果幼儿园的课程能以上述"双十目标"来指导，而不是急功近利去迎合部分家长搞小学化，不是以赢在小学门槛上为目标，该幼儿园所实施的教育，就是为儿童三十而立做准备的教育。

最后，以我在高中教物理的第一课为例来归结本文的话题。

我让一名学生背靠椅子端坐，然后站起来，同时让所有学生认真观察，再自己体验一次，描述整体动作。（如右图）

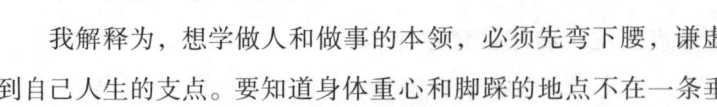

下面是我的解释：

第一动作：离开靠背。

我解释为，你们长大了，不能再依靠爸妈了，要想独立只能靠自己，再靠山山倒。不信你试试！

第二动作：弯腰找支点。

我解释为，想学做人和做事的本领，必须先弯下腰，谦虚谨慎地找到自己人生的支点。要知道身体重心和脚踩的地点不在一条垂线上，否则，你照样站不起来。不信，你再试试！

第三动作：用力向下蹬地面。

我解释为，自己要是学习不用力，谁也无法帮你站起来，你向下用多大的作用力，地面就给你多大的向上的反作用力。前提是脚踏实地。

总之，三十而立的说法确实在理，因为内含物理、道理和哲理。

家文化下的"矩阵管理"

矩阵是数学概念，我属于借用，用到了学校和幼儿园的管理上。

解释下来，就是先把整体管理"碎块化"，然后进行系统排列，形成一个"聚则成板块，分则成点状"的矩阵系统。

这样解释有点学术，不是很好懂，还是按我的习惯，讲故事，讲渊源。

【故事一】

教务处新来一个刚毕业的"多事老师"。上班第一天中午在餐厅就和她的顶头上司"找事"，她发现老师们的饭缸，随意地放在格子柜里，大家都是乱拿乱放。

主任说：都习惯了，你随便找一个就行。她一晃头，说，不该这样。说完，回到教务处就干了一件事，把全校老师的名字都打印成标签，第二天午餐前她按照部门分类分柜，认认真真地规矩了这件"小事"。

在我看来这件小事绝对不小，不仅让我看到了一个爱操心、有责任心的老师，她对饭缸柜子的分布排序，还让我悟出了一个管理的"矩阵"。

【故事二】

我们小学的卫生工作是由学生校委会负责的，是真的，不是摆摆样子。

那天，几个带着校委会标志的小学生敲开了我的门，说：王校爷爷，我们抽签抽到了您的办公室，需要检查一下您办公室的卫生。我说，好啊。

不过，在他们检查的过程中我发现有点不对头，好像对我格外严格，犄角旮旯绝不放过。当我还在沾沾自喜于没查出问题时，一个男孩瞄上了我身后的书柜顶部，还让我抱着他，带着白手套摸了一把，结果一手黑。我赶紧和他商量：我都抱你了，少扣点分行不？另一个拿着记分本的女生认真地说：不行，抱归抱，扣归扣。（我心里窃喜。）

事后许多天，有个校委会的学生在操场上悄悄向我告密，说校委会负责老师说了，检查王校办公室必须比其他人的要严格。

那次，我这学校一把手的权威遭遇到前所未有的冲击，也由此明白了一个道理，在一所健康的学校里，必须有民主，必须做好"人人都是管理者，也是被管理者"，健康的管理是一个互通互动互为的体系。

我开始琢磨"矩阵管理"了。

很简单，只有四个程序：

第一是"找事"。

从教务处、导育处、生活处、后勤处到办公室、年级组，从原有的中层架构开始排查，看有哪些事属于哪个部门管理，每个部门有多少项。

然后是"会签"，交叉排查后，继续"没事找事"，找一些三不管或相互扯皮的事。

举例说，电动车校园停放和充电谁管？电子屏谁管？校宣传栏谁管？假日教师快件收发谁管？

第二是"找人"。

过去分到部门而不落实到人头的"零碎"，常常找不到具体责任人，找到部门负责人，通常也会听到以部门人手不够和太忙为借口的推脱。

所以，我开始了跨部门选兵遣将，充分发掘民主和群众的力量，给许多老师在工作之外再找点事，让他们也管点事。这就是"人人都是管理者"的落地动作。

第三是"布阵"。

把有内在关联的事进行排列组合，以矩阵形式和目视规范上墙。同时，每一个矩阵方块确定一名总负责人。

第四是"说事"。

说啥事？就是定岗定责的那点事，也就是，人有事做，事有人做，事有规则。这很关键，是排兵布阵后的基本落实点，也是管人管事的基本原则。

最后是实话实说。

我创建的矩阵管理不难做，尤其是幼儿园这样麻雀虽小五脏俱全的组织，如果做好了全员管理，实在是一件很有意义的事。

但是，能做到矩阵管理的幼儿园或学校，都有一个决定性的前提——"家文化"，只有大家能把幼儿园和学校当作自己家一样来看待和爱护，才能不计较，才能主动担当。

曾有一所民办学校的董事长来我校参观后很激动，对矩阵管理大加赞誉，回去后照着去做。结果，推不下去。他跟我诉苦，说他们的老师多干一点活就要工钱。我觉得，原因可能是他平时根本就没把老师当作自家人，所以，老师也没把学校当作家，没家就没爱，没爱就没责任，就没奉献。

所以，家文化是实施矩阵管理的支撑点，没有家文化，免谈矩阵。

第二辑　说园长成长

园长是个职务，
所以就有称职和不称职的评价；
园长是个责任，
所以就有敢于和惧怕之分；
园长是个权力，
所以就有集权与放权行为；
园长是个修炼，
所以就有成果和成功跟随；
园长是个磁场，
所以就有凝心聚力的效应考量；
园长就是幼儿园，
园长的文化符号直接浇筑在幼儿园的文化中。
园长啊，
你的成长就是幼儿园的发展；
你的品格就是幼儿园的品质；
你的成长影响着幼师的成长。

还是那句话：
一名好园长，就是一所好幼儿园。

从"三棵树"到"森林公园"

我的微信群里，竟然有人问："三棵树"都是什么树？我回答：是人。接着又问：是什么人？

其实，说来话也不长，2013 年到 2014 年间，中国民办教育协会学前专委在名誉理事长郭福昌先生和理事长杨志彬先生的主持下，先后召开了以北京幸福泉创始人程淮教授、山东银座幼教集团创始人赵春梅和我三人名字命名的教育思想研讨会，并分别授予我们"中国民办学前教育卓越领军人物"的称号。

后来，我们三人在蓝天会创始人叶飞主持的 2015 年首届亚洲幼教年会上相聚。叶飞先生在主持中用了几组词语形容我们，说我们是中国民办幼教界的三座山、三面旗、三棵树。

对此，我感到惶恐，不敢接受。后来，琢磨一番，三组有宣传意义的词语，只接受了最后一组——三棵树。并且，我在台上现场解读说，我们作为三棵树的意义，是以郭老和杨老的意愿，呼唤未来的教育家型园长不断崛起，越来越多，并以植树造林的概念，让中国幼教界大树成荫，如森林公园。

从三棵树到森林公园的说法最初也只是说说而已，没想到后来竟然潜移默化，在幼教界诸多能言说心声的场合，以呼唤教育家型园长的命题，一而再地传达。

这个坚持是有意义的，因为，当资本袭来的时候，随风而至的就是培训界的跟风，有些培训是从企业培训"改装"来的，缺少教育元素。

这点在一些宣传卖点上可见一斑，如：为新时期园长洗脑，让园长成为企业家；幼儿园在市场中涨学费的秘诀；为幼儿园量身打造的招生策略；用股权激励的企业化手段办高盈利的幼儿园；给我三天时间，保证教会幼儿园转亏为盈；等等。这些生于幼儿园发展危难之际和变革之时的培训机构行为，在我看来是有些问题的，因为它们无一不是在以商业目的去引导幼儿园做商业。

所以，我和程准教授、赵春梅董事长对当下的风气有些担心，担心我们这些园长挺不住，担心原本的教育情怀被市场行为冲击。于是，在不赞成只做"企业家型园长"的共识下，我们集体发声，喊出了呼唤"教育家型园长"成长的声音，并得到了民办幼教界的积极回应。

我在全国十几个省份讲民办教育新政时，跟幼教界同仁说过：我们走进了新时代，这个时代叫作"软件时代"。而居软件之首的软件是什么？我认为不是制度，也不是管理模板，甚至不是课程，而是人才。毫无疑问，园长作为一园之首，必须是有教育情怀、教育思想和懂教育管理的人才。

记得那年在亚洲幼教年会上我与一名来自湖北的园长交流，她说："我们也很想当教育家型园长，可是，总感觉距离太远。"我当即提醒她注意教育家后面的"型"字，这是一个与企业家不同的分类，是一种界定和认定，是站在哪一个主场办园的界定。并且，我还注解了"呼唤"的目的在于"唤醒"，唤醒更多的园长，不仅要带领幼儿园走对路，而且还要不断地成长，自下而上地在幼教实践中成长，成为有实践、有理论、有成果，而且是有教育思想的办园者和园长。

如今，我和程准教授、赵春梅董事长每次谈到那年的"呼唤"，都感到非常欣慰，因为，我们提出的"教育家型园长"是一种与时俱进的方向，是一种具有时代前瞻和坚守教育情怀的思想引领。

比如，赵春梅董事长从原本的银座连锁发展到大爱联结，她的教育思想和管理体系，在"师联网"的概念下，如今正以高铁速度，直达全国，在许多省份建起了研究机构，一批批有思想的园长被吸引，簇拥在大爱教育和赵春梅身边，有如一片森林。

比如，程淮教授的"程式巧思法"，以国际幼教前沿成果，引发了全国许多幼教研究者和实践者的高度关注，程教授的目光具有前瞻性，越过了当下，看准了未来。

我的主场在河南省民办学前教育，很客观地讲，这几年这里颇不宁静，只要你认真去听，总会听见教育家型园长成长的拔节声，总会看到一个个崭露头角的专家园长出镜。如：深谙幼教集团化管理的专家陶韦伽先生，幼教管理专家唐豫翔女士，华德福教育研究者、心理学专家崔冬梅女士，用激情之火点燃幼教的李萍园长，河南幼教界的"巧手农夫"、花妞妞园艺课程创始人王修平先生，科学幼儿园创始人田文波园长，小米尔顿家文化塑造者赵素霞园长，以德商修行练就一身正气的登封世纪星幼教集团创始人申易玄先生……

我如数家珍，但数不过来。

因为，我置身于河南民办幼教的森林公园中。

好园长素像

在一次给园长做培训时，有人问我：王校，你眼中的好园长是啥样的？

我确实被问住了，不知该如何回答，因为，在我的意识中好园长没有统一模样、模板，各有各的好。

过后，对于此事我思考良久，最终也不得要领，甚至想到了中小学评选"三好学生"的事，尽管这是一种导向，但未必符合科学发展观。

再后来也算想明白了一些，做园长肯定要先做人，这不必多言，重要的是从职业角度出发，先把事做对。我还意识到，这好比给园长画一幅肖像，先打底稿，可谓"素像"。

我想到了几个勾勒素像的元素：

精准的站位

学术语就是园长的立场。

我讲过，在园长的脚下有两块紧挨着的地，一块叫作"管理"，一块叫作"服务"。这两块地之间边界甚至有点模糊。

在我看来，有些园长双脚都站在管理上，如果修炼不到位，管理就可能变成"做官和用权"，尽管有的因为善用权，能在一定时间内和一定程度上管理好幼儿园，但能管得听话却管不出文化。

园长能立足于服务，这才是最好的站位。但也应该注意，还有若干个"站点"，要精准选择。在我看来，园长的服务对象主要有孩子、老师、家长、举办者、社会。有一次，我把这个问题抛给了现场的园长们，讨论聚焦在第一服务对象是老师还是孩子。最终大家统一了意见，是老师。

为啥不是孩子、不是家长？在这里我要提醒大家，对于老师来讲，孩子毫无疑问是第一服务对象，但园长的首要职责是服务好老师，对孩子和家长属于间接服务。

正确的面向

也叫面对，内含办园方向，包括大方向和小方向。

比如，园长能以《3-6岁儿童学习与发展指南》的精神办园，能为儿童的终身发展负责，这就是正确的面向，面向孩子的未来。相反，园长为了经营效益，为了迎合部分家长搞小学化，这就是错误的面向。我这段话谈的是办园大方向。

还有小方向的问题，有的园长面向老板，背向老师，一切唯老板的利益为出发点，这是小方向的错位。正确的做法是兼顾多方，也包括家长。

多情的眼睛

园长的眼睛应该能让人看出爱情、真情、热情、亲情。爱情是指对事业的爱，真情是对教育的真，热情是给团队的温暖，亲情是把老师和孩子当作一家人。

曾有一说，眼睛是心灵的窗口，看人从眼睛看起。所以，园长的眼睛会说话，也会管理，是无声的管理，是直抵心灵的管理。

360度的耳朵

耳听八方就是不偏听，不偏听是不偏信的前提。作为一所幼儿园的第一责任人，园长的耳朵必须什么声音都能听得到，也就是我说的听域为360度，没有死角。

具体来说，园长的耳朵不能只听保教主任的汇报，还要听老师、孩子、家长，包括厨师和门岗等的声音。甚至，还要去园所外面，听听路人对幼儿园的评价。这样才能做到不偏听偏信。

不光会哼的鼻子

不要忽视鼻子的作用，它属于人体器官中的"特岗"。比如，有的园长不用嘴说话，用鼻子"哼"，这一哼很有内容，多数情况下代表着不满意和示威。不过，好园长的鼻子可不是用来哼的，而是用来嗅幼儿园团队中出现的"异常味道"，然后判断问题在哪里，并送交大脑思考解决方案。

比刀子软比豆腐硬的嘴

我劝园长们，对老师说话嘴别太怒，对老师工作不满意想批评，态度严厉而嘴不伤人，这是情商素养和基本功。

所以，我的观点是，别总以豆腐心解释刀子嘴，为啥不能管好自己的嘴，为啥总是图个嘴巴痛快伤别人，好好说话就不能解决问题吗？况且，作为园长，在幼儿园你的话就是"金口玉言"，不能太随意。

必须好看的脸

长得好看不会笑也难看，长相一般笑靥如花就耐看。园长的脸很多人都在看，若主任看园长的脸色行事，肯定是因为园长集权；若老师的情绪由园长的脸色决定，园长就更要管理好自己的脸，让脸上充满阳光，这样才能让幼儿园的老师和孩子们天天心情灿烂。

反之，若园长总是阴着脸，就会出现"脸难看、园难办"的问题。

园长的四项基本功

在一次园长培训中，我脑中忽然冒出了一个自定义概念——功夫园长。过后想想，可能是受美国电影《功夫熊猫》的启示，或者受了京剧演员念、唱、做、打四项基本功的影响。

在场的园长似乎都被这个名堂撩起了兴致，七嘴八舌地进行描绘和分析。最后，竟然梳理出来四项主打功夫：硬功夫、软功夫、快功夫、细功夫。

硬功夫

坚持原则不动摇，执行制度不看人，一身正气不怕鬼，敢于管理有胆识。

这四句话如白描，是对硬功夫的概述。不过有一点需要说明，硬功夫不是简单的硬手段，是有效管理的真功夫。

比如，按制度处理问题的时候，硬手段园长只会说"对事不对人"，这肯定有为自己开脱的意思。而有硬功夫的园长就不一样了，用"对事不对人"的话解释铁腕惩罚后，一定会寻找一个机会和理由，过后再就某件事或某方面给被罚者补一个表扬或认同，真正兑现"对事不对人"，这样的管理"硬中有柔"，极具管理魅力和功夫。

再比如，一些缺少经验和历练的新园长，通常手里只有两个"工具"，一个是权力，一个是制度。遇见问题或用权力说话，或按制度惩罚，这种手段简单、生硬，只能叫手段，根本谈不上功夫。

那么，具有硬功夫的园长应该有什么样的核心素养呢？我认为主要有三点：有原则，没亲疏，刚中有柔。

软功夫

通常说到管理的软功夫，大致以人文关怀和情感管理为基本描述，显然，非常适合年轻、简单和必须继续学习的幼师队伍。

我曾多次在园长业务培训中说过，优秀的园长必须善于春风化雨，必须懂得管人要管心，必须用真心和真情去关怀老师，必须善于创建家文化，让老师的情感有个归宿。

不过，需要说清楚的是，软功夫不是软弱，不是不敢运用制度管人和管事，甚至可以说软功夫的修炼远比硬功夫难。所以，善用软功夫管理幼儿园，把幼师管理得齐心协力积极向上，这绝对是真功夫，当属古人描述作战最高境界"不战而屈人"，也如老子的无为之治。

同样，软功夫也必须具备三个核心元素：心地善良，心底无私，情商极高。

快功夫

按理说应该讲"慢工出巧匠"，可那天现场的园长们却没这样说，更多的说法是，园长的工作与其他性质的管理不一样，不敢慢条斯理，必须快速行动，这是我们多年来在实践中历练形成的功夫。

我问原因，一位园长说：麻雀虽小五脏俱全，幼儿园不大，可事事都要看在眼里，谁要是躲在园长室成天只想大事，一定管不好幼儿园。另一位园长补充说：幼儿园每天都是一大堆小事，哪有那么多大事。

我明白了，在事多事杂的纷乱中，园长要做的就是快速梳理，快速处理。所以，我建议园长们强化计划管理和总结管理。计划见功夫，不只是想得细，还要分得清，要把每周甚至每天要做的事分出轻重缓急，这样才不会手忙脚乱，才能处乱不惊，才能快刀斩乱麻。

需要说明的是，园长快功夫的着力点可不仅是时间，更多的是提升管理效率，快工夫是一种风格中有品质的管理功夫。

细功夫

幼儿园工作，成也细节，败也细节，这是我跟园长们交流时说的话，得到高度认同。

然而，这项功夫不同于前三项，与园长的性格有直接关系，有些园长多年来粗枝大叶惯了，已经根植了，难改。

不过，难改也得改。改什么？从何改起？

我建议：计划必须无缝隙，问题必须问到底，做事必须落在地。不能虎头蛇尾，不能雷声大雨点小，不能抓了一只西瓜丢了满地芝麻。

最后说两点：

其一，作为园长，有个性正常，不可能四项全能，仅有一二便是功夫。

其二，功夫不同于能力，是高于能力的内在素养，功夫也非一日之功，需要自我修炼。修炼又不同于历练，修炼是主动发展的思想和行为境界。

王高伟的管理工具：三面镜子

第一面镜子是"观后镜"，用来回望走过的路，总结经验和教训；

第二面镜子是"显微镜"，用来看看学校现有的问题，关注细节；

第三面镜子是"望远镜"，用来看清学校未来，让学校发展的长远目标清晰化。

人物速写：王高伟，禹州北大公学校长，年富力强，尤其是读书力，属于第一强项。其次，经历丰富，扛过枪的肩膀还扛过摄像机，学中文却误打误撞教过英语。2016 年，在人堆里并不显眼的他，被北大公学董事会侯总和闫总发现，礼聘为首任校长。

接下来我简单说说这"三面镜子"的使用，权作使用说明书。

观后镜

当人们歌颂毛主席"用兵真如神"的时候，主席一笑说：我只不过是善于总结。

我和高伟校长也曾讨论过这个问题，话题从"失败是成功之母"说起，我说到，并非所有人失败之后都能成功，因为这句话不是理念是口号，是为了激励那些跌倒了爬不起来的人。所以，若能做到"失败是成功之母"，必有条件。

这个条件就是失败或问题之后的总结。我戏说：成功不能只有"失败"这个妈，还得有"总结"这个爹，单亲咋能生出"成功"！话糙理不糙，做任何事都存在必要条件和充分条件。

王高伟管理学校就坚持了这个观点，事事总结，时时总结，总结无套话，直接说不足。正如我常说的，民校无官话，一切讲真话。包括面对学校董事会，更要实事求是、实话实说，不讲官话和套话。

所以，学校从 2016 年创办以来，两年来生源从 474 人增加到现在的 2256 人，高伟校长说属于"螺旋式上升"，我看了数据增长过程后说：不要谦虚，这属于线性上升，甚至有阶段性的几何级数上升。面对昨天的成绩，高伟校长并没有骄傲，而是一直在回头找问题，说教训。他对问题的把控很准，经常会对全校老师讲：我们"胖得太快了"，所以肯定"缺钙"。生源数字不是学校品质的标志，做大不等于做强，做强才是我们最终的目标。

显微镜

高伟校长要求学校每一位管理者必须练出"火眼金睛"，眼睛必须有"显微镜"的功能，前者是为了看问题看得准，后者是要求大家看细节。

我曾说过，如果校长在某一件事情上亲力亲为，这属于会带队伍；如果校长每件事情都亲力亲为，这是不会带队伍。高伟校长深谙此道，他带出来的管理团队虽然年轻，虽然经验不足，但他以弯腰实干的率军之才，竟然在短短两年的时间里，带出来一支最善于抓细节的执行团队。

关于用"显微镜"看问题，我有一说：问题在成为问题之前容易被忽视，但别忘了一点，问题是能生长的，就像身体中的癌细胞，早期不易发现，后期治不了。高伟校长属于防疫站长，不是医院院长，他懂得防患于未然，善于发现处于潜伏期将来会长大的微小问题。

望远镜

我曾形象地说过，禹州北大公学办学之初就在楼顶上放了一架望远镜，为了登高望远，看清楚公学的未来、教育的未来和社会发展的未来。

他们的全人教育和全课程就是直接瞄准了未来的社会需求，而不是简单地急功近利地行事：幼儿园为了小学，小学为了中学，中学为了高中，高中为了考大学……

他们为了学生"三十而立"，他们为了社会发展"三十年河西"，所以，他们做的是未来教育。尽管学校处于并不发达的三线城市，尽管家长群体的教育意识暂时可能跟不上，但禹州北大公学的董事会坚信，大方向不动摇，一定可以用今天的好成绩过日子，用明天的好素质证明他们的教育。

最后谨以一名老教育工作者的名义，给我曾经的同事高伟校长送上我的心愿：潜心笃志，精耕细作，以人为本，在真爱乐学的理念下，办一所百年名校！

说说"西瓜和芝麻"那点事

管理最忌的是"捡了芝麻丢了西瓜",这叫因小失大,这个道理大家都懂。

那么,不懂的是什么?我看是什么叫"西瓜",什么是"芝麻"。面对纷繁复杂的各项管理工作,许多情况下"西瓜"和"芝麻"并非能简单识别。甚至,有的事看似大事,实则小事;有的事看似小事,实则大事;有的事处理不当,小事变大事;有的事处理得当,大事化小事。所以,准确判断问题的大和小,这是管理真功夫。

有一次给园长培训,在最后自由讨论的环节,一位园长抛出了一个问题——园长到底该抓大事还是抓小事?

我当即把这个问题回传给现场的园长们,引发了一场有思想、有碰撞、有火花的讨论,效果极佳。我梳理了现场六种代表性说法:

1. 凡是一把手都应该抓大放小,园长也不例外;

2. 幼儿园是小微组织,园长若不亲力亲为就会脱离群众;

3. 园长应该是指挥者和监督者,其他干部和老师都是执行者;

4. 园长若天天抓鸡毛蒜皮的小事,耽误了大事就是失职;

5. 善于抓大事还是喜欢抓小事属于园长做事风格问题,有的不拘小节,有的细致入微;

6. 幼儿园没小事，细节决定成败，不存在抓大事还是抓小事的二元对立问题。

我没有直接肯定和否定，因为，大家各抒己见，似乎说的都有一定道理。我当场只谈了两个观点供大家参考：

第一，幼儿园确实属于小微组织，但麻雀虽小五脏俱全，如果园长事无巨细，不放权、不分权，这不叫管理，因为没有管在理上，因为"胡子眉毛一把抓"，没抓到关键处。

所以，园长需要做的是，判断每件事该谁做，谁能做好，然后旁观，做好鼓励，发现问题，及时帮助。

这属于"放小"而不是"丢小"。

第二，园长抓"西瓜"是职责所在，但是，有的"芝麻"也必须抓。

比如，谁都没看见的"芝麻"，园长要用"显微镜"去看，去捡，因为，很有可能这粒"芝麻"将来会变成"西瓜"。

再比如，任何一个组织的职责体系都有漏洞，所以，每一个找不到责任者的"三不管"问题，不论大小，都是园长必须抓的工作，这属于责无旁贷。

表述完这两个观点后，我又做了如下简述：

一个只捡"芝麻"的园长，肯定有大问题，因为把"西瓜"丢了；一个只抓"西瓜"的园长，可能输在细节上。所以，园长应该会"两手活"，一手抓该抓的大事，一手抓别人抓不到和看不到的小事。

接下来举三个管理案例，试着说说啥是大事，啥是小事。

我小题大做了

那天，我到幼儿园看孩子们午餐时的吃饭情况，发现一个左手用勺子的孩子和旁边孩子总会碰到一块，很别扭。当即我跟老师说了这个问题，老师立即调整了座位，把这个问题解决了。

她解决了问题，我却来了问题，因为，她边调整边跟我解释了一句"没注意"，更关键的是我从她的表情中还看出了五个字——这不是大事。

接下来，我在幼儿园工作例会上就这件事，来了一次小题大做。

我没有从照顾孩子无微不至去谈问题，而是从"幼师的眼睛"和"生活的题材"谈起。第一是说幼师的眼睛要会看细节，因为儿童成长没小事；第二是那天老师对问题的处理没从教育着手，正确的做法是把问题还给孩子，让他们自己去想办法解决自己的别扭，这才是教育，从生活中抓出来的教育。

所以，这不是小事，是把教育和成长契机弄丢了的大事。

我看问题不小

有一所被专业礼仪公司培训过的幼儿园，早晚幼儿入园和离园时，大门口站着两排披着红绶带的老师，就如大型会议或高级酒店迎宾服务员一样，给来往的孩子和家长鞠躬行礼。从双手按着肚子的动作、弯腰的角度，可以看出管理有方、训练有素。

但同时我也看出其中隐藏的问题。

首先，孩子和家长们或许已经习惯了，直进直出，旁若无人。这个场景让我看明白了一点，这所幼儿园只给老师培训了礼仪，没有孩子和家长的事。酒店就是这样，只培训服务员，不敢要求顾客有礼仪，因为，顾客是"上帝"，"上帝"很牛，不会理睬那些彬彬有礼的迎宾服务员。

所以，我看出来的第一个问题是幼儿园做得太商业化了。这样时间久了，家长们也会认不清自己是谁，也会稍有不如意就找幼儿园或老师的事。

其次，老师的尊严何在！本来应该受到社会尊敬，竟然在家长和孩子面前直不起腰来，地位沦落至此，还能做出真教育吗？还能坚守教育的阵地吗？

我还以为是什么大事呢

有一天，我接了园长的一个电话，她很紧张地说：王校，有一个特别爱找事的家长，刚才和保安吵起来了，我根本劝不了，现在她去你办公室了，非要讨个说法。然后又问：你见还是不见？我说：来呗，不是啥大事。

电话刚撂下，这位妈妈就一脸怒气敲门进来了，张嘴就要开始说事，被我一个手势阻止了。然后，我看了她一会儿，直到看得她有点蒙，我依然没说话，用一个手势示意她坐下来。

道理很简单，人在发怒的时候，若本来是坐着的，接下来可能会拍案而起；若本来是站着的，想缓和可以说，坐下来慢慢讲。所以，我等她坐下来后，才不疾不徐声调平和地说：我都知道了，你啊，咋就控制不住自己呢，不顾自己的身份，在那么多人面前跟一个文化不高的保安吵了起来！

她本以为我会劝她，然后表态会批评和处分那名保安，万万没想到，自己反倒挨批了。不过，已经安静下来的她，一听我说的在理，当然也有尊重我的因素，低头不语了。这时我倒了一杯水，转移话题，没话找话地说道：我正好有个问题想找你咨询下……

后来离开我办公室的时候，这位脾气有点大的妈妈，很真诚地跟我道歉了。当然，我也说了，保安的问题过后我处理。

好了，篇幅有限，就此三例，举一反三。

最后说一点，我全文都没说什么是幼儿园的大事，没有讨论办园理念、课程管理、大型活动、团队建设等，因为，这些是谁都清楚的大事。作为园长若抓不住这些大事，让"西瓜"从身边滚跑了，那就没资格说"西瓜"和"芝麻"的事，换句话说，就是不合格园长。

情商五项与管理素养

这个话题是被一位老园长逼出来的。

她非常能干，亲力亲为，以身作则，老师们对她既佩服也敬畏。我劝她别太累了，向后退半步，让年轻人冲上去，她一声叹息，只说了四个字：他们不行。

当即我就想，几十位老师，尽管年轻些，但要说他们都不行，我不信。不过稍加思索我就明白了，这位被人叫作"铁娘子"的园长，用自己的"海拔"衡量老师们的"高度"。难怪她找不到可用之人！

基于这一逻辑，我进行询问：

我问：你是不是认为你们园的这些年轻人能力不行？她点头称是。

我再问：你手下的几位主任和组长工作态度咋样？她摇头之后又点头说：也想干，就是干不好。

我又问：你发现他们身上有没有管理素养？这下她缄默了，因为没听懂。

于是，我现场培训，课题就是——用情商五项说管理素养。

先说美国丹尼尔·戈尔曼教授提出的情商五项，我用简单易懂的白描手法归纳为：认识自我、管理自我、激励自我、认识他人、管理他人五项。

我逐项和园长交流。

关于第一项，我问园长：有没有老师其实很优秀，但和你一比就失去了自信，就弄不明白自己的优点在哪里，就无法审视自己的内心世界？她沉默很久不语，因为我的问话有点刺激她。所以我说：不用回答，这个问题先搁置，再说第二项。

从情商角度谈管理自我的情绪，主要表现是自控力，是遇事三思而后行，不冲动。就这点我问园长：你的下属中有没有谁在这方面做得很好？这个问题她没犹豫，说"有的有的"，还举例说一名班主任在面对一名冲动型家长无理取闹时，特别有忍功，能面不改色地忍到家长冷静下来再说话。

我说：这位班主任可用，懂得小不忍则乱大谋，有韩信之功，会管理自己。

关于第三项，我开了个玩笑：你的下属中有没有脸皮厚的？她听后一愣，过了一会儿赶紧说：有啊！一位副园长脸皮厚，干活不怕丢面子。她这话透出的是真实，不是玩笑，听后我立马说：这就是情商，耐挫力强。我还说：可能你平时批评这名副园长的时候多了，已经习惯成自然了。

她否认我这个推测，诚恳地说：她（副园长）比我抗折腾，输得起。我说这就是情商五项中的第三项，善于在逆境和失败后自我激励。多好的人才，你咋还说没人可用呢！她又一次沉默。

接下来我的问题是：你的几位助手中谁的嘴巴最好，说话不得罪人？她说：保教主任，这姑娘和大家都说得来，群众基础相当好。我听后说：她属于会看人下菜碟，或者叫作处事圆滑，是吗？我在挖陷阱，但这位老道的园长没上当，赶紧解释说：王校，我这位保教主任在原则问题上从来都不马虎，只不过工作方法上比较圆滑一些。

我击掌叫好，说：这位保教主任的情商高，具备情商五项的第四项和第五项，善于觉察他人的情绪，这是管理他人的前提，是一把手的素养。园长听后有点惊讶。我继续说，但这是有条件的，前提是你能放手、放心地给她独立自主的管理平台，否则，英雄无用武之地。

她第三次陷入了沉默。

见好就收，我总结如下——

其实，笼统地说一个人的情商高低是不准确的，必须依据情商五项来逐项分析，并以此发现其管理素养，然后就是园长搭台老师登台，让每一个人的管理素养得到锻炼。正如老话所说，"是骡子是马拉出来遛遛"，要是把千里马拴在马厩里，那就是人才浪费，是人力资源管理大忌。

还要注意一点，也如老话说的"婆婆勤快媳妇懒"，若园长啥事都干了，下属不懒才怪呢，况且，你在前面挡住了路！

最后，再说点实话实情。

我知道幼儿园的管理情境与其他大规模组织不同，园所很小事事都要尽收眼底，所以，在我看来，幼儿园的管理最好扁平化，园长的工作必须"抓两头"，向上抓方向抓策略抓文化，向下抓细节做标准。这是带团队。

有一种管理修炼叫"眼里能揉进沙子"

一般来讲,"眼里揉不进沙子"是褒奖人品的话,是指人品正直、认真,原则性强,见不得任何不美好的存在。

然而,换个角度讲,"眼里揉不进沙子"问题不小。

比如,从性格角度去看,这种人可能刚性有余、柔忍不够,宁折不弯,处理问题缺少"外圆内方"的修炼,经常表现出完美主义者的清高,不合群。

比如,从"三观"角度去看,这种人的典型特点是,非黑即白,二元认知。显然,这种认识问题的立场和论点,往往不科学,也不哲学。

除了上述三个角度,若以管理品质说去,这句话也值得讨论。

比如,在学校管理培训中,我曾讲过管理者行为修炼八字诀:胆、识、细、勤、刚、柔、容、忍。其中,最后一个"忍"字就属于"眼里能揉进沙子"。

那么,为什么要求管理者去当"忍者"呢?我认为至少有四个理由:

一、小不忍则乱大谋

这不仅是说一个人的品格修炼,更多的是指管理者的行为修炼。因为,作为一名管理者,几乎每天都会面对各种工作安排,做出轻重、缓急、大小等判断。所以说,但凡优秀的管理者,可以肯定一点,就是

"会办事"，善于抓重点，善于判断事情的大小和缓急。

所以，管理修炼就是对那些影响不了大局的"小小不美好"，敢于忍。反之，若总在小处发力，则大处无力，总是抓芝麻，必然丢西瓜。

不过，必须说明一点，这个观点和"细节决定成败"不矛盾，因为，往往细节不是小事。

二、退一步海阔天空

这是一句劝人知进退的俗话，在江湖上就是劝那些情商低脾气大的人，别惹事。对管理修炼，可能更重要。

为什么这样说？我看理由要从"官升脾气涨"这句老话说起，因为，升官后的脾气一般不是爹娘遗传的，是权力所赐，是在权力之下，为所欲为，不管不顾，反正我是老大我怕谁！这就导致遇事不懂"退一步"的稳妥，不懂"忍一下"的必要。甚至，经常会满嘴官气地说："我的眼里揉不得半粒沙子。"

最终，常常因为急躁，问题处理不得当，甚至小题大做，没事找事。

三、不宽容下属谁宽容你

宽容在处理人际关系上是"美德"，包括管理与被管理者之间的相互宽容。而且，从组织心理学来看，宽容上级不容易，宽容下级能做到，因为，一般人的心理是上级总比你强，下级肯定不如你。

但是，有的管理者不是这样的心理，而是对上敢怒不敢言，对下总是看缺点。这样就会出问题，就会抓住下级的问题，不管大小，大做文章，从头批到脚。结果是，本来批得也对，但由于缺少管理艺术，没有容忍的胸怀和发展人的境界，最终导致众叛亲离，让管理效果大打折扣。

四、宰相肚里能撑船

我在一次管理培训中问：为啥不说皇帝肚里能撑船？

其实，这句经验之语无非是说"二把手难当"，既要容上又要容下。

"一人之下万人之上",难就难在"一人之下"。

学校和幼儿园的管理者也是如此,尤其是处于副手位置的管理者,更需要修炼。比如,遇到一位集权霸道的园长,你就必须以"宰相"的肚量来修身来做事。因为,许多情况下,为了顾全大局,践行好服务老师的工作宗旨,需要容忍的东西不会少,尤其是来自园长的某些不好接受也得接受的工作要求。

总之,"眼里能揉进沙子"不是性格和脾气,是情商和修炼,更是管理者的一项基本功。

谁能给园长减负

说起幼儿园园长的累，业外人士是不懂的，我懂。

我曾说过园长肩上的担子，是双肩满载，如果右肩挑的是内部常规管理，左肩就是外部关系管理。我分别用工作板块简述如下：

〔内部管理项目〕

1. 各种计划总结，这是必管的大事；2. 课程建设，这是教育内涵和方向；3. 团建和问题排解，年轻幼师的成长和情绪管理更不容易；4. 安全，责任如天；5. 伙食，质量与采购也够麻烦；6. 招生；7. 活动的开展；8. 家园关系和问题处理；9. 卫生保洁和校车交通；10. 财务问题……

想想，如果每天每个板块有一件事需要园长亲自处理，园长会有多忙多累。

〔外部管理项目〕

1. 开会。如今在新政的规范管理思想下，各地各级教育主管部门也忙起来了，每个涉及幼儿园的部门都有权找园长开会。甚至，天天有会，逼得讲人力成本的民办幼儿园没辙，不得不为了开会多配置一个副园长。

2. 检查。幼儿园若处于"上等级"状态，园长就得不断地组织接待各种检查，包括卫生、疾控、餐饮、安全、消防等等。诸多检查，都是园长的事，躲不开。

3. 培训。教育主管部门组织的培训自当积极参加，尤其是近年来因幼教高速发展，一些速成园长本身就非常需要提升自己。另一种情况可能属于"被培训"，被社会上很商业的培训机构，弄得眼花缭乱、不辨真假，把周末的时间都占用了，得不到休息。

看看吧，我们的园长如此担当，真的需要三头六臂，这让我不无感慨。感慨过后，忽然意识到，园长还有家，园长还是妈！这又需要分解和排解，把家里家外的事分解好，把各种问题集合后排解好。

园长真累！

然而，令人不解的是，我们还会看到另一番景象，有些很累的园长，竟然"操心不见老"。那年，河南学前工委鄢陵年会的逆生长型园长展示就是明证：当园长青春不老，美颜常驻。

这又是为什么？奥秘何在？

我猜，这些"不老园长"的优秀不仅源于被幼教环境熏陶出了孩子气，心灵如同孩子，简单阳光，肯定还有一点，善于给自己减负。

所以，我在给园长培训时，提出为园长减负的两大方案：

其一，不怕忙，就怕乱，每天计划做在前。

每天早上起床前，在"随身贴"小本上把当天要做的事梳理一遍，并标注上哪件事属于大事，哪件事属于急事，哪件事属于必须自己亲自处理的事，哪件事可以分派给别人做。然后就是每天晚间睡觉前，在电脑上记录这一天的"豆腐账"，留着回顾和追溯。

每天的小计划不仅实用，关键是养成计划的好习惯，避免"脚踩西瓜皮，滑到哪里是哪里"的随意，也避免"计划没有变化快"的多变，这是管理者基本素养的修炼，也因此做事不忙乱，有秩序感，不累。

其二，善用分身术，民主管理幼儿园。

我一直讲，园长若事事亲力亲为，事无巨细，就会有"霸权"的意味，或者出现"架空中层"问题。如此，累了自己，别人还未必买账。

所以说，会做园长的人，会想方设法让大家都动起来，让幼儿园"事事有人做，人人都管理"，如高铁一般，每节车厢都有动力，而不是"火车跑得快全靠车头带"。如此，园长才能从繁杂简单的事务中走出来，去做别人做不了和做不好的事。

上述两条是本题所问，也是我的观点：只有自己才能给自己减负。

最后还有两条吁请：

第一，如果你是幼儿园投资者，就应该多帮助园长解决外围的那些忙乱，让园长腾出身来做幼儿园内部业务。

第二，如果你是教育领导或有关管理部门领导，请多体谅园长，他们责任重大，更多的时间应该用在幼儿园而不是会议上。

如此，才能让忙碌的园长们忙而有序，忙而不累，忙到点子上。

总结是成功之父

北大附中河南分校集团去韩国进行教育参访的最后一天，在大巴车上各位校长发言说感想后，李总说：最后由王校说下总结吧。

我历来很重视总结，一般不会随意说说。所以，现场把话题做了一次技术性转移，拿起麦克风说：李总让我说下什么是总结。就这样，话题方向被我巧妙地拐了个弯。

然后，我单刀直入点题：我认为，总结是成功之父。

当大家被带入后，我复述了大家心中之问：为什么呢？

然后，我徐徐道来：大家都说"失败是成功之母"，可这句话不是理念，不在理，失败和成功之间不是因果关系，不是因为失败所以成功的关系，而是条件关系。

说白了，不是每个人经历了失败都能接受教训，然后就有下一次的成功。有的人就属于"吃一百个豆都不嫌腥"，有的人会在"同一条河里湿两次鞋"，用老百姓常说的话讲，这叫"不长记性"。

所以，如何从失败走向成功，这是课题，也是管理者的素养，更是成功学的内涵。具体来说，这个课题不难，在红军长征时毛主席就给出了答案，他说：我并不是用兵如神，只是失败后善于总结而已。

这就是题解：经历失败之后，若能做好总结，就可能孕育下一次的成功。

我解释为，总结是条件，是成功之父。接下来要说的问题是，怎样做有效总结？

趁热打铁有热度

有些活动的总结要趁热打铁，这样才能碰撞出火花。我曾写过一篇微文，题目是《计划写三天，总结不过夜》，说的就是这个理。

但必须说明的是，"不过夜"是个概念，确切的说法是"不过时"，就是讲时效。但是，这种从快原则是有适用对象的，是针对某种能掀动大家热情，而且很成功的活动，然后，趁活动的热能还在，及时总结，表彰鼓励。

大家参与有细度

尽管总结属于管理者的素养，但总结这个活并不独属于管理者。在许多情况下应坚持从细原则，必须组织更多的人参与，也必须拿出充足的时间准备。

比如，学期工作总结就不该领导一言堂，而要让组织成员参与其中，把工作的成绩和问题，通过思考、沉淀、梳理，汇总形成全面细致有品质的总结。其实，这样的总结，是一种很好的团队建设活动。

当然，也包括学校或幼儿园的各种大型活动总结，这属于带有考核和激励的管理行为，所以说，这种总结不仅要细致，更重要的是精准。当然，没有从细的态度，就无法达到精准的效果。

挖掘问题有深度

其实，从管理手段和工作目标出发去说总结，必须警惕：总结不能流于形式，不能浮皮潦草，不能你好我好大家好。也就是说，不触碰问题、不触及灵魂的总结，是在浪费大家的时间，也是流于形式主义的恶习。

所以，我常说做总结有两件工具，一件是"筛子"，一件是"铁锹"，前者用来对过程中的所有问题过筛子，后者用来对问题进行深度挖掘。这样总结才有深度。

下面再说两个观点：

第一，没有努力的成功可能是"失败之母"。

比如，成语故事"守株待兔"，一个偶然事件，那位有点懒的农夫不费吹灰之力获得一只兔子，而这样的所谓成功让他立马傻了，以为成功可以坐等。于是，他再也不想受累种地了，就在树下等到天荒地老。他演绎的故事叫作"成功是失败之母"。

第二，总结也会让"成功是成功之母"。

总结说白了就两件事和两个态度的问题，前者是总结做对和做错的事，后者是说做对了别骄傲，做错了也别气馁。因为，无论成败，只要正确面对、认真总结，最终获得的经验是，对的告诉我们今后该怎么做，错的告诉我们接下来什么不该做，这属于有价值的经验。

所以，可以这样认为，对于有态度和善总结的人，成功就可能是下一次成功的阶梯，也可以说"成功是成功之母"。

最后，我们不妨这样归纳：对于强者而言，成功可能是成功者的里程碑；对于弱者来讲，失败或许是失败者的墓志铭。

善于总结者，乃强者。

第三辑　说团队团建

团队是一个神圣的概念，
是一个需要敬畏的组织定义，
也是管理功夫之下的境界。

团队不是一个简单的群体，
团队不是广场集体舞者，
团队也不仅是利益共同体，
团队的根本定义是：
一个坚不可摧的命运共同体。

团建是走向团队的进行时，
团建是一种有方向和目的的组织建设。
团队的表现为目标一致、行动统一，
团队的深刻是文化和谐。

团建的第一责任人是园长，
团队不是管出来的，
团队不是训出来的，
团队不是惯出来的，
团队是园长带出来的。

好团队是带出来的

这是我给幼儿园园长培训的一个课题，核心观点是：好团队不是管出来的，也不是哄出来的，更不是训出来的，好团队是"好团长"带出来的。

其中，我提到了三个字——管、哄、训，这恰好就是当下园所数量快速增加，园长匆忙提拔上岗后，由于管理经验不足而表现出来的三大常见管理问题。

具体分析，这三个字含有两种管理思想：一个是以制度为基础的刚性管理，当属法制思想；一个是以人管人为特点的柔性管理，体现了人治思想。不过，这仅是从园长管理特点而言，实际上并没有哪位园长只用制度管理，也没有哪所幼儿园没有制度。

我要说的是，这些很简单、很基本的管理方式是很难打造出一个有战斗力的团队的，也就是说，即便能管得住，未必能管得好；即便能哄得来，未必能哄得久；即便能训得服，未必能心里服。

举个很真实的例子，有一所新办幼儿园，两年间换了三任园长，我调研时发现，这三位园长的问题竟然和我上面表述的三大管理问题分别对号入座了。

第一任创业园长的开局还好，面对一批新组建的队伍，她知道如何哄着大家干，所以，开园形势不错。后来的问题是大家逐渐发现园长的能力几乎都在嘴上，包括自己布置的工作都不抓落实，做不到以身作则，还包括那些哄年轻老师所许过的愿转身就不认账。所以，不到一年，这支刚开始很有冲劲的队伍成了散兵。

第二任园长是从企办园退休的老园长，有能力也有资格，还有多年做管理积淀形成的面孔，不苟言笑，不怒自威。当然，管理风格也是如此，开会就是训话，看谁都不顺眼，说话就是"想当年"……一时间，也真的把原来的散兵管住了。她说：这帮年轻姑娘，你对她们好点她们就蹬鼻子上脸。在这样的管理下，队伍表面上安静，似乎都被驯服了，可内里却暗流涌动，到学期结束，人跑得溃不成军，原本的散兵，纷纷成了逃兵。

第二任园长看着逃兵队伍的背影，深感挫败、没面子，随后也逃了。措手不及下，原来的保教主任临危受命，做了第三任园长。她对前两任的经验做了总结：太软不行，太硬也不行，总归是人管人不行。所以，她从网上找了一系列制度，还参加了一个企业管理培训课程，编制了一套相对完善的管理制度。

或许她太年轻，历练和威望不及，或许她过分依赖制度，常常在老师面前说：一切用制度说话，对事不对人。她是这样说的，也是这样做的，在管理工作中很少和老师做思想交流，布置工作用目标管理，检查工作依照程序标准，出了问题该罚就罚。在她这种目中无人的制度管理下，这支队伍不像团队，倒有点像雇佣军，给多少钱干多少活。

好了，不说反例，说说带团队的事吧。

我根据自己的管理思想，归结了"四个观点"，剖析了"三个案例"。

先说"四个观点"

1. 带团队不是园长必须亲力亲为

当然，有些情况和问题，园长必须亲力亲为，也必须走在团队的最前面，率先垂范。但绝不可以在日常工作中时时处处如此，如若这样，就有问题。是什么问题呢？可能是不放权问题，可能是不信任问题，可能是指手画脚的管理风格问题，而最大的问题可能是因此"架空了中层管理人员"。最后这个问题很严重，不仅谈不上带队伍，而且还会带来"婆婆勤快媳妇懒"的效应。

2. 带团队必须开启老师的自我成长力

以前说"火车跑得快，全靠车头带"，放在当下已有点不合时宜，高铁时代启示我们，不能只依赖外力拉动，必须开启团队成员主动发展的内驱力。

问题是，谁能激活老师们积极向上、团结奋进的工作热情呢？肯定是园长，是园长带队伍的思想和方法，以及个人的魅力和能量场效应。比如，善于管理的园长一定会帮全体教师规划好个人发展愿景，这是往前走的目标体系，而有了目标和方向，加上原本就有的自我成长的动力，团队就有了活力。

显然，这是园长在给老师们搭建发展的平台，比用外力强迫与推动大家成长的带队伍模式更有力。

3. 善于带团队的园长或许在队伍的后面

别以为带队伍的人必须是领头羊，必须走在前面，干在前面，率先垂范。其实，带队伍的高手，更应该把成长的机会留给其他"发展中干部"，而不是不管大事小事总是冲在前面，阻挡"发展中干部的发展"，成为他们的"阻力军"。

4. 要相信"人皆可以为尧舜"

最怕园长习惯用自己的高度去衡量中层干部和老师，如此，谁能入你的"法眼"？久而久之，便会干扰你发现老师中的"潜力股"。

关于这点，孟子在《告子章句下》中有云，"人皆可以为尧舜"。意思是说，每个人都可以有作为，关键在于园长是否给予成长的平台，园长千万别自己高高在上，更不能自己跑得太快太远，把老师们甩在"后街"，这样带队伍带好才怪呢！

再说"三个案例"

1. 跑前跑后，在军训拉练中感悟带队伍

2000 年 9 月，昆明南洋国际学校开办，我做了一件空前绝后的狠事——带着中学师生军训后拉练二十三公里。

军训教官高炮旅蒋君营长说，他们组织学生拉练最多不超过八公里，战士拉练也不过十五公里。所以，他反对我的计划。我说：反对无效！

那天，行前我用激将法"激怒"了孩子们，所以，出发号令吹响之后，孩子们意气风发了足有一个小时，后来累了，脚开始疼了，有人需要搀扶了。我呢，绝不敢停顿，事是我惹出来的，我得以身示范，就得拼了。

所以，别人行走我跑步，在前面带队。过了一会儿我想了解这支五百多人队伍的情况，就停下来与每个班级的老师、孩子们交流，给他们鼓劲，等大家都走过去我到了队尾，再开始新一轮向前跑步，一直跑到队伍最前面。

整个过程我就是宣传员，告诉老师和孩子们：我看到队伍最后的中巴车上只有司机"独守空房"，没有一个学生怕苦怕累，我们就像红军长征一样，都是英雄好汉！我还说：今晚回学校我们比一比，谁的脚上磨出的血泡多，谁就是英雄！我还和随队教官开玩笑：脚上磨不出泡就不是高炮旅训练出来的队伍。

当大家用十个半小时走过泥泞山路回到学校后，全体师生激动得流泪了。那一幕场景告诉我，这才是真正的团训，我们才是真正的团队！而且，我领悟到带团队要跑前跑后，要抓士气，抓精神头，要抓先进也要抓落后，更要抓过程。

2. 我让校办主任知道是干啥活的了

2003 年，我受命出任大同南洋国际学校校长，第一周，校办主任曹永明几乎每天早上都到我办公室问我一次：王校长，我今天有啥事？

大同人好，实在，对话语言也简单，但我听懂了。不过，由于刚到一个新学校上任，我就忍了。直到第二周的一天，曹永明这种早请示晚汇报终于让我忍无可忍了，我说：永明，我弄不明白了，你是校办主任，负责全校协调工作，也负责安排校长的日常计划，可你却天天问我，让我告诉你今天要干点啥，你弄反了！得改改这个习惯，以后我每天去问你，我今天有啥事？

　　曹永明是我见过的最优秀的校办主任，非常勤政，文笔也好。但之前多是跟在校长后面听令，这次变了，我让他在我前面干活。还说：我要是离开学校三天，一切正常，说明你的工作合格；若乱套了，就是你不称职。

　　后来，曹永明主任的成长证实我是对的，带团队就是给每个人一个最适合的发展平台，也是给予信任和放手。我后来讲，这是带队伍的高等级技术。

　　3. 我要求天天计划和总结就是带队伍

　　别吓着，我的天天计划和总结不是做文章、写奏折，是要求中干以上的人，每天早上起床第一件事不是去卫生间，而是躺在床上把这一天要做的几件事捋一捋，记在方形的口袋本上。（现在可以用手机记事，就更方便了。）而且，必须分清轻重缓急，急事画个三角形，重要的事标注大圆点，急事快办，重要事办好。

　　我还要求晚间睡前做电子日记，把这一天做的事记载和评价一下，若无大事简单记之，若有感想多写几句，若感想颇多，就上传到学校内网交流。

　　另一点是对计划和总结文化的管理。我提出"不穿鞋戴帽，不花里胡哨，有话则长，无话不说"的计划与总结的行文风格。尤其是学期计划和月度计划，更要注意这一点。

　　这也是带团队，是用模式和标准带团队。2010年，我带领北大附中河南分校小学和幼儿园团队，承接了中国第二届民办教育发展大会的中小幼分会议。这是这所学校的干部和老师们第一次参与组织和服务如此大型的活动，所以，我认为这是一次带团队的大好机会。

　　于是，我把参与人员分成七个小组，并要求各小组的工作计划要细致入微，无缝对接。那次，我把做分计划的负责人好一顿折腾，让他们反复修改。后来我总结说，只有高标准才能带出高水平的队伍，只有抓细节才能发展出态度认真、做事求真的团队文化。

团建根本就不是什么大事

曾有位园长不无骄傲地跟我说：我认为团队是幼儿园的核心竞争力，所以我们园坚持每周进行一次两小时团建活动。

我点头称赞，然后对她说：我们是每天一次团建。

没等她把惊讶的表情收回，也没有给她质疑的机会，我继续说：我们每次团建的时间是 24 小时。

听后，这位园长彻底蒙了……

能不蒙吗！我们俩对团建的理解存在概念的差异。她说团建是一种以组织建设为目标的活动，我说团建是一种文化建设的常态；她说只有开展活动才叫团建，我说只要管理者把凝心聚力的文化融进工作和生活，团建就无时无处不在。

我的正解是，以爱为基调，以家为归属，以集体利益为重，则幼儿园里时时、处处、事事，都会有团建发生，只要园长有团建意识。

所以，我把团建定义为许许多多小事的集合。

当然，说归说，理归理，团队建设确如那位园长所言，是幼儿园的核心竞争力，因为，在诸多发展因素中，人占第一，这是真理。尤其是当下，民办幼儿园面临着政策规范、市场洗牌、竞争无序等风险，谁能笑着走出困境走向未来，不是由硬件而是由软件决定的，这是大家的共识。

而且，我还多次说过"软中硬"的概念，也就是团队概念属于软件的硬核心、软件的脊梁骨。

好了，不多说道理了，还是讲几个例子吧：

1. 园长在晨会上发现一名老师和往常不一样，看上去有点闷闷不乐。知道她正谈男朋友呢，所以，就猜测也许是这方面出现了问题，于是，晨会后他拍拍老师的肩膀说：是不是闹矛盾了，过一会儿找我聊聊吧。这就是团建。

2. 园长看见一名老师正吃力地拎着一个大包，夹着一捆书上楼梯，就赶紧跑过去，接过来那捆书。这个动作也是团建。

3. 放学后，有一名孩子的家长因临时有事迟迟没到，班主任正陪着孩子等待家长。园长一看时间有点晚了，就说：你家太远，天黑不方便，把孩子交给我吧，我来等家长。这样的关爱，更是团建。

4. 当其他园所领导来幼儿园参访时，园长总会把所遇老师的优点如数家珍般介绍给来宾。就如今年开学，我给荥阳小米尔顿幼儿园的老师签名赠书时，申舒贞校长站在我身边，一一介绍每一位来到我面前的老师，简洁到位，说得老师心里热乎乎的。我当即称赞道：小申会带团队。这也属于团建。

5. 一名性格内向、工作认真的老师，因一件小事被一名心直口快的家长误会了，这名家长大吵大闹一番，把她吵哭了。把家长劝走后，园长把老师带到办公室，给了她一个拥抱并附耳小声说：相信你，明天就好了。当晚，园长去见了这位家长，一番真挚的沟通后，家长知道误解了老师，第二天就找到老师道歉，并说了园长当晚去家访的事。

这件事让她感动不已，说：跟着园长干，再累再苦也愿意。

6. 河南希雅图幼教集团董事长陈晓霞也不善讲话，当老师们双休日加班干活学习的时候，她啥也不说，直接到后厨给大家熬上大枣养生粥，做点可口小菜，给老师们送去，暖胃又暖心。

她把老师当作家人，换来了老师把幼儿园当作家的心态。我说过：最到位的团建是把大家凝聚成相亲相爱的一家人。

不说了，要说这些"小事"，没完没了，两天两夜也说不完。

不过，还有一点需要提醒一下，即不要搞"负团建"，不懂管理，只会用权力和制度说话。

我依然举前面几个案例，反着说，你看如何？

若园长晨会上看见那个无精打采的老师，这样说：别谈个对象就像掉了魂似的，要是耽误了工作，看我怎么收拾你！

看见最后一个孩子还没接走，就告诫老师：我走了，你可一定要带好孩子，一定要等到家长来，把孩子安全地交给家长，出了事我饶不了你！

陪着参访领导访园看见自己园的老师视而不见，仿佛在给来宾展示自己在老师面前的威风。

给幼师培训"话术"，靠谱吗

前不久，在微信中遇到一个推销培训课程的人，说他们公司的主打项目是培训招生和家访，其中有"礼仪与话术"。

礼仪培训很常见，幼儿园对儿童的教育内容中就包含礼仪，而且还是重头戏。可培训"话术"却让我禁不住多想，心里揣摩着，这些培训机构厉害，又发现幼儿园的一根软肋。确实如此，我们这些涉世不深的年轻幼师，第一弱项就是怕见家长，不太擅长与家长交流。

按理说，给幼师培训"话术"，也就是说话的技术，这没错，是幼儿园的需要。但让我多想的是，近些年由电话销售和网络销售兴起的"话术"，给人们的印象似乎不太好，与骗术有点扯不清。尤其是推销电话，被许多人设定为骚扰电话，甚至许多人在潜意识中，对巧舌如簧、八面玲珑的商业销售有天然的抵抗。

我也曾百度过，发现"话术"属于热词，曾和"心术""权术"并称"安身之术"。最早讲"话术"的是鬼谷子，并教出了苏秦、张仪两位以"话术"称才的纵横术大家。

不过，在泛商业化的当下，"话术"有些变异和变味，在保险业、直销业，甚至传销洗脑中，被大讲特讲，成为商业必修课。甚至还有什么恋爱话术、勾引话术、"撩妹"话术等。或许，这就是"话术"不被待见的缘由。

其实，即便是商业推销也不该以"话术"为本，而应该用质量说话。相传早年昆明北门有一位哑巴卖菜刀，他没法使用"话术"，就将一根铁丝放在案板上，手起刀落切铁如泥。在那一片，他的菜刀卖得最好，因为他用事实说话。

一直以来我总是告诫民办幼儿园的创办者和园长，离商业行为远点。尽管民办幼儿园的运行市场化，但本质还是教育，具有社会公益性的特点，这是根本和底线。

所以，我担心当原本天真灿烂的幼师，被嘴叼筷子露出八颗牙齿的商业礼仪培训后，用那种凝固的假笑来面对家长，家园关系还能健康吗？被"话术"训练后的幼师面对家长犹如微商或网络推销员一样，说话像背书一样一套一套的，目中无人，一切为了营销，一切为了赚钱，还是老师吗？！这还是幼儿园吗？！

或许我言重了，因为我担心，老师们的工作重心偏离教育教学和教育服务，不把孩子作为自己的第一教育服务对象，而专心于"伺候"家长。这事关幼儿园的生死存亡。

其实，并不是每个人经过培训都能驾驭"话术"，因为说话的艺术和技术本身是一种素质。所以，园长们，别期望通过培训让你的老师都变成百灵鸟，只要有真情、讲真话、办真事，就一定会被家长认同，而且相比嘴上功夫得来的认同，这种认同更发乎于心。

我并不反对"话术"培训，但建议改成"沟通"培训。

我建议给幼师做好三种关系的沟通培训：

其一是和儿童的沟通。这个沟通的"桥梁"叫"真情"，只有真的喜欢儿童、用真情才能走进儿童，才能成为儿童的朋友。

其二是和家长的沟通。我觉得可以先不讲技术问题，而是态度在先，这个态度就是"真诚"。为什么要讲"真诚"？就是因为民办幼儿园有"商业味"，这让许多家长和老师沟通时，可能会有提防情绪。

其三是和同事的沟通。幼师的年龄和职业性质，决定了这个群体的与众不同，这是一个单纯的集体。所以，作为幼师来讲，同事之间的沟通很简单，态度就是"纯真"，千万别给培训成"杜拉拉"和"甄嬛"，别弄成写字楼白领的人际关系，过度强调语言虚华。

最后，用两个真人真事说"非话术"沟通：

【李可，郑州北大实验幼儿园园长】那天放学接孩子的时候，她正和一位家长认真谈话，身边不时有其他家长带着孩子路过。尽管她依旧专注地和这位家长交流，却不忘和路过的家长做恰当的沟通，比如，她会下意识地伸手轻轻触碰一下与她擦肩而过的家长，表示"不好意思，我现在忙"；目送与她距离远的家长，"我看见你了，慢走"……

【刘丽娜，郑州宇华实验幼儿园老师】这是一个有特点的老师，话很少却和孩子相处得非常好，时间久了大家都知道，她是用心用情在和孩子沟通。曾有新生家长反映，说她不太和家长说话，甚至有家长以投诉的口吻说，她看起来有点凶。我当即说，过两个星期你再跟我说这事，先看看。结果是，两周后家长态度一百八十度大转变，说：她有魔法，孩子晚间临睡前都要求跟刘老师通个话，要不睡不着。

在陵水艺星幼儿园说"遇见"

早就听香港跨世纪教育集团王玉琴副总说过，陵水艺星幼儿园的创办人王艺霏很特别：特别爱学习，特别会带团队。

你可别小看这两个特别，特到点子上了。因为，学习能找准方向，团队是前行力量。所以，我也特别想去看看这个特别的幼儿园，并和老师们谈一次话。

路上琢磨跟老师们讲点啥，想来想去，脑海里蹦出了一个主题——遇见。

我一直认为，人生就是一段旅程，既有风景，也有风险。一路过来，你能遇见什么和错过什么看似偶然，实则必然。

那天，一见面我就抛出一个观点：人生的起点和终点都一样，不同的风景都在路上。然后我谈了起点和终点思维，这是为说清楚"旅途遇见"做铺垫。

我先说：起点思维让人不想活，终点思维让人活着没劲。

看着老师们惊讶和不解的表情，我缓缓道来：

你想啊，那些同时出生在同一产房的婴儿，按理说生辰八字都一样，可后来长着长着就不一样了，有的飞黄腾达，有的混得一般般。若用起点思维看，那个"一般般"就会哀叹：同时同地一起来到这个世界的，人家咋就活得那么好？

这就应了那句话，"人比人得死"。所以，我劝大家，别拿人生起点说事。

还有，总研究终点也有问题。有个小学一年级的孩子问妈妈：人是不是早晚都得死？妈妈点头说：对。孩子听后，得出一个结论：那还学习干吗！

其实，许多懒人庸人的哲学也属于终点思维。如：看见人家赚了钱说，赚那么多钱有啥用，自己能花多少，到最后啥也带不走；看见别人工作很拼就说，差不多就行了，干出来多大成绩，出多大名，当多大官，最后还不是进火化场吗！

得，就这两句话说完，还奋斗吗？立马泄劲。

所以，那天我劝幼师们，年轻人应该不问来路，不想归途，就把当下的人生路走好，有如路边小商贩常吆喝的那句话：走过路过不能错过。确实，逻辑就是如此，遇见可能决定人生所走的道路，道路肯定决定见到的风景，风景才能让人生丰盈多彩。

前提是遇见，后果是可能。

如，生在一个权贵家庭，遇见了富有却没遇见好的家教，可能会在"温床上精神瘫痪"。

如，生在一个山村农家，遇见了贫穷也遇见了奋争精神，于是就可能成就一个拼出来的好人生。

如，同一个班级的学生，都遇见了中高考，有的怕苦怕累放弃了，有的却通过中高考的磨炼，考入大学改变了人生轨迹。

如，都在某种机缘下遇见了幼师这个职业，但有的满足于这份当下炙热抢手的职业，过一天算一天，而有的却因为看见明天的危机，坚持学习，提升文凭和业务能力。最终的结果或许是，若干年后，前者遇见了风险，后者遇见了风景。

显然，前两例的遇见自己说了不算，只有认账；后两例的遇见属于机遇，而机遇是留给有准备的人的。

又想起古人的那句话：人生不如意之事十有八九。意思是说人生一定会遇见许多麻烦事，必须释然和淡定，我明白，这属于劝慰的话。而台湾作家林清玄的"常想一二"，立意真善，也是劝慰，只看美好。

　　不过，我这次跟幼师们讲遇见的时候，多了一分辩证。我说：有时你觉得遇见了美好，其实可能是糟糕。反之亦然。比如，找了个男友处处哄着你宠着你，你以为遇见了美好，岂不知这位男友是被你的年轻美貌征服，而韶华易逝，待"哄累了"和"宠过了"之后，可能就会出问题。再比如，刚就业就遇见一个"狠角色"园长，要求很苛刻，也很少有笑脸，但很有可能你的逆商和业务水平因此得到锻炼和提升。

　　辩证法说，好就是坏，坏就是好。

　　我趁机讲了这样一个观点：不仅要感恩帮助你的人，或许更要感谢折磨你的人。

　　总之，我信缘，相信所有的遇见都是缘分使然，包括人，也包括事。所以，但凡遇见都是必然，但凡美好都要珍惜。

幼师需要"打鸡血"吗

总能看见酒店的员工在每天开工前，在路人看得见的大门口，列队喊一阵子励志口号，这种做法被人说成是"打鸡血"，并解释说他们工作挺累的，需要"打鸡血"。

确实，人在亢奋状态下无论是工作还是学习都会很高效，所以，现如今许多学校晨读课间都让学生喊口号，在高考前找人来给考生鼓劲，与"打鸡血"异曲同工。

幼儿园老师也很累，所以也有类似的做法。中国西湖论坛园长群里就有人说过这事，说有的幼儿园被专业公司团训后，每天早上都喊一回，似乎不"打鸡血"就提不起精神头来工作。

这事在群里一说，不少园长反对，说"这不像幼儿园"，言外之意，这件事弄得教育面孔不干净，过于商业。而我们真的不希望看到教育被看作商业，更喜欢素面素心安安静静地做教育。

大爱教育研究院赵春梅董事长在群里只说了一句话：缺人血才打鸡血。

这句话让我好生思量，也联想到这些年教育领域中的一些不解之事。

如，有些学校搞课改没问题，但总是以每天有多少人来学校参观的数据为荣耀，包括以来校参观的门票收益为指标来诠释成功。这算啥？我看这不是学校了，这是闹市，也是在闹事，而且，我敢断言，这样做终究闹不成事！

如，当下一些学校以中高考成绩说成功没有多大问题，但后面跟着的成功却是，因为考试成绩突出，学校发展成了超级学校，动辄上万学生。最关键的是，一旦出了名就办分校稀释资源，或者搞加盟"卖马甲"赚点钱。

如，当下一些心灵成长类的封闭训练，凭借讲师的讲功和音效影像的帮衬，激发人的情绪。然后，讲师以"哭了多少"为成功的标志说事。这叫什么？我看也有"鸡血效应"的问题，而"鸡血效应"之后的效应就是从学员那里赚取高昂学费。

这几例问题在我看来都是让钱闹的，都和"打鸡血"如出一辙，浮躁。我也一直以为，真正的教育应该是安静的，应该如春风化雨一般，应该远离市场和商业的喧闹，应该像潺潺流水而不是波涛汹涌……

尤其是幼教，面对需要有秩序生长的"种子工程"，我们能急躁吗？不能！面对家园关系，我们能用商业手段去处理吗？也不能！面对需要心静如水成长的老师，我们能每天用"打鸡血"去刺激吗？更不能！

总之，我从个人的愿望出发，总想着让我们的幼教"干净点"和"安静点"，但还是那句话，树欲静而风不止。我们没法阻拦商人的欲望，当我们的幼师很年轻需要培训时，那些善于以"打鸡血"方式培训的机构必然会杀将过来；当我们在竞争中遭遇生源争夺战时，还是那些人，又会打着"教你招生秘籍"的旗号来到幼儿园；当我们的家长越来越重视家庭教育方法时，依然是这支队伍，直接穿过幼儿园的大门，直奔家长而去。

我们真的很难安静，但真正把全部心思都用在幼教的董事长一定是懂事的，一定会尽力保护幼儿园的外部环境，一定尽可能用自己的"新风系统"抵挡住外侵的"教育雾霾"。

类似给幼师"打鸡血"的事，别再做了，要做就实实在在地给老师们建设一个如家一般的工作环境，给老师们提供一些业务学习的机会，这才是正事。

"任人唯信"与"信用卡"

都知道任人唯亲是错的，岂不知"任人唯信"也不对，而后者恰恰是管理者最容易犯的错误，也是阻碍团建进程的一条暗沟。

为什么这样说？别急，我们还是按逻辑递进慢慢说。

先说什么叫"任人唯信"

简单解释是：因为信，所以任。

尤其是在给组织成员委以重任时，凭谁都会分两步推论：第一是能否胜任；第二是能否信任。这两个条件当属于必要条件和充分条件。

所以，"因为信，所以任"没错。

再说"都信谁"

这个问题是有前提的，那就是管理者的个人思想认识和立场觉悟，简单说就是唯公还是唯私的问题。

对此，有三种可能：

第一是信任亲属（尤其是在私立教育机构中）；

第二是信任"自己人"（关系亲密）；

第三是信任做事靠谱、有能力、有业绩的人。

显然，前面两条是问题，后面一条是道理。

很难说的是"被信任之后"

这个话题分两种情况说。

第一种情况是用亲属和自己人，这是典型的任人唯亲。作为民办园在初创期打江山的过程中，这样用人在一定程度上还是有一些积极意义的，问题出在坐江山时期。因为，彼时到了摘桃子的季节，若没有制度约束，这些所谓的"自家人"就不见外了，就会给董事长搞事情了，这点董事长们都懂。

第二种情况属于"任人唯贤""任人唯才"和"任人唯绩"，这是对的，是用人之道。

但是，若一味地信任而不加制度约束，"用人不疑疑人不用"，结果会怎样呢？这样的用人之道没有"防护栏"，时间久了，难保人的负面品性不会上位，然后脱轨。

其实，许多贪官早年也是可信任的人，只是后来没有一个能关住权力的笼子，所以才走入歧途。

管理词典中"没有信任"

确实如此，在管理词典中只有"知人善任"和"权力监督"的并存，只是用对人和用好人的问题。信任背面是放任，若以信任为管理词条，放任之下，谁都抵挡不住权力膨胀和私欲横流。

包括原本血脉相连的亲属，包括闺蜜哥们，若因信任而放任，很可能最终结局是亲属不亲，闺蜜不蜜，哥们散伙。

那"谁可信"

也分两条说，一是遴选人的时候，也就是用人前信谁，二是用人后信谁。

首先说用人前，我坚持两点：一是看看群众咋说，因为群众的眼睛是雪亮的，而管理者常常会被一些假象迷惑；二是看业绩，因为业绩才是硬道理，对那些只有口才的人要小心。

再说用人后，用人之后信谁，很简单，信制度，包括业绩考核制度、权力监督制度。

必须说"团队不是团伙"

用信任培养亲信，用亲信建构团伙，这不是团建，是有亲有疏的反团建，是阻碍肌体健康发展的"癌细胞"。

因为幼儿园是小而微的机构，管理者和被管理者对彼此的观察和感受都很具体和敏感，园长的言行举止，都会被观察、被解读，于是，就会有误读和误会。园长尤其需要注意这一点。

最后说"信用卡"

尽管我把信任扔到了管理词典之外，但并没有否认信任的存在，也认同在选派任务和遴选干部时，有信才有任，只不过我强调，用人之前的信任有如"信用卡"，其中内含的"信任度"是昨天的信任，这不等于明天不会发生"信用透支超额"，所以，在用人过程中必须有一套监管制度，让好人做好事，让人品不透支。

中干"中不中"

其实，本文不只是说"中层干部"那点事，而是在说所有人。

理由是，上有天下有地，我们每个人都居中；前有父母后有儿孙，我们每个人都居中。从管理和群体的角度讲，每个组织都有中层管理人员，每个组织都有上级，所以，"中干"可以广义。

索性，我以河南话为题，说说中干"中不中"。

中或不中

这是定位问题。你若太靠近上级，就脱离群众，不中；你若混在群众里，没有高度，不中；你若在平级中层干部里，偏向几个，远离几个，也不中，这是搞小山头。

所以，我建议你的坐标应该在我画的"中干十字线"原点，这里不偏不倚、不上不下，中。

在家里也是如此，只管孩子忘了爹娘，这叫"不中不孝"；只管爹娘不教育儿孙，这叫没责任，也不中；只管"自己的爹娘"，忽视了"对方的爹娘"，这叫自私、心眼偏了，绝对不中！

干或不干

早请示晚汇报，看似尊重领导，实则可能害怕担责任，抑或属于不干不敢型。

领导交代1，绝不干到1.1，这确实是在干，但不是真干。

遇到问题和难题，上可以说是"领导说了"，下可以说是"群众干的"，左可以说是"他们的责任"，自己逃之夭夭，避难去了。这叫不干！

反之，若面对难题敢于挡在领导前面，面对工作走在群众前面，面对荣誉躲在大家后面，这才中，叫中干、真干。

通或不通

中干的工作性质是上传下达，左协右调，是十字桥梁，是交叉通道。所以，曾有人说"赢在中层"。我深以为然。因为中层管理信息通畅，一般就不会"肠梗阻"，就会"通则不痛"。否则，就"输在中层"。

抑或，"赢在中层"未必，"输在中层"必然。中层是一个组织架构的"腰杆子"。

常见的管理问题是，有的中干向上发展遇阻，就会施展"架空上级"的手段；有的中干把所有平级视为对手，采用不正当竞争手段，破坏肌体平衡，也破坏机构，导致"血液循环不畅""神经传导不通"。

包括家务、亲子关系、夫妻关系，都是一个"通"字，都是"通则不痛"。

容或不容

都说"宰相肚里能撑船"，没有说"皇帝肚里能撑船"的，因为宰相属于中层干部，皇帝一怒就可"推出午门"。所以说，相对皇帝而言，宰相必须有容量，容上容下。

组织中的中层干部亦如此，要有容量，特别是能宽容左右平级的所谓竞争对手。有容乃大，这样的人往往最后能脱颖而出，夹缝上行。

关于容和不容最常见的问题是，下级中谁若能力和业绩超过自己，就"武大开店"，极力打压；平级中谁若想跑在前面，就脚下设绊，前面挖坑，绝不容任何威胁存在。

当然，也有不容上级的中干思维，但凡发现上级的问题就非得评出个子丑寅卯，评出个"你是上级还不如我"，然后找到踩点好借机上位。

家里更是如此，宽为上，容为大。

好了，简说简要，归结一下，十六个字：中是定位，干是责任，通是关键，容是修炼。具此四项，结局无他，就八个字——在家和睦，在外发展。

艾瑞德启示：一团火和一束光

中国教师报褚清源先生写了一篇微文，题目是《致敬艾瑞德：他们把自己活成一束光》。读后我当即产生了这样的感想：一束光，与一团火的相同之处是，都有能量；与一团火不同的是，光有方向。

后来，我用物理知识解读：

以手电筒、探照灯为例，光之所以成束，是因为在光源后部有反射镜改变了本该向后传播的光的方向，再通过调节入射角大小聚光向前。

至于激光，其原理与上不同，是原子受激辐射而产生的同频率的光束，是方向高度一致的光束。

再后来，我想到了学校和幼儿园的团队建设：让一个团队释放出火一般的热情不难，难的是把这团火的能量高度聚焦、定向，使之成为一束即高能又有正确指向的光。

郑州艾瑞德国际学校这个团队，就如清源所言，活成了一束光。尤其是当我读文题中的"活"字时，禁不住拍手叫绝，为清源的文笔和思想，也为艾瑞德的自然生长理念，更为艾瑞德董事长孙银峰和校长李建华而鼓掌点赞。

我认为，他们举起的自然生长教育大旗，他们办有温度、有故事的学校，无疑为中国民办教育的未来发展，起到了赋能和导引作用。而对比之下，那些应试教育比公办学校做得更极致的民办学校，尽管当下活得很滋润，但初心不再，让人唏嘘。早期民办学校多是扛着素质教育大旗走来的，而今却偃旗息鼓，仅仅为了活着，向"一切为了成绩和一切用成绩说话"的大环境，俯首称臣。

艾瑞德国际学校没有跟风，他们一直在坚守，一直在坚持，一直把素质教育当作信仰，团队的每一名成员都是如此。他们的团队不是"锤炼"出来的，也不是"淬炼"出来的，而是"熔炼"出来的，是基于团队分子的内能和内功，不是靠外力。

尽管艾瑞德还停留在图纸上时我就认识了它，尽管我八年来一直注视着这所民办学校的成长，但要谈论根本，还得走进去坐下来才有资格说艾瑞德。所以，我只能摘录李建华校长撰写的《艾瑞德新时代·字述2019》的开篇和结语，与大家分享：

【开篇】所有的时光都是人和事的经纬，所有的美好都是你与我的纵横，我们都是生命的主角。在2019年的时空里，我们中华儿女用汗水筑梦，筑伟大的中国梦；我们用青春写诗，写初心的奋斗诗，伟大的祖国如是，努力的我们也如是。

波澜壮阔的新时代已经到来，气象万千的艾瑞德正在路上。我将模仿新华视点，以十个同音字"qi"为题，每天一篇。（十个"qi"为：旗、起、骑、气、齐、棋、奇、契、期、器。）

【结语】

结束"字述2019"：我们全体同仁将继续高举自然生长教育大"旗"，一"起"奔跑，形成千"骑"卷平冈之大"气"象，人心看"齐"，布好"棋"局，出"奇"制胜，以共同的内心"契"约，"期"许在2020年，冶成学校之独特的重"器"。

说到这里还有话：

别误解，艾瑞德国际学校可不是高举素质教育旗帜而忽视课堂，他们的课堂才是老师们的故事书；也别有疑问，他们"长得不错"，但不知"会过日子"吗？我可以告诉大家，他们的学位一位难求。

写到这里还要写：

我在写此文的时候，脑海中不断浮现一个画面，这个画面就是被建华校长描绘成矩阵的艾瑞德团队，但校长好像并不在队伍前方的突出位置，好像也不在队伍的核心处，而是可以在队伍中的任意位置。而董事长在哪里？我分明看见，懂事理的董事长孙银峰先生，一直在矩阵的后方守卫，他在为艾瑞德保驾护航。

我的结语是两句话——

先借褚清源的话：艾瑞德是一个学习场，是一个故事场，是一个能量场，赋能不是赋能力，而是赋能量。

再用李建华校长的表述：把自己活成一束光，照亮他人，温暖自己。

凭什么让老师以老板心态工作

"让老师以老板心态工作",这是一名幼儿园投资者说的话。原话是她在参加一次企业家管理培训时听到的,她跟我说:"听时很激动,回来没法动,我觉得达到这样的管理境界确实挺难的。"

于是,她问我:"王校,我该怎样做才能达到这样的理想境界呢?"

我反问:"假如能做到这点,你说说,老师凭啥以你的心态去工作?"

好半天工夫没回音。当时是微信聊天,看不见表情,但我揣测是被"凭啥"问得卡顿了。

后来,她弱弱地回话:"我对老师好点,就像对自己家人一样行吗?"

我感觉到她有些没底气,但能理解,这题太难,基本属于无解,那话也太满,几乎属于神话。

实际上,尽管我们无法达到那样的管理境界和目标,但方向没错。从管事到管人再到管心,这样的方向和路线都是对的,体现了中国式管理的精髓,是植入凝心聚力的家文化行为。只不过需要斟酌和纠正的是,不要喊不切合实际的口号,要讲入情在理的理念,或者更直白一些讲,别忽悠老师。

显然,这个"让老师以老板心态工作"的调子起高了,降不下来后面就会跑调。那么,既然大的方向没错,该怎样降调呢?我看不难,稍做改动，"让老师以家的心态去工作"即可，这个目标不难实现，很切合民办幼儿园的实际。

其实，企业很注重培养员工的归属感，比如，有的企业提出"你为老板打工，老板也为你打工，但归根结底你是在为自己打工"，以及"你成就了公司，公司也成就了你"……这些说法都是从实际出发并触及灵魂的领悟，我认同。我的认同理由是，此话在理，在理就不是简单空洞洗脑的口号，在理就可以称之为企业文化理念，在理就能呈现团队建设的凝聚力。

事实上，当下许多小微企业和民办幼儿园都在建构家文化，因为家文化不仅很美、很温柔，更重要的是家文化的隐性管理作用，让许多管理者受益匪浅，感受颇深。

尤其是民办幼儿园这样的微利机构，根本无法与财大气粗的大型企业相比，人家可以有钱任性，可以遇事用钱说话，民办幼儿园只能望钱兴叹。没法用钱说话怎么办？只有一条路，而且是正路，那就是用情说话。而且必须用真情用实情说话。我曾提出过这样的理念，"以真求真，以爱育爱"，其中的真和爱在这里可以用到"园师关系"的管理上：投资者对老师用真情讲真话，老师才能把幼儿园真的当作自己的家一样去爱护。

说到讲真话，我想到园长喜欢的"各位家人"的会议称谓。由原来的严肃版"各位老师"，到后来的亲俗版"各位兄弟姐妹"，再到如今的流行版"各位家人"，这种称谓的演进透着管理思想的底蕴。"各位家人"听起来不错，但也有问题。

问题在何处？依我看，若仅仅是"说得好听"和"嘴上功夫"，那问题就大了，因为没有行为落地的称谓很虚，因为大家都说就没劲了。或者，即便说者很真诚，也很真实，但架不住谁都会说，谁都在说，特别是那些目中无人的园长或投资人，如果他们也把这句话挂在嘴边，我劝你别说了。

好了，再回到话题上，不讲神话讲实话。

实话就是，没法让老师们都以老板的心态去工作，但让园长做到这点却很简单。比如，我熟悉的一位民办幼教投资人，她先后投资创办了十几所幼儿园，但她不累，因为她是一位懂事的董事长。

她懂得如何让园长以老板的心态去管理幼儿园，秘诀可以公开，她说：我从来不聘园长，我一直在找合伙人。我清楚她的做法，她选园长有条件，不仅要有好口碑和工作能力，还要有一定的投资能力，在幼儿园建成后，或者早期发展后势可期时，她会启动招贤入伙的程序，让园长成为股东，让园长以股东的心态工作。

（注：我不喜欢用老板概念说事，因为幼儿园是教育不是企业，本文这么说只不过是因为需要而已。）

赵留军和他的"麻绳理工学院"

赵留军

赵留军先生素来低调，属于洛阳市早期著名企业家，后来偶遇幼教，走进幼教，并华丽转身走向一条风险与风景相伴的路。

这条路确实属于他，因为，他不惧风险又流连风景。所以，刚过不惑之年他找到了不惑——迷上幼教。

彼时，他以洛阳西工双语幼儿园为第一根据地，一路求学一路求师，终于遇见了香港跨世纪和蒙氏教育。其实，他的人生际遇看似偶然实则必然，他以超常的学习力和行动力，竟然在短短两三年内，实现了西山双语幼儿园的腾飞——跻身于全国一千多家跨世纪加盟园的最前排，成为全国蒙氏教育模范样板园。

后来，他以业界影响被推举为河南省民办教育协会学前工委副理事长，并成为河南省幼教管理公推的团建培训专家。

与此同时，他的队伍也在稳步前行中不断壮大，如今，在双语教育中心旗下已有五所优质蒙氏幼儿园，分别位于河南和海南。

拧麻绳

拧麻绳这事，现如今也只有老奶奶和麻绳厂的工人们懂。

不过，这活根本不复杂，就两步：第一步是把散乱的麻线拧成单股有劲的麻绳；第二步是把两个或三个自带劲头的单股，在劲头拧向一致的情况下，让外力的拧劲和单股绳内部的拧劲形成合力。这就是俗话说的：两股绳拧成一股劲。

活虽然简单，道理却不简单，团队建设的要义就在其中。

赵留军深谙此理，他悟到团队建设必须像拧麻绳一样，抓住两点：

第一点，首先要"给力"。

谁给谁力？是有决策权的董事会给园长一份"为事业奋斗，为自己打工"的动力，然后是园长给老师和员工一份"为咱家工作，为自己打工"的动力。

动力源何在？赵留军的人力资源管理能说清楚，因为他一向用制度保证多劳多得，用制度表达干好干坏干多干少不一样，用制度解释只要肯努力，人人皆可为尧舜。

内涵是什么？

赵留军说：用文化引领，用制度保证，用利益共同体落实。

我的解读是，文化是团建的愿景管理，制度是团建的硬框架，利益共同体是桥基。

第二点，凝心聚力。

"一群人、一件事、一辈子""同频共振"，这既是赵留军团队的口号，也是文化理念。在这样的共识下，在这样的理念下，把"一群人"号召起来做"一件事"，并且发愿要做"一辈子"。

所以，当大家的劲头十足后，管理者借用的是制度约束和文化引领，把每个人的劲头方向调整一致，道理正如多股绳拧成一股绳。

他把大家伙拧到一起了，用制度和文化作外动力，再加上每个人的自身动力，当这两股力道高度一致时，必然显现出团队合力。

我戏说：赵留军有个"麻绳理工学院"，解释为，他们是用拧麻绳的理论工作和学习的一院人。

河南幼狮

前几年我在千聊直播间讲课时，发现赵留军先生的西工双语幼儿园和朝慧幼儿园与众不同，其他园所安排老师各在各家收听，最多在网上打卡报到，可赵留军的团队不然，晚间八点，竟然都在幼儿园"集体坐听"，听后立即"座谈"，然后"晒笔记"。

那次，我感慨地说：他们是河南幼师的表率，他们如饥似渴地学习，是憋着一股劲，想要通过学习让明天的自己和幼儿园更强大，更有战斗力。

说完，联想到"河南幼狮"。

幼狮自幼就接受狮爸狮妈的独立捕猎训练，所以，它们不会因为父母有威霸丛林的本领而贪图安逸，像懒猫一样享受。其实，幼狮的独立与成长属于学习进取才能赢在未来的典范。

尤其是当下的幼师，面对不确定的未来，必须像幼狮一样学本领，把未来掌控在自己手中。

成长与成熟

一群人，一件事，在成长中强大，在强大中成熟。

正如前文所述，赵留军做事是低调的，但低调只是"基音"，不是"基因"，他的基因里装满了成长，每时每刻一点一滴都在成长进行中，而成长的结果是"一旦成熟"便会突然崛起。这是情理，也是道理。

所以，当疫情给许多行业都按下了暂停键时，当大家纷纷哀叹危机而消极时，他发现了契机，开启了集团化发展的能量阀门，从河南到海南，五所整齐划一的蒙氏幼儿园尽收麾下，有基地概念的洛阳西工双语幼儿园和朝慧幼儿园，有洛阳高新区生机盎然的绿洲幼儿园，还有海南澄迈新佳艺蒙氏幼儿园和三亚松柏蒙特梭利森林幼儿园。

业内朋友说，他的伺机而动本身是必然，尽管疫情来得偶然。他自己也披露，在发展蓝图中，他早就给洛阳的家长、孩子和老师在海南勾勒过一个"南花园"，今年也巧了，他的发展节奏竟然与海南岛自由贸易岛的步调合拍了。

所以，堪称大手笔之作。

总之，赵留军和他的一院人，之所以有超常的行动力，就在于他们一直准备着，就在于他们一直在做一件事——拧麻绳，就在于他们一直憋着一股劲，就在于他们一直在等时机……

他们确实是一所"麻绳理工学院"。

第四辑　说理念口号

当下哪个行当都说理念，
但能说清楚什么是理念的人不多。
有的属于对着市场说好听的话，
却未必在理，抑或只是口号。

所以我说：
飘在天上不落地的理念不算数，
挂在墙上不实用的理念没有用，
说在嘴上做卖点的理念有点虚。

每当园长问我：怎样写理念？
我的最简回答是：有理，有自己。
因为办园理念首先应该在理，
符合党和国家的教育方针，符合科学的教育规律，
绝不是天下理念一大抄，满墙堆砌别人的话。

再具体点说，
理念内含着办园方向、目标和信念，
把与理念契合的课程、活动作为通道，
才能让对的理念落地，
才能让好的教育真好。

别把口号当理念

什么是理念？什么是口号？二者之间有什么不同和联系？

这个问题还真是个问题，是许多人没有关注和较真的问题。所以，一次在培训现场我发现这个问题后，回去就开始百度，想找个理论来解释，但始终不得要领。没办法，只能沉淀一下，把自己的观点整理后，与大家分享。

按习惯我还是以案例说"白话文"，不敢讲"文言文"。

比如，我认为"人定胜天"就是口号，是以提振精神激励斗志为目的的口号。而"道法自然"恰好与前者不同，属于理念，是老子哲学思想的表述。

比如，团训中大家斗志昂扬地喊：我是最棒的！这是典型的口号，没道理，有精神，因为道理是人外有人天外有天。而澳柯玛的广告语"没有最好，只有更好"就不然，看似口号或广告语，实则内含理念，而且属于至理名言。

比如，"一切为了孩子，为了孩子的一切，为了一切孩子"，这句流传在幼教界的典型口号，纯属为了动听而把文字排列组合起来，内容无法解释，当然就无法落地，只能"悬在半空中"。所以，我把这句话改成"一切为了孩子的成长"，这就落实了，就具备理念架构了。其中，从幼儿园教育角度出发，培养目标就是"成长"，其主要任务和工作就是语句中的"一切"，合在一起呈现的意义就是信念。

好了，上述三个例子当属引入，接下来再谈我对这个问题的观点。不过，单说"理念"这个概念会太宽泛，而且当下理念满天飞。我只聚焦我最熟悉的幼儿园理念，包括教育理念、文化理念、管理理念等。

我认为，理念的内涵至少有四点：有理论支撑（有理），有信念诠释（有情），有目标制导（有路），有文化建构（有品）。

接下来，以我给小米尔顿教育集团制订的理念体系为例，具体解释下我的"四有理念"内涵所在。

1. 文化理念：爱与成长

这是集团最高理念的表述，"爱与成长"的捆绑关系中内含的教育理论点是，没有爱就没有教育，没有成长的爱就不是真教育，这可以解释为"有理"和"有情"。

另外就是"成长"，明确了教育目标，并依据这个方向的"制导"去设计课程。至于这一理念中的文化含量，我认为就是表述了"爱与成长"的不可分割性。

2. 培养目标：为孩子三十而立做准备

这句话是对幼教的教育目标做的清晰阐述，符合现代幼儿教育的理论基础，同时也是对当下社会对幼教问题纠偏进行的解释。尤其是幼儿园小学化的问题。在传统幼教"抢跑论"下，我提出"幼儿教育不是为读小学而准备"，幼儿教育要为儿童终身负责。

当然，在理念表述上我还是选择了一个人生节点——三十而立。我希望这个理念能成为小米尔顿教育的方向表述，也因此能为我们的教育行为建构信念。

3. 服务理念：以真求真　以爱育爱

这是一句看似口号却属于理念的表达，是从因为所以出发，找到的逻辑归因。

简单来说，我们以教育情怀做教育，而不是以企业情怀办幼儿园，倾注真心真情，也因此必然换来老师、家长和社会的真心真爱。

在这样的理念下我们提出了这样的家长观：家长不是顾客，是在园长领导下的另一部分教育资源，是和老师做同样事的同事。这就是理，是做教育服务的真理。

包括以爱育爱也是如此解释，办园者若不爱教育只爱钱就糟糕了，就带不出一支爱幼教的团队，也不会赢得家长的真心支持和参与。

事实上，这八字理念是我在十多年前给原北大附中河南分校小学和幼儿园写的，而且十几年的积淀证明这个理念上承理论、下接地气，有理有情有品位。

最后再说一句：民办幼儿园确实要按市场规律运行，但不能被市场牵着鼻子走，必须以育人为宗旨，把符合教育规律放在第一位。所以，那些不符合教育规律的口号，应该过滤掉，不能弄满墙，弄得家长云山雾罩，雾里看花没看到，好像看见卖假药，分不清也看不明幼儿园在做什么样的教育。

细说理念：爱与成长

如上一篇所言，"爱与成长"是我给小米尔顿教育集团写的主题文化，也叫文化理念，也是核心理念。

在一次集团老师培训中，我先抛出"以爱为本、快乐成长"八字理念，随即又提出简写版"爱与成长"四字理念，然后让大家比较和讨论，说说喜欢哪一个。

出乎我意料的是，竟然有不少老师选了八字理念，理由大致就两条：其一，八字很对称，好听；其二，前面是对老师的基本要求，后面是说教育目标，很具体。

对大家的议论，我并没有立即表态，只是告诉大家，八字理念曾是我的第一方案，后来改成了"爱与成长"。然后问道，有人知道我改的原因是什么吗？

我以为这个问题不难，可竟然讨论了许久也没有人说到点子上，后来还是由我来解读。

我说，当时曾有一个过渡方案为"爱·成长"，后来被否定，原因是"爱"和"成长"之间不能有"一点"间隔，这是我当时的顿悟。再后来，不知为何，竟然联想到了"枝生连理"，因此有了"爱与成长"。

下面是我对"爱与成长"的简洁版解读，主要有三点：

一、没有成长的爱不是真爱

我在讲座中提到的第一个问题是：妈妈的爱是不是真爱？

当一位老师说了"连母鸡都会爱孩子"，另一位老师说"若是溺爱就不是真爱"。后来，一位园长总结说："王校的问题答案就两个字——两可。"

其实，我提的这个问题并不是真问题，因为，世间最伟大的爱就是母爱，地球人都知道。所以，若以行为论，妈妈的爱谁能说不是本能，不是真心?! 但若以教育论或结果论，溺爱就是阻碍孩子成长的爱，这种不以成长为目标的爱，确实无法说是真爱。

比如，在家里孩子被宠惯得要啥给啥，父母唯孩子马首是瞻，下雨了雨伞罩住孩子妈妈却淋在雨中，孩子间闹矛盾妈妈直接冲过去参战……

想想看，这样被父母齐心协力保护和娇宠的孩子，一点委屈都没受过，所有的问题都被父母包办了，他们的生理年龄在一天天增加，心理年龄却始终停留在孩童水平，你说这是真爱吗？

再比如，一些幼儿园处处以安全的名义保护儿童，但凡硬一点的水泥地面都软化和塑化了，愣是把儿童弄得不接地气，连泥土是啥样都不清楚。还有，但凡有点危险的体育游戏和外出都不敢做，弄得儿童和真实世界隔一条街，这样的教育咋能教出适应未来社会的本领呢？（我知道许多情况不怨幼儿园，幼儿园在适应个别家长和社会文化。）

但这不仅不是真的爱护儿童，也离真教育太远。

二、有时没有爱的成长更强大

没有爱能成长吗？

我举个例子。羚羊妈妈天天教子如何奔跑，效果不佳。如果，弄一头狮子扔在羚羊的后面呢？如果有一只初生羚羊不怕狮子而被猎杀，其他初生羚羊看见这一幕，它们的奔跑能力还用教吗？它们的成长是被爱出来的吗？

还有我们老辈传下来的经验，穷人家的孩子早当家，为啥如此说？为啥父母没有时间也没有经济能力去溺爱孩子，孩子却成长得很强大？

其实，社会更有话语权。你在单位遇见一位关爱你的领导，你会成长，这不假。若你遇见的不是关爱而是挑剔，甚至折磨你的领导，你会如何？这时我们会看到，在缺少爱的环境下竟然成长得比前者还强大。当然，前提是你的逆商够用。

三、当下幼儿园最合理的理念就是"爱与成长"

真的不敢分开说，因为，没有爱就没人来，没有爱的教育就没有根，没有爱的幼儿园就很商业。但话还得反过来说，若只说爱就没有教育，只有爱就可能在哄家长，只有爱就可能属于商业服务。

所以，我坚定不移地把爱与成长捆绑在一起说理和说事，如此才能准确地解读。爱应该是有深度和广度的教育元素，成长是在爱的基础上、有高度有未来的教育目标。我是这样来解释小米尔顿教育集团的大方向和信念的。

每当我们看到和默念"爱与成长"，必会涌出一份自信，以爱与成长为主旋律的教育，一定能描绘出真教育的春华秋实。

幼儿教育，护根还是护花

不知何时，不知何人，给幼师赐一别名——护花使者，据说还有升级版，叫护花天使。尽管这名更多属于在恋爱期的男孩，是一种"行为称呼"，但用到幼儿园老师身上，听起来也很美。

特别是，如今都把儿童称为"祖国的花朵"，全国都在护花，幼师当然要冲锋在前了，况且，幼师所护的还是"花骨朵"。

不过，若去细想，总觉得有点别扭，有些凄惶，尤其是听到那句话，"好花不常开，好景不常在"，也包括目睹幸福快乐的幼儿园孩子，一旦走进学业如山的中小学，情绪多变得压抑，就如一朵花花期快到了，打蔫了。

我的这份不解和别扭是有原因的。幼儿教育的本质是根的培植，不是花的呵护，我们需要做的不是护花，而是培根。需要特别说明的是，儿童是祖国和民族的未来，不是当下；教育要成就的是根深叶茂的大树，不是"花季过客"。

于是，我开始怀疑"儿童是不是祖国的花朵"了，但我绝对认同"儿童是祖国的未来"，正如联合国教科文组织原总干事马约尔所言，"我们留一个什么样的世界给子孙后代，很大程度上取决于我们留给世界什么样的子孙后代"。

我想，我们应该给世界留下能经得起风雨的大树，而不是弱不禁风的好看的温室花朵。

　　所以，我们的幼儿教育一定是根的教育，我们的幼师一定要做护根使者。

　　然而，当下让我们纠结的是，全城娇惯，全方位呵护，无微不至地替代，普天之下莫非"大棚"，包括家庭也包括幼儿园。所以，不得不问：我们在大棚和花房里培育出来的"花和盆景"，是我们祖国需要的将来吗？或者把话说到家，是能不负父母厚望光宗耀祖的后一代吗？当然，这似乎有点大而话之了。若往小里说，这样百般呵护着长大，将来不啃老就已经万幸了。

　　话再说回来，在当下的社会文化和家庭教育下，我们的幼师能安安静静地当好护根使者吗？我看有点难。尤其是一些急功近利的家长，把孩子送到幼儿园就急着"看花""看盆景"，要先睹为快。而按照科学的幼儿教育规律和发展节奏去实施幼教，去给埋在地下看不见的根系施肥浇水，是需要时间和等待的。幼儿园是否会"为了家长"，拔苗助长？

　　这几年，凡我所做的幼教或家庭教育讲座，第一讲基本都是《幼教五条根》，因为，我在尽绵薄之力去呼唤和吁请：我们的幼教必须坚定不移地走在正道上，不能为经济效益改变行走方向和走姿；同样，我们的家长们也该清洗一下头脑了，教育孩子绝不能像呵护花朵那样，而是要把他们"扔进风雨中"，让他们健康成长。

　　记得在一次家庭教育讲座结束时我抛出了两个问题：

　　如果孩子被你们精心照顾得从未感冒过，长大后他们遭遇感冒会如何？

　　如果孩子被你们全面保护得从未吃过亏，走到社会后会遭遇什么？

　　这两问让集体静默。我说：回家使劲想。

　　还有一次，给幼师做培训的时候，谈到了一个问题：家长对孩子娇生惯养，我们当老师的该咋办？这个问题如点穴，点到了天下幼师的痛点。

　　我们这些年轻的幼师真的不容易，不知是谁，不知啥时候，弄出了点事，从家长到媒体都振振有词：祖国的花朵没小事。

于是，幼师们渐渐开始"懂事"了，懂得多一事不如少一事，懂得家长若是惯孩子我们就"不惹孩子"。各位读者，这里的"不惹孩子"内涵是啥，你们懂的。

但我就不懂了，连教师都不对教育负责了，我们的未来会怎样？全社会都在娇惯"花朵"，我们还有未来吗？

做真教育，当护根使者毕竟是一份满载道德责任的事，当下我们干了许多正事，暂不为人知，好像地下工作者一般，但我们坚信一条，教育正道是沧桑，历经风雨见彩虹。

坚持和坚守吧！一声叹息后，我们继续前行……

"静待花开"真的是教育理念吗

教育确实不能拔苗助长，也不能急功近利，更不能"强按牛头喝水"和"填鸭式教学"。所以，我常说，谁都可以浮躁，唯独教育不可以。

或许就是在这种情态下，不知是谁最先说的，教育是静待花开。

这句话很动听，赢得了一片掌声，尤其是那些"望子成龙却像虫"的家长，在万般无奈与纠结中，被"静待花开"舒缓了一下紧张，并自我安慰：不急，静等即可……

其实，能真的不急吗？静等真的就 OK 了吗？

我从悖论出发，反问：如果静等，还需要教育吗？

所以，尽管静待花开的说法听起来很美，但我不敢苟同，而且，在我看来，静待花开只不过是一句劝慰性的口号，不是理念。因为，"静待"不在理上，教育不可能处于啥都不用做的地位。

那么，问题来了，教育既不能急功近利，也不能静待花开，教育究竟该做些什么呢？又该怎么做呢？

在思考这个问题之前，我先界定一个逻辑起点，视儿童为一颗有生命的种子，并有主动成长的内动力和能力。这个观点的理论基础就是蒙氏教育所说的吸收性心智，这个问题的研究当属于"学习动力学"和"学习能力学"。

学习动力学和学习能力学是我提出的，是从学习的三大系统，即动力系统（想学）、能力系统（会学）和知识系统（学会）出发，在教育实践中探索如何解决有关学习动力和能力的问题。

其实，最早提出三大系统说法的是北京红缨教育的两位创始人王红兵和杨瑛，而且应该是在十年前。不过，时间早晚不重要，关键是从幼教领域提出的，这是点到了穴位上的高手动作。我一直以来的观点就是，人的学习态度和基本学习能力不是老师教出来的，而是天生的，是一种基本生命态。

所以，以幼教而论，若能保护好孩子好奇、好问的天性，功德无量，但这并非意味着静待花开。当儿童的好奇反映在好问上时，老师可不能无动于衷静候。于是，引出了一个问题：老师该干啥？

我先举例说老师不能干啥。如在组织孩子活动时，某个孩子纠结于某个问题，围着老师喋喋不休地问，这时老师可不能一脸不耐烦地吼一声：没看见老师在忙着吗，就你事多？我不是危言耸听，很可能这一情绪化的吼叫，毁了一个未来的科学家。反之，若老师俯下身用欣赏的目光看着孩子轻声说：老师现在很忙，一会儿我单独跟你聊聊好吗？

我忽然联想到一颗种子在即将破土时，需要养分和水分的滋养，这时若无人照管，任其自然可否？或许也可以，但出苗率就没保证了。更可怕的是在种子要出土时踩上一脚，或许一颗小苗因此夭折。

接下来我们再说说当儿童表现出积极求学、好奇好问的情态时，老师该干啥。我总结出了"两鼓两引"原则，即鼓励和鼓掌，引导和引爆。为什么有如此简说？因为我认为，一个爱思考和爱提问的孩子最需要呵护的是内在的动力，鼓励和鼓掌尽管属于外场动作，但对于一个生长的生命得到外力作用帮助很重要，这是儿童社会性的心理需求。

另外，如果说鼓励与鼓掌支持了儿童学习的动力问题，那么，引导的作用应该是帮助儿童来解决方向问题，尤其是在思维三岔路口时，优秀的教师甚至会引爆儿童的发散思维空间，这可是最了不起的教育行为，绝不是静待花开。

实际上还有一个问题需要商榷，即"小心儿童的脑力依赖"。

记得在一次家庭教育讲座中，一位爸爸反思说：我儿子特别好问，很黏我，很崇拜我，因为他的问题我都立马能回答，我太太也表扬我，说我是儿子的百度百科。说完这段话，他话锋一转，与我商讨说：王校，他要是一有问题就依赖我，我有点担心将来他的大脑会变得很懒，会不会出现脑力依赖？我击掌叫好，说：好一个"脑力依赖"！你是个聪明的爸爸，你发现得及时。你要"学会跟孩子踢皮球"，当他问时你说：你咋想的？把问题传回去，这叫回问。

另外，我认为这个问题可能比前两者更该引起我们的注意，因为当家长或老师充当百度百科时，一个学习假象可能因此出现了，因为儿童在家长和老师的过度解答后，呈现出了"懂得真多"的样子，成为"装了很多知识的容器"，或者理性解释为"知识体系"很丰满。然而，要注意的是，这些都不属于儿童主动学习建构的"能力体系"，所以，这样的"丰满"是缺乏"骨感"的虚胖，长此以往，或许儿童的学习态度没问题，而学习能力却止步不前，这对儿童的成长十分危险。

我此文所言，并没有刻意反对"静待花开"的说法，只是就此梳理了一些对儿童成长的思考和观点。"自然生长"这个教育新概念，也需要理清一下内涵，否则，若误读为自然就是不闻不问，就是静待花开，甚至不要老师，那就大错特错！这里的自然生长，指的是坚持教育思想和方法必须符合人类成长的自然规律。

陈鹤琴先生的"三做人"

站在中国学前教育的百年历史长廊上，你会听到一个强劲的回音，经久于中国幼教人的耳畔，这就是中国幼教之父陈鹤琴先生在 20 世纪 20 年代说的一句话。他说，幼教的培养目标是"做人，做中国人，做现代中国人"。

在香港跨世纪教育集团年会上，中国幼教课程引领者、华东师范大学朱家雄教授，在讲座中重点阐述了陈鹤琴先生"三做人"的时代意义。我和朱教授共同的感慨是，历经一百年，对中国幼教的培养目标定位还没有谁说得这样简素而准确。

于是，我又把陈鹤琴后人柯小卫先生送给我的几本书找来，再读依然感触颇多，尤其是先生提出的"三做人"，其内涵之丰富，其指向之精准，其时代之跨越，让我常读常新，每一遍都有新感受。

做人：是直抵教育本义的最精准表述

朱家雄教授说：教育的本质是培养人的社会活动，是对社会知识、文化的传递以及在此基础上对人的培养。

这段话是朱教授基于教育哲学的思考和定义。其中有两个关键词——传播、培养，前者是形式和过程，后者是目标，是在解释和揭示教育的本质就是教人做人。

我们不能不反思我们的当下，有多少幼儿园或被家长的急功近利裹挟，或不懂幼教，竟然把传授知识作为幼教的主体任务，把儿童当作一只空容器，认为老师的工作就是把大量的知识扔进容器，还美其名曰：教的东西多。我看这样的幼教才"不是东西"呢！

我们不能偏离教育的本义，脱离教育的本质，我们也不能忘记国学教育经典——童蒙养正，这是我们老祖宗在《易经》中阐述的教育思想，也是我们国学中的精粹，甚至还可以说是"一万年都不会改变"的定论，是"放之四海而皆准"的真义，是"万变不离其宗"的宗。

进一步理解，教人做人，是对教育这个职业的护佑，是不能被杀气腾腾的互联网和智能时代干掉的"命根子"。

做中国人：让教育成为国之根本

我的解释是，国本是不能动摇的基础，或者简单说，丢掉了属于中国文化的教育，就等于找不到自己赖以生存和生长的根。

所以，我一直在为大爱思想教育研究院赵春梅院长提出的做"中国式幼教"、办"中国式幼儿园"而鼓与呼，我欣赏这样的国本主义。尤其是当下，数典忘祖的例子还少吗？把中国孩子培养成"我爱美国"的问题有没有？

朱家雄教授在讲座中举过美国和日本的幼教，说这是两个典型的坚守国本教育的国家，他们尽最大努力让最小的儿童都懂得"自己的国家最好"。

我在许多场合都提过，我们的幼儿园必须有"国家课程"，我说的这个"国家课程"不是"国家编的课本"，而是让儿童从小就知道自己属于哪个国家，这个国家是我们的根，我们必须爱她保护她，而不是以出国为荣，以考进外国学校为成功。

做中国人，必须从幼儿园教育开始。尤其是在经济跑到了精神前面的今天，我们更要懂得做一个真正的中国人何其重要。

另外，朱家雄教授还关注了 2016 年版《幼儿园工作规程》相比 1996 年版《幼儿园工作规程》的一个重要改变。其中，在谈幼儿园教育次序时，1996 年版为"体、智、德、美"，2016 年版调整为"德、智、体、美"。其实，这是一次回归和纠偏，也是为"做中国人"的德育目标背书，为做人必须从娃娃抓起定调。

做现代中国人：教育要面向世界和未来

我分析陈鹤琴先生当年说这句话或许是针对几千年的闭关自锁，是基于国际化和时代感，是指出教育培养目标必须有全球意识和国际视野。

"做中国人""做现代中国人"，矛盾吗？一点也不矛盾，两者是"根和视野"的结构关系，前者强调坚守文化，后者着重紧跟时代。所以，我觉得在辩证法的指导下，就应该坚持一点，即要有民族情怀和国际视野，这是立足国本，走向世界的教育之路。因为，没有国就没有国际，没有根就没有地位。

想到这些，我不由得感叹，陈鹤琴先生所言的"现代"，不仅是 20 世纪 20 年代，而是能跟随历史的进程，永不过时，包括现在和将来。

尊重儿童，不是口号是理念

尊重儿童、以儿童为中心，这两句话当下很热，尤其是在民办幼儿园的宣传中很常见，因为家长听着舒服、听了放心。

记得曾在一所幼儿园大厅的墙上见过这两句话，我问陪同的一位保教主任：什么叫作尊重儿童？什么是以儿童为中心？

遗憾的是，我没有得到满意答复。

那次，看着墙上的口号，莫名有些惶恐，想到一个问题：误读和浅解可能带来教育的走偏和浮浅。所以，弄懂尊重儿童和以儿童为中心的真义，极其必要，这是一个方向性和路线性的问题，决不能仅以好听的口号论之，必须用严肃的理念敬之。

我习惯用事说事，但下面不说"不尊重儿童和不以儿童为中心"的反例，因为大家都清楚。不清楚的是什么呢？就是那些"好像是尊重儿童，好像是以儿童为中心"的事。

1. 孩子在家要啥给啥。爷爷说：我们当年要啥没啥，现在条件好了，可不能亏着俺宝贝孙子。试想，如果全家齐上阵，都按爷爷说的办，围着孩子这个中心，不惯坏才怪呢！

2. 想吃什么，妈妈给你做；喜欢什么玩具，爸爸给你买；想去哪里玩，奶奶带你去……好像很尊重孩子，但是，在全家都听孩子话的环境中，孩子会不知自己是谁，不论对错，不如意就大闹一番。你想想，这是在家，将来到社会上咋办？

3. 有个妈妈送女儿入园时，嘱咐老师：我女儿喜欢被夸奖，尽量别批评她。确实，这个孩子很脆弱，老师若在活动中没顾及她，她就会嘟起小嘴生气，她做得不好老师用严厉的眼光看她一眼，她就会委屈地哭个没完。后来我和这位妈妈深度交流时，批评她说：你培养了一个以自我为中心的孩子，可走出家门后，这个世界并不是围着你的孩子转。

4. "蹲下来和孩子讲话"，这本是有深度的理念，却被一位园长浅解了。她要求老师只要和孩子说话，必须蹲下来，否则罚款。她还说，尊重儿童要制度化。就这样，老师每次和孩子说话都有个下蹲动作，好像清朝宫女的礼节一样，但渐渐地他们园的老师变得不喜欢和孩子说话，太累了。

这是典型的形式主义，根本就没弄懂啥叫尊重儿童。

5. 有一位做企业培训的老师，对幼师说：要以儿童为中心，老师必须做到让儿童满意，要尊重儿童的需求。因为，家长是客户，儿童是媒介，儿童高兴了家长就满意。

这是做市场营销那伙人的说法，说是以儿童为中心，其实是围着家长转，或者说是以家长的钱包为中心。显然，这是很商业的行为，离教育很远，也绝非尊重儿童。

不说了，说正题。

先说什么是尊重儿童？我不敢定义，只举例：

尊重儿童就是把儿童当人，别总说"长大成人"的话，因为是不是人和年龄无关。所以，把儿童当作完整的人，就得认真和儿童讨论问题，千万别以儿童太小不懂事为由，用根本就没想兑现的承诺和虚无缥缈的话哄骗儿童。

尊重儿童就是当他们在不知对错的年龄做错了事，家长或老师用合适的方式及时实施教育，而不是以"长大就好了"去谅解，等养成了坏习惯悔之晚矣。

尊重儿童就是别包办代替儿童成长的事，别给儿童罩上一个"风雨不透的保护伞"，让儿童与社会隔绝。

尊重儿童就是给儿童准备适合成长的好环境，包括给孩子找一所好幼儿园，带儿童去野外和农村，让儿童的成长不困在城市的楼宇中。

尊重儿童就是老师要始终不忘教育责任，别因为儿童叫你"老师妈妈"就忘记了老师的责任，一定要关注和纠正儿童成长中的问题，一定要对儿童真好而不是讨好。

尊重儿童就是要按照儿童成长的规律实施教育，不能拔苗助长，不能用"原罪论"和"白板说"进行简单生硬的管教和灌输。

尊重儿童就不能按照家长的兴趣给儿童报满各种兴趣班，让儿童不堪重负，把该玩的时间都剥夺了。

……

好了，再说什么叫以儿童为中心？

以儿童为中心是教育学和教育哲学的观点。我不知道是不是蒙特梭利博士第一个提出的，但我知道在一百多年之前，这种提法对洛克的白板说是一种颠覆，也是对儿童结构心理学的一次伟大建树。因为，蒙特梭利教育思想和教育方法的核心主张是，儿童应该独立成长，教师和家长应该专注于对儿童的观察，以及在儿童需要帮助的时候去帮助他们。

当然，还包括幼儿园选用的课程，必须以儿童主动学习和独立成长为基本理念，而不是小学化的那种"以教为主"的灌输式学习，显然，后者是以教材为中心，而不是以儿童为中心。所以，当我们秉持以儿童为中心的理念，儿童必将处于由内向外的自然生长状态，这比由外向内的被动成长不知要好多少倍。

最后，我以个人的理解来概括：尊重儿童是一种教育理念，是把儿童当作人，当作完整的人，当作成长中的人；以儿童为中心是一种学习理念，是基于儿童主动学习和自然生长的观点。

民办幼儿园也需"正三观"

　　我在许多场合对在市场机制下运行的民办幼儿园表达过这样的担忧，千万别搞"墙上理念"，一定要让理念落地，让理念所含的教育思想、信念、方向和文化能指导和融进我们的工作。

　　本文所指，是我在小米尔顿教育的理念体系中提出的"三观"理念，这个理念当属于态度，或叫主张，或叫"关系管理"。

　　具体表述为"服务观""家长观"和"教师观"。

　　当然，若从关系管理的角度出发，肯定还会有许多办园思想下的立场和观点，不过，上述这三个观点很关键，是制约民办幼儿园发展的焦点，具有方向性和战略性意义。

服务观

　　我曾说过，民办幼儿园的站位很危险，一不小心就会站到很商业、很市场的地界。这一点通常取决于幼儿园创办者的思想和经验。有些曾在商业领域做得很成功的人士，踏入教育领域后不可避免地把企业管理思维和方法一并带入。

　　但是，教育服务与商业服务有本质上的区别，教育服务教育为先，然后才能谈服务。为了避免沦为以逐利为特点的商业服务，我认为民办幼儿园必须坚守的立场应该是——做有教育的服务。

　　这就是我们的"服务观"，核心观点有两条：

　　第一，我提出了四个字：以真求真。这是立场，也是态度，更是品格。解释开来就是必须以教育的名义，以儿童成长为理由，遇到儿童的问题该说就说，该严格要求就不能误人子弟。也就是说，不能为了讨好家长，避免是非，而昧着教育良心，刻意回避儿童成长中的问题。

　　所以，我对幼师常讲，说真话、办真事、做真教育，离开了"真"就不是教育。

　　第二，我们必须坚持一点，以儿童为第一服务对象，千万别把服务聚焦在家长身上。否则就是别有用心，就是把眼睛盯在了给儿童交学费的家长的钱包上。

家长观

　　前面我们所说的端正"服务观"并非易事，需要支撑，而这个支撑就是建立在良好家园关系基础上的"家长观"。

　　当然，"家长观"的建立非幼儿园一方所能完成，而是家园共建工程，甚至从宏观上讲是社会文化建设的问题。但是，必须清楚的是，在实际操作中主动权必须在幼儿园手上。

　　我所提出的"家长观"，其核心理念是：家长不是顾客，是在园长领导下的另一支教育资源，是与幼师共同对儿童实施教育的同事，也叫合作方。

　　我之所以提出"家长不是顾客"的观点，理由只有一条，那就是，我认为交学费送孩子到幼儿园的行为不属于消费，而是投资。既然不属于消费，何谈顾客！

教师观

　　我的"教师观"基于两点：

　　第一，幼儿园创办者（老板）不应该把老师简单地视为"打工者"，与老师之间也不应该建构成"雇佣关系"，若如此，便是立场和态度问题，直接影响幼儿园团建。

理由很充分，那就是教师的工作不像企业那样可以量化。简单说就是良心活，这里所言的良心不仅是师德，还有被管理下的心情。

所以，我提出的第一条教师观是：给老师一个家一样的工作环境，把老师当作自己的家人。

第二，对于家长我直言不讳地纠正了一条，别把幼师当作商业服务员去看待，幼师是一个不可亵渎的神圣职业，他们的工作心态和品质决定了孩子们的未来。

于是，我提出的第二条教师观是：敬畏幼教，尊重幼师。

我可以负责任地讲，幼儿园"三观不正"，可能因商业性的技术营销会取得短期效益，但长远来看，没有教育立场，摆不正关系，终究会走向败局，这是规律。

信不，幼教决定高考

"幼教决定高考"，这是我的观点，是以曾经的高考把关教师的身份说的话，也属于"过来人"的感悟。

我提出的观点是一个有相当跨度的因果关系，估计许多人不会简单地认同，所以，必须从根本上把逻辑和归因理出一个清晰的脉络。

首先说当年我发现和思考过的三个问题：

1. 是否可以仅仅用中考成绩来界定高中学习基础？

2. 中考分数不高，但高三冲刺有后劲的学生，劲从何而来？

3. 影响高考分数的非智力因素包含什么？

我先用事实说第一个问题。

当年我执教的学校是重点高中，每年我们的生源大部分来自十三中，其余的就散落在一些一般初中，有煤矿初中和市郊初中，数量占比不多。

经过几届教学循环我发现，高一年级排行榜中，第一方队的主体肯定非十三中学生莫属，等到高二年级就开始有其他初中的学生冲上来，而到了高三，几乎每届都会涌出若干中考分数不高，后来居上的"黑马考生"，并且都是"非十三中"的学生。

对这一现象，我们讨论的结果是，十三中学生的分数中有很多属于"老师的分"。十三中是初中名校，老师教学经验丰富，学校抓得紧。这两条是学生中考得高分的重要因素。由此，我们意识到另一个问题，学生中考成绩中的"自学分"和"素质分",可能占比较少。

重要的是,这种"压榨甘蔗"得到的分数,到了高中缺少后劲。

所以,我以实践发现为基础,提出一个观点:仅仅用中考分数界定高中学习基础,这个说法不充分。

那么,除了中考分数之外,还有什么可以叫作"高中学习基础"呢?这是我思考多年的问题,后面再说。

第二点说说高考冲刺的后劲从哪里来?

按照我们当年的粗浅认识,这些"非十三中"学生,之所以有后劲,是因为没有被那些二、三流初中学校和老师过度开发。

此说法确实有一定道理,但又不止于这点,肯定还有许多其他因素在发挥作用,包括学习动力和学习能力的后发作用,包括所处环境与成长因素的作用。这些因人而异,不好说清楚。

第三个问题说的是非智力因素,是当年在研究考试心理时提出的概念。几十年的高考经验也证实非智力因素对考试成绩的影响和作用,就如乒乓球国手比赛,技术上不相上下,比什么?赢在何处?我看就是比临场心理素质。高考也一样,许多没有考出应有水平的考生,不外乎非智力因素有问题。

那么,非智力因素究竟指的是什么呢?当年还没有情商一说,只能用心理素质解释,现在就不同了,可以精准地用情商高低来解释考场自控力。

上述三个并没有完全想明白的问题,跟了我好多年,一直到我走进幼儿教育之后。在渐行渐思中我有了许多新的想法,包括后劲哪里来、情商咋培养、高考的第一基础是什么。

我发现,这些答案竟然都在幼教中。

比如,到高三总复习的时候,千头万绪之下,怎样结合自己的强弱项做好学习计划?这就需要具备秩序建构素质,就是轻重缓急的排列。而这一素质源于幼儿园阶段的习惯养成,是蒙氏教育的强项。

比如,面对难题拦路,面对繁重的学习任务,需要的是什么?是逆商，是自控力和内动力，是吃苦精神，而这些素质的培养，也始于幼儿教育。

比如，解答当下的高考题靠记忆功夫已远远不够，需要大量阅读和信息加工，特别是逻辑推理能力，以及对社会的关注和分析力。这些能力，都是现代幼儿教育的重点。

比如，走进考场后的情绪控制，直接影响甚至决定考试分数。若心理脆弱，遇见难题乱了方寸，最终自然发挥失常。这当属于情商培养，也含在幼儿教育体系中。

所以可以得出这样的结论：幼儿教育是基础的基础，幼儿教育的品质决定了儿童将来的高考。

不过，必须说明一点，我所说的幼儿教育不是指"知识灌装式"幼儿园教学，而是当下符合现代教育思想的、以发展素养和培养能力为主的新幼教。因为，到了高中，真正的基础不是知识，而是素养和能力。尤其到了高三冲刺阶段，素养和能力具有爆发性效应。

总之，我以高中教师走进幼教的经历，从"人生百年，立于幼教"的理念出发，认定一条，幼教是基础教育的基础，也是人生的基础。

所以，我劝高中教师，当你的学生金榜题名时，别把所有功劳都据为己有，别忘了为学生奠定素养和能力基础的幼儿园老师和家长。同时，我也劝家长，在孩子高考谢师宴上给孩子的幼儿园老师留一个座席。

幼儿园第一服务对象

这是我的一个自命题，在解释之前，需要认同两个前提：

第一，教育也是服务；

第二，管理更是服务。

我还有一个观点，站在不同的角度去看，第一服务对象不同。

于是，我在管理实践中归结了如下三点：

对董事长而言，第一服务对象是园长；

对园长而言，第一服务对象是老师；

对老师而言，第一服务对象是孩子。

请注意，我讲的是第一，不是唯一。这意味着还有"第二""第三"，这是后话。当下的话题是说说三个角度下的"第一服务对象"。

董事长和园长的关系绝不应该是上下级

由于董事长具有幼儿园的所有权，也具有对园长的聘用和解聘权，所以，无论是自己还是员工，都会认为"董事长就是老大"，就是管园长的人。

但这是错误的认识，是关系没有理顺的病根。

我认为二者是合作关系，这是健康的关系定位，甚至，从人文和制度最佳结合的意义上讲，董事长是为园长服务的人，或者可以精确表述为：董事长的第一服务对象就是园长。

当然，这个观点是基于"一名好园长就是一所好幼儿园"来说的。作为为园长服务的人，董事长要为园长保驾护航，难题面前给园长当挡箭牌，帮助园长摆平幼儿园外围关系。这才是服务，其服务的质量决定幼儿园的运营效果。

举一个反例：早年流传在民办学校的一个段子是，学生怕老师，老师怕校长，校长怕董事长，董事长怕家长。这个段子暗示了两个问题：第一是"怕"字后面的"管本位"和"官本位"文化；第二是"董事长怕家长"的背后有问题，这个问题就是董事长立足于商业运营，把家长当作顾客和第一服务对象了。

把董事长当作第一服务对象的园长不是好园长

为了饭碗，讨好老板，民办园的园长也不例外。但是，作为董事长必须警惕这样的园长，因为，当园长太会来事，总是看董事长的眼色说话行事，问题就严重了。此中透出的心态是，"干活不由东，累死也无功"，在如此心态下工作的园长，很难想象责任归属在哪里，更难想象和老师之间会有健康的关系。

所以，我的观点是，真正的好园长必须有服务意识，必须把老师作为第一服务对象来定位自己的工作重心和责任方向。

至于孩子和家长，我跟园长们说过，孩子是幼儿园教育服务的主体，但不属于园长直接服务的对象；而家长更不具备"第一"概念了，若哪位园长把家长作为第一服务对象，那问题就大了，因为这种意识透出的是商业思维，谁出钱就讨好谁。

老师若立场错位就会把家长当作第一服务对象

这个问题的出现，可能不怪老师。市场经济和社会文化背景下，家长这个群体太强势了，导致年轻的幼师唯恐得罪家长，所以，处处小心，甚至违心地迎合家长。而且，园所管理中过度强调家园关系的重要性，而没有给幼师讲明白家园关系的本质，以至于一些幼师把底线设成"别惹家长"。更有甚者从办园理念上就把家长定义成了顾客，然后用商场服务的思维方式来处理家园问题。

于是，老师不能不把家长当作第一服务对象。

当然，这是错误的，正确的观点只能是，老师必须把孩子作为第一服务对象。

这是师德所在，这是教育本真，这是幼师必须坚守的第一理念。

最后，关于服务概念还有两点要说明：

第一，服务不属于喊口号，也不是玩理念，是在定义工作态度，也是定位工作方向。包括我们各级政府大门前，也都有毛主席当年手书的"为人民服务"。我们所讲的服务意识是针对官僚主义和官本主义而言的概念，这点必须清楚。

第二，我们必须建构一个"大服务"概念，也就是说，在幼儿园中无论做什么工作，都是相互服务的。比如，厨师把饭做好，是为孩子和老师服务的，反过来讲，老师把教育教学做好，让孩子和家长都满意了，其中不也有为厨师服务的因素吗？

所以，从这个意义上讲，民办幼儿园的投资者也是为社会服务的，也是为员工搭建生活、工作和学习平台的服务者。

第五辑　说立场观点

园长的个性修炼是
对事物有属于自己的立场，有观点，
这是一名合格园长的基本素养。

我认为观点始于观察点，
观察点由立场和视角决定，
然后是把看到和想到的融合加工，
最终得到有个人思想的观点。

如若园长站在市场立场和角度看幼教，
则会目标迷失，导致团队教育文化缺失，
也会导致老师和幼儿园之间变成纯打工关系。

如若园长把道德和品质视为幼儿园的生命线，
则教育有味老师有品，
会因尊重教育和敬畏生命而良心升华，
会因为爱所以爱，因为真所以真，因为美所以美，
并因此得到社会的认同和接纳。

国本意识是立场，国际化是趋势

——在 2019 年三亚国际教育论坛上的发言

论坛开讲前我有言在先，我只讲自己的观点，不引入，不论证，我确实是"砖家"，旨在抛砖引玉。

观点是源自观察点的思考，那么，就此题而言，我的观察点是什么呢？客观地讲，我看见了幼教行业中的一组"乱码"，看见了目前国内民办幼教的两种问题：一种是披上国际化外衣就"人靠衣服马靠鞍"，扮个好看相；另一种是借国粹主义打国学牌，唤起千百万民众，然后做卖点。

在我看来，上面两种看似对立的行为，可能是"两个方向，一种目的"。

所以，基于个人的视界，基于"平视"和"透视"，我提出以下七个观点：

一、先说"国本意识"的"不是与是"

国本意识可能属于我制造的概念，所以必须事先说明：国本意识不是国粹主义，国本意识也不是国学，甚至国本意识也不是简单的爱国主义教育。

那么，国本意识是什么？

我的理解是，国本意识是教育根基，是教育国防，是教育立场，是教育态度，是每个国家的教育都要坚守的公民教育和意识形态。

二、"港闹"证实了"国本意识"的重要性

"港闹"的问题和最终的结局，肯定属于"意识形态反作用经济基础"，但祸根埋在哪里？答案众所周知，是教育。理由也很清楚，因为教育是根的教育，是种豆得豆的教育。

所以说，当香港年轻人接受了没有国本意识的教育，他们就如浮萍，就找不到自己的立足点，就会被利益所驱而数典忘祖，就会危害社会和反社会。

三、教育国际化是大趋势

教育属于上层建筑，上层建筑是由经济基础决定的。随着全球化经济和信息化时代的到来，教育走向国际化是不可阻挡的大趋势。

基于此，教育必须坚守国本意识，教育也必须走向国际化。

这就是教育的立场和趋势，也是本文主题的核心表述。

四、陈鹤琴先生的"三做人"，概括了国本意识和国际化

其实，早在20世纪，这一问题就被中国幼教之父陈鹤琴先生的教育目标所概括，他的表述极简：做人，做中国人，做现代中国人。

我学习先生提出的"三做人"教育目标后，有所心得，总结为：

做人是"人本"，是教育目标的第一层面，是让人成为人。

做中国人是"国本"，是教育目标的第二层面，是教育必须承载国家使命的表述。

做现代中国人是"资本"，是教育目标的第三层面，是指教育必须能与时代和世界接轨，这是国家和民族赖以强盛和发展的资本。

五、所谓"国学幼儿园"

都说民办幼儿园必须有特色，还说用特色求生存，所以，有些幼儿

园便以国学为特色课程，本无争议，也与社会发展的节拍共鸣。但我还是要说三点：

其一，"国学"应该是幼儿园的本色，是必学的民族传统文化，不该被说成特色。

其二，"国学"不是四书五经可以简单涵括的，那些让儿童穿汉服背经文的做法，我不赞成，不如多给儿童讲一些他们能听得懂的中国故事。

其三，不要以为只有国学课程是教儿童如何做人的教育，做人教育是渗透在儿童所有活动中的。

六、所谓"国际化幼儿园"

"放之各国而皆准"的纯"国际幼儿园"很难见到，倒是常见一些有国际化程度的幼儿园，坊间说是"国际化幼儿园"。

为啥我以"坊间"去说，因为这类自定义的"国际化幼儿园"，没标准，没模板。

没有模板和标准，有啥？我归结了六个有：

其一，有课程。

包括引入蒙氏教育、华德福教育、瑞吉欧教育、高瞻课程等世界认同的幼教课程。

其二，有合作。

包括与国外幼儿园有真实的组织性合作，以及有常规化的国际交流。

其三，有名字。

我指的是幼儿园注册名称中包含"国际"两个字，这也常见，因为幼儿园名称核准与审批权下放，一些地方主管部门不太严格。于是，就有了名副其实和名不副实的国际幼儿园。

其四，有环境。

我指的是幼儿园的环境装修与装饰很国际范，有国际味。当然，若仅仅是装修公司的功劳，其内涵缺少国际化因素，最多属于穿了一件

"洋马甲"而已。

其五，有外教。

当下请外教的幼儿园很多，不足为奇，若是有外教就说是国际化，我看不成立，或许是包装，因为聘请一两个外教上英语课，与国际化幼儿园的定义相距甚远。

其六，有窗口。

一些有国际化教育意识的幼儿园，会以园本课程的方式，给孩子们打开一扇认识世界的窗口，开拓儿童的国际视野，从人文地理和风土人情的角度建构儿童的国际化认知。

七、国本意识与国际化并不对立

任何一所幼儿园都可以同时以这两个概念为发展理念，因为二者之间相辅相成，不是势不两立。比如，有一些幼儿园提出"中国根、世界眼""民族根基、国际视野"，这都是基于教育立场和发展趋势而言。

所以，这两种说法落地解释是：没有民族的，就没有国际的。

以上七点，仅供参考。

教育是服务，但不是服务行业

段利先园长问我：教育的性质究竟是不是服务？

我简述自己的观点，说：教育是服务，但不是服务行业。

显然，这是最简解答，需要注解，所以，过后便整理了关于教育服务的一些个人立场和观点，并归结如下：

谁提出了教育是服务的说法

我不知道也没查出来是谁第一个说出来的，但我知道这个说法出自民办教育，而且由来已久，至少有二十多年了。

至于为何有这种说法，我的理解是，民办教育的出现改变了教育供给制，让教育走向了市场供需制，于是，教育的面孔必须好看一些，必须有服务面孔。或许，这就是当年首提教育是服务理念的缘由。

理念必须有理，这个理就是大服务观

既然把"教育是服务"说成理念，则必须在理。

我认为，这个"理"必须用大服务观来解释。那么，什么是大服务观呢？这是基于现代社会的"互为服务体系"而言，也就是说，不管什么人，都是服务体系中的一员，包括国家公务员，也是"为人民服务"的服务员。

所以，我们完全可以说教育的性质是为国家、为社会服务，由此推论，教师是为学生服务的，这不为过。但是，必须清楚一点，教师的服务性质和特点与一般的商业服务截然不同。

说到关键处必须敲黑板，强调一下：教育服务必须是有教育的服务。

有教育的服务怎么解释

举例说：

1. 有一所商业味极浓的高收费民办幼儿园，在招生宣传中对家长说：我们将为您家的宝贝提供五星级服务，绝不会让宝贝在我们幼儿园受到任何委屈。对于这所幼儿园的说法和做法，大家肯定有些非议，也有人担心他们说到做不到；可我的担心恰好相反，我怕他们真的做到了"五星服务"，真的"不让宝贝受一点委屈"。若此，就真的找不到教育了，只剩下商业了，若此，还叫幼儿园吗？

2. 有一名刚入园的男孩，在家被宠惯得非常任性，没有规矩意识，刚去幼儿园就惹了不少麻烦。班主任如实跟妈妈讲了孩子的问题，妈妈并不配合，态度也不好。班务会就此问题讨论时，有老师说：妈妈不懂事，咱就不惹事，管不了不管呗。但孩子的班主任非常负责任，她说：不行，当老师最重要的是责任心，不能看着孩子的问题不说不管！

我对此的解释是，前者的"不惹家长"，本质上很像商业服务，有点委曲求全的味道，显然，这是把家长定位成"服务对象"了。后者则不然，属于典型的教育服务的态度和行为，教育服务的目标指向是儿童的成长，所以，面对儿童成长中的问题，我们不能视而不见，或绕开而行。

3. 早些年在我管理的小学有一道被家长点赞的风景线，每周一早上寄宿学生返校时，低年级的学生拖着个拉杆箱看上去很费力，于是，学校安排艺体中心的老师站在校门口迎接学生，并帮助低年级的学生拉行李并送到宿舍。家长隔着校门看见老师一手牵孩子，一手帮孩子拉行李，心中都会生出一份感动，说老师们对孩子真好。

但这事我却总觉得有点不对劲。

后来想明白了，我们对学生的服务尽管很暖心，却缺少教育。于是，我改成了由五六年级学生自愿报名，替代老师去帮助低年级的学弟学妹。这样的做法就是"有教育的服务"，让高年级志愿者体验助人为乐和社会责任，让低年级学生学会感恩，还增进了校友之间的友谊。

最后说五条

第一条：教育是服务，但绝不属于服务行业。因为，家长为孩子选择民办教育不是消费行为，而是投资行为。

第二条：民办教育具有"市场"属性，所以，其生存与发展离不开市场规律，但大前提是遵守教育规律。若把经济效益放在第一位，很可能滑入商业服务轨道。

第三条：把家长当作顾客，一切为了家长满意，甚至丢失教育责任和原则去讨好家长，不用说，肯定属于商业服务。

第四条：教育服务的道德支撑是敬畏生命，商业服务许多时候会堕入利益陷阱。

第五条：在"宝贝文化"背景下，教师不敢批评孩子，一味地对孩子"浮夸"，这绝不是教育服务，甚至不属于商业服务，是忽悠。

学前教育阵地的"六个坚守"

2019 年 11 月 23 日，在湖南国际教育科学研究院学术年会上，我参加了一场题为"民办教育新时代阵地建设"的论坛，同台的有北京晟泰教育的李久余和欣乐土教育的邓子贤。下面是会后整理的现场论点，也包括持续的深度思考和归纳。

教育是一个阵地的说法由来已久，据可查资料显示，最早可追溯至中国共产党领导的晋察冀抗日边区政府机关刊物《教育阵地》，1943 年由教育处创办。

其意义和表述为，教育是必须抢占的阵地，教育是唤醒，教育是力量，她唤醒了我们的民族战斗力。后来，解放了，中央人民政府成立后，教育的阵地作用继续得到党和国家的高度重视。特别是经济改革取得巨大成功后，党和国家领导人审时度势、高瞻远瞩，在去年召开的全国教育工作会议上，再度重申让"教育领域成为坚持党的领导的坚强阵地"。

阵地的作用是防守，于是，引出了两个问题：为谁防守？防守什么？

第一个问题只有一个正解——教育肯定要承载党和国家的使命，教育方针也指出要"培养德智体美劳全面发展的社会主义建设者和接班人"。

所以，我有感而发：教育就是国本，教育就是国力，教育就是国防，教育就是国家的前沿阵地。

关键是第二个问题，防守什么？或者说，谁有可能抢占我们的教育阵地？

或许，有人会说，这事和学前教育有距离，应该是大学或中学的问题。我看不是这样，幼教才是基础，特别是如何做人的教育，必须从幼儿抓起。

于是，基于防守，我思考和归纳了"六个坚守"。

一、从民办幼儿园的制度开始，坚守党建基础

迄今为止，我国民办教育因机制问题，党组织建设和组织生活相对公办教育体系，存在许多不足和问题，有些从大专院校毕业的学生党员和积极分子，找不到组织或很少过组织生活。

长此以往，年轻人就有可能找不到方向，世界观、人生观和价值观出问题。所以，我们必须认识到，不论幼儿园大小，不管老师和员工多少，红色基因不能少，必须坚守这个阵地。

二、从儿童教育开始，坚守国本意识

我在三亚国际教育论坛的讲题是"从学前教育谈国本意识和国际化"。其中，我提出的"国本意识"，是基于"根的教育"，是以国家利益为本建构的教育根基，而且，必须从娃娃抓起，这样的基础才坚固，才能为儿童一生发展奠基。

当然，我也说过，国本是一种意识，不是背诵背诵经典就行，而是要讲好中国故事，让儿童从中国故事中汲取根的营养，让儿童在各种活动中，培养敬畏国家的公民意识。

三、资本进入幼教，要坚守公益心

本无争议，资本的本质是按市场规律运作，以逐利为目标，但资本若以教育为运行载体，就有问题了，因为做教育不是做生意，因为教育的本质与目标是服务于国家和社会。所以，若幼儿园融进资本元素，最让人担心的是变心，是改变了初心，是找不到教育的根本所在，这是很

危险的。

所以，当下需要注意的问题是，别被资本乱了方寸，必须坚守教育公益心。

四、别热衷商业运作，要坚守教育本真

当前幼教市场竞争激烈，突出的问题就是招生难，若有人向你推销"招生秘籍"，说"三天招满一所幼儿园"，而且是给你洗脑后才抛出的诱饵，你能抵挡住吗？

这确实是现状，一些民办幼儿园热衷于宣传包装，极力培训招生技巧，一切围绕着生源数据说话。如此，说着说着就忘了幼儿园是"干什么吃的"，就把教育内涵丢了，就为了赚钱放弃了教育阵地。如此何谈教育！

五、从人文关怀和办园风险出发，坚守安全底线

如果说前面几点属于外部因素，影响了我们守住教育阵地，那么，幼儿园的自身安全问题当属自身防守。包括食品安全、防火、防疫、虐童，也包括儿童活动受伤等，这些安全问题不是小事，尤其是在当下，在"宝贝文化"之下，在金钱利益下，在媒体聚焦下，幼儿园的安全没小事，甚至有个别家长属于"只要是钱能解决的事，都是事"。

所以，幼儿园的自身安全坚守，是不敢触碰的底线。

六、从师资现状出发，老师们需要坚守的是岗位

这话啥意思？很简单，目前我们的师资整体水平比较低，有许多学历不达标的都在岗位上，并且很抢手。但这可能会让一些年轻的幼师麻痹大意，看不到未来的岗位风险。

所以，我一直在提醒年轻的幼师们，尽管当下属于"不愁嫁的皇帝女儿"，但这种情形并非一成不变，未来幼师岗位一定会有竞争，有淘汰。所以，必须继续学习，不断提升学历和能力，这样才能在师资过剩

时，守住自己的岗位。

　　最后，重申下我的观点：别小瞧了幼教，别以为幼教是"小儿科"，或许这里才是基础教育的主阵地，因为做人的根本和做事的能力，才是国家建设者和接班人的坚实基础。

国学不是特色，是底色

每当有幼儿园自诩为"国学特色幼儿园"，北京银座教育集团总裁高晓红就会纠偏说："国学不是特色，是底色。"

这话，绝对会感动幼教人，甚至会感动中国，因为，这句话道出了华夏民族的文化自信和教育自信。如果继续说下去，我想问题就是：为什么一些幼儿园会把底色说成特色？为什么许多投资者喜欢挂国际（化）幼儿园牌子？为什么把国外的幼教课程拿来就说是高端？

我不一一回答，只想把这些问题的总根源挖出来，晒晒。

当下教育颇多无奈，幼教责任呼唤国学

我的观点是，所谓国学的概念，并不准确，应该用中华优秀传统文化来定义。如此我们就清楚了，中华优秀传统文化的核心是做人，是仁义礼智信，是温良恭俭让，是做事先做人。

但是，摆在我们面前的事实是，中小学应试教育愈演愈烈，把老师和学生弄得疲惫不堪，根本没时间讲如何做人的事。

于是，做人的教育必然落在了没有考试压力的幼儿园，而幼儿园要想办好这事，就必须寻根问道，这个根就是我们几千年的中华文化，这个道就是古代先贤的教育思想和教育经验。而且，当下的家长也看到了这一步，也为学校主场和校外围场联手高压下的孩子们担忧，担心他们将来走进社会能不能适应。

这是推进国学走进幼儿园的缘由之一。所以，市场意识强烈的民办幼儿园，高高地挂起这个很有国粹和民族精神的旗帜，并将其定义为特色。

尽管用特色说国学有点不合适，但这种教育情怀和责任，以及和市场对接的准确度，我还是认同的，只不过应该说是教育底色，是教育基础。

我们培养的是未来国际人，绝不是未来外国人

没有民族就没有国际。

这不仅是民族自信，也是立场问题，更是根植本土的问题，否则，没有自己的文化根脉，教育就如浮萍，就会失去灵魂。

我这段话是有所指的。当下教育市场的供需双方都很浮躁。家长们看重欧美教育是有理由的，是在批评过度应试后的一声叹息：惹不起还躲不起。然后，这些想法也会影响到幼儿园教育，也会让有些标榜国际化的幼儿园，向着"出国前准备"定位。这也促使供给侧地位的幼儿园，依需求侧的家长们的喜好行事，并因此催生了许多真假难辨的国际化幼儿园。

我不反对幼儿园国际化，因为这是大趋势，因为未来的世界属于世界公民，所以，我在幼儿园办园理念中提出这样一个目标——培养未来国际人。

不过，必须清楚和记住的是，我们是中国的国际化幼儿园，我们的教育目标绝不是"培养未来外国人"，如果都奔着这个方向去了，中国的教育危矣！中国危矣！

应该承认，中国的幼教课程没跟上世界的脚步

进入 21 世纪，世界从工业革命时代来到了信息时代，而且，种种迹象说明，当下的信息时代正在升级转化为智能时代。

并且，在时代变革中，有人在感叹，有人已落伍，有人很无奈，说

"不是我不明白，这个世界变化快"。确实，昨天的故事还没讲完，今天就过去了，明天就突兀而来，咋办？

没有咋办，只有时刻准备着。

问题是准备啥？程准教授说，创造力是通往明天的通行证；我说过，转瞬即来的未来，那些没有创造性的职业，必将被智能机器人包了。

遗憾的是，当下中国基础教育的课程与考试机制很糟糕，属于昨天的故事，培养出来的人才普遍不适应明天的需求。尤其表现在学习态度被动，以及学习能力缺失，这是最大问题，是钱学森之问的焦点。

不过，世界三大品牌幼教——蒙特梭利教育、华德福教育和瑞吉欧教育，其课程思想和教育体系都是适合未来社会的，其课程都是基于儿童主动发展和以儿童为中心，而不是被动灌输和以教材为中心。

如果我们翻开中国幼教发展的历史，还可以看到一个事实，20世纪前半期我们并没有被西方幼教落下一条街，因为彼时中国有陶行知和陈鹤琴。可惜可叹的是，这几十年或十几年中国学前教育不但没有进步，反而深陷应试和灌输泥沼之中，被急功近利绑架了，被应试教育胁迫了。

所以，一些矢志于真教育的学者和专家，以及实践领域的幼儿园举办者、园长，为了孩子的明天和中国教育走向世界的前排，只能引进国外先进的幼教课程。

他们是对的。

民办园下半场赢点：把软件做硬

开宗明义，民办园下半场赖以生存与发展的赢点是软件。

所以，当下我们必须说点"软话"，说说民办教育走进后半场时的竞争点，尤其是民办园原本的"热场"，会不会因为公办园的发展和政策的影响而成为"冷场"。

这个问题是我在讲座中遇到的，我的回答是：至少要降温，因为原来民办园无序发展的结果是，因"发热"而引发"气血有点紊乱"。

如今看来，政府对民办幼教的生态治理是清楚的，但潜在的民办幼教自身在市场规律作用下的能动发展，却往往被我们忽视了，忘记了其自身机制所赋予的生长性。这个生长性就是民办园的软件内涵，也是我接下来要说的问题主线。

以下是基于立场和逻辑整理的三个观点：

第一，硬件与软件之间有一条模糊带

最通俗的说法：硬件是钱能解决的问题，所以，有钱这就不是问题；而软件是有钱也未必能解决的问题，所以，这是大问题。

不过，我没有简单地把这个问题二元化，而是提出了模糊带的概念。

我解释模糊带概念的时候也有点模糊，没有严谨定义，而是用事说事。

比如：有一位不懂教育的幼儿园投资者，既有钱又不吝惜投资，找人指点装修了一个很硬气的幼儿园。关键是，他在开始装修工程的同时还启动了另一项工程——找园长。我敢说，没有谁比他找人的功夫再厉害了，他竟然把找园长当作项目做，成立了一个三人小组，分成三个阶段：发现、调研、确定。

他的发现原则很厉害，他说：发现阶段就是当侦探，不管是谁，不论在哪儿，只要是好园长就给我锁定。当他的工作小组质疑说：这是双向选择，还得看人家愿不愿来。他听了轻松自信地说：剩下的事用钱解决。

他的调研更厉害，他要求对锁定的园长进行全方位调研，从履历入手，对工作业绩、同事好友评价等，列表分析。

说到这里大家可能会觉得，这不就是财大气粗吗？其实不是，他很清楚有真本领和有修养的知识分子只用钱是不能收买的。所以，到了敲定的时候，他亲自出马，开口第一句话是：我不聘园长，我找合伙人。然后说：我认定你了，我也很详细地了解过你，咱们搭伙当老板吧。然后拿出几个有准备的股份合作方案，让园长确认。

对于这件事确实可从两个角度来看，一个是从投资者的态度看去，这属于老板的"软功夫"，可若从用钱解决问题的出发点看，这或许又是"硬功夫"。反正，有些事说不清，属于亦软亦硬的"模糊带"。

第二，比硬件还硬的是团队

团队建设的问题确实属于管理的难题，不过，今天我的话题不在于如何打造团队，而是解释团队在竞争中的作用。

松下幸之助是世界级别的管理之神，他带领的松下集团属于团建典范。20世纪60年代初世界经济大萧条，其他公司纷纷裁员，以断臂求生之道渡难关，但松下幸之助不这样，他认定一条，"一个都不能少"，"胳膊和腿"断不得。于是，他用了其他公司不敢用的对策，叫作"紧裤腰带"方案，也就是集体降薪的方法。

松下幸之助的招数在别人看来是一步险招，要是团队成员的归属感不够，就会面临瞬间解体的风险，就会"树倒猢狲散"。但松下不会，因为平时松下幸之助采用的是人文加制度的管理，他对他的团队很有信心，他清楚地知道，他和他的团队是同舟共济生死与共的关系。所以，每当有人问：松下是生产电器的公司吗？他总是回答：我们首先生产松下人。

说到这儿我想大家都会明白一个道理，优秀的团队才是我们民办园的核心竞争力，而且，看似软件，却比硬件还硬。

反之，若一所幼儿园团建没做好，没有管理成"一家人"，没有凝结成一个坚不可摧的团队，如同林中鸟，那么，当别人用高薪挖你的墙脚时，你将无法抵抗。

这个问题在民办园后半场将是一些幼儿园躲不开的问题，需要未雨绸缪。

第三，需要弄清楚"软件包"

什么是软件包？软件包里都有啥？这是管理者必须清楚的问题，而且，在新的竞争环境下，我们应该清楚如何梳理软件包的内涵和如何建设软件。

首先，我提出一个观点：管理就是"包袱皮"，一切软件都在管理中。

那么，我们就"打开包袱皮"看看，里面包括：理念、课程、团队、园长、制度、招生、活动、教育环境、安全卫生、家园工作、餐饮服务等等。

请注意，我把本应该"背包袱"的园长也放进了"软件包"，因为，"背包袱"是幼儿园软件工程建设的核心任务。

接下来要注意的是招生。招生工作肯定属于软件，但这个工作却不是真正的"软功夫"。那些"不是在招生就是在招生路上"的幼儿园，肯定不是好园，因为，真正的好幼儿园，在建设和发展阶段需要招生，而稳定后和练内功时，必须把"招生这个临建房"拆掉，让我们的软件包里更纯粹些。

最后需要说明的一点是，我们所说的"软件包"中的各个元素之间绝非孤立的，而是相互联系、相互作用的，包括理念与课程，包括环境与教育，包括老师和儿童，包括幼儿园和家长，包括安全与活动，也包括投资者与园长，等等。

所以，我们可以认定，关系管理是软件管理的着力点，也是软件能够健康运作的关键点。

高收费就能说是高端幼儿园吗

有一次在机场登机时，看到一等舱通道标牌上写的是"高端旅客通道"，我有点气愤：凭啥有钱就算高端？哪里看出来高端了？

不过那次我仅仅是一名过客而已，过去也就过去了。后来一名幼儿园投资人也玩起了"高端"概念，彻底把我弄得没脾气了，因为他坚持一个观点：我的幼儿园硬件绝对一流，所以必须高收费，必须做高端园。他带着有钱人的霸气，愣是把一流的硬件和高收费、高端连接在了一起。

且不说高收费和高端根本就没有因果关系，就连"高端"的概念也存在问题。所以，这件事我还真的要和幼教界的朋友们唠叨几句。

先从餐饮业说起。我曾去过一家酒店，装修极尽奢华，就餐环境设施绝对一流，当然，餐饮标准也相当高。可顾客对该酒店的菜品质量非常不满意，有人讽刺说，连街头的小饭馆都不如。对此，酒店解释说：在我们这里吃的是环境。

或许，真的会有人"吃环境"，但我想绝大多数可能属于"商业餐"。

试想，若是一所幼儿园也如这家酒店一般，把硬件环境弄得像五星级酒店一样，把学费弄成天价，然而，所聘用的老师水平不高，教育一般般，当家长提出质疑的时候，你敢像酒店那样说：在我们这里的孩子享受的是环境。

我敢说，除非家长兜里的钱多得装不下，再加上脑袋进水，否则，没人会认同这样的解释，因为我们给孩子的"主食"是教育，教育的品质高低是衡量幼儿园的第一条件。

所以说，"高端"支撑点绝不可以仅仅是硬件水准，特别是高收费的理由更不可以用硬件一流做第一解释。客观地说，硬件过硬只是高端幼儿园必备元素之一，还有之二、之三……

那么，高端幼儿园是由哪些元素构成的呢？我看至少要有下面五条：

1. 有符合社会发展和现代教育思想的办园理念；
2. 有与办园理念相匹配的优质课程体系；
3. 有一支热爱幼教工作、业务精良的教师团队；
4. 有一名有情怀、懂管理的好园长；
5. 有适合做优质教育的硬件环境。

其中，第四条很重要，因为，一般而言，好园长是优质高端幼儿园的设计师和建造师。

所以，分析下来，我们不难发现，前面那位投资人属于幼教业外人士，用"业外的无知"来界定高收费等于高端，这肯定有问题。而且问题不只在"业外"，"业内"也有被"逼上梁山"的高收费幼儿园，只不过比"业外"明智一些，不会仅以一流硬件说事。

那么，逼迫这些民办幼儿园高收费的是谁？我清楚，就是市场，是地产商的市场行为，也是幼儿园举办者争抢场地的行为促使房租不断增加，直到把幼儿园的收费水准"逼上梁山"，否则，没法活！

是谁错了呢？我看谁都没错。幼儿园创办者投标竞争打租金价格战，符合市场规则，没错；地产商以经济效益为基准办事赚高房租，没错。但是有一条，如果幼儿园创办者只是因为高房租去高收费，没有提供真正的高品位教育服务，这就错了，非常错！因为，高房租和家长没有半毛钱关系，家长关心的是幼儿园的教育性价比。

关于高端概念，我始终有点想法，建议大家尽量别用这个容易和高收费混淆或等同的说法，若想区别一些，最好从品质的角度上解释。比如，用"优质园"的概念就比较平和客观一些，因为这是从科学和评估角度提出的概念，不是用金钱给自己"脸上贴金"。

也就是说，对幼儿园的综合评价会涉及两个因素，一个是教育质量，一个是收费水平，然后取前者和后者的比。这样的说法很公允，既引进了市场的概念，也注重了教育的内涵地位。简单些说，就是家长为孩子选幼儿园的基本原则——好且不贵。

当然，客观地讲，就目前我国的幼教发展结构和形态来看，尤其是民办幼儿园，其运行经费基本来源就是学费，所以，低收费，是没法保证用高水准的薪资聘到高水平教师的，这点是无法回避的事实。

所以，我们在民办机制下去考虑幼儿园的教育品质时，还真的绕不过收费这条。但，收费高应该是优质园的必要条件，而不是充分条件。

企业可以少谈情怀多给钱，教育行吗

"少谈情怀，多给钱"，这句话是一名华为员工离开后的感慨，曾引发微友无限感慨并持续转发。我也是在朋友圈见到的，但转发者不是企业界朋友，也不是善熬"鸡汤"的培训师，而是一名自称职业校长的人。

读罢，我以教育人的立场提出一问：华为可以少谈情怀多给钱，教育行吗？

这个问题启封了我的一次学校管理记忆。2000 年，我在青岛南洋国际学校时，尝试导入 ISO 9000 质量管理体系。当时，请了北京一所咨询公司为我们辅导，我还通过考试获得了内审员资格，各部门更是按照体系标准写出了一系列操作文件，摞起来约一人高。

那次，我把一只脚踏进了企业管理中，体悟到了源自生产企业的程序化控制是怎样成功的，同时也疑惑这种"只管事不管人"的程式化在教育管理中是否可行。直到结束时，我在压抑的情绪下，直问培训老师：这种管理是不是可以叫作目中无人？

当用时一个半月的培训结束时，这个本来准备嫁接到学校中的企业管理模式被果断舍弃了，因为我看明白了一点：用死的管理去管活的人，不成！

事过多年回顾，那次引进企业管理不属于头热，而是跟风，跟的是"西风"，源于西方企业管理模式对改革开放的中国形成的影响。当年集团层面引进了一批年轻的海归派，也时逢全国都在热捧和放大量化管理，所以才有了我们那一次"探险"。

当时，我确实把学校全面引入企业管理叫作"探险"，尽管我们最终规避了风险，但此次"探险"所引发的对"军队管理、企业管理、学校管理"的深度讨论还是很有意义的。

直到如今，我还常在培训中谈到这三种典型的管理。

军事管理：以绝对服从为模式，以军令如山为态度，以刚性简单为特点。

企业管理：用产品的质量和数量或服务的满意和效益为目标，以经济指标为导向，以薪资待遇为动力。当然，真正有格局的老板也会在给钱之后谈情怀，而不是像有些培训师讲的，一切用钱说话。

教育管理：当属于高级管理，与前两者不同的是，所有管理的核心都围绕着人和人的发展，所有管理的过程都会发生教育，所有管理的目标都指向未来。包括考试成绩也不过是阶段性技术目标，真正的教育管理必须对人的发展和未来负责。

或者简说，教育效果并不是简单的分数可以量化的，这才是教育管理有别于前两者的关键之处，也是教育管理的情怀所在。

说到这里，必须说说"职业化"的概念和问题，因为，学校在崇尚经济的社会文化背景下，既无净土，也没静心。所以，才有人大谈特讲教育职业化，甚至直言"教书赚钱"，愣是不谈情怀，不讲事业，直接把教育说成生意。

试问：若教师不谈情怀，下班后心里还会想着学生和学校的事吗？若教师不以教育为事业，会不会给一分钱就教一分钱的书？若教师和学生之间只有服务和被服务的商业关系，教师只对当下学生成绩负责，还会想着学生的未来吗？

我不敢再问，也不敢去想，一个国家和民族如果连教育都不谈情怀了，还能有什么希望！

还有人说：职业是谋生的手段，事业是金钱无忧之后的事。这句话确属胡言，照此逻辑，赚不了多少钱的教师不需要讲事业，如此教师与工人何异！

连封建社会都讲"天地君亲师"，都把先生排在第五位，当今社会竟有人只用钱来谈教育，这叫什么？我看这是对教育的亵渎。

所以，在我看来，即便是生产型企业也只能是"少谈情怀"，而不是"不谈情怀"，因为只要有人群的地方，都绕不开人与人的情感和人与事的情感。教育更当如此！

别把超前当超常，别让超前成超载

十几年前，关于超前教育与超常教育的话题，我曾组织过一次微沙龙，从问题出发，用理性认识，得出结论：超前不等于超常。

最近，微信群中有一位妈妈兴奋地跟我说：幼儿园的老师夸她孩子是超常儿童。

听后，我用那年讨论的逻辑，递进式地问了她几个问题：

问：你家孩子几岁了？老师是根据孩子的什么表现说他是"超常儿童"的？

答：俺家孩子三岁，刚读小班。与其他孩子比，他认字很多，会自己看书，还会算术，可聪明了！

问：读幼儿园之前谁在照看孩子？

答：奶奶。

问：识字和计算是奶奶教的吧？奶奶退休前做什么工作？

答：奶奶懂早教，原来是当老师的。

问：奶奶在教你孩子识字的时候说没说他记性好，教一遍就成？还有，说没说他有计算天赋，随便出个题立马算出结果？

她过了一会儿才回复说：没有。

为了证实，我追问：你和孩子的爸爸在学习方面表现如何？是不是高文凭、特聪明的人？

她毫不犹豫地回答：不是不是，都是一般人。

听后，我当即说：你的孩子不属于超常，只是超前。因为你家孩子遇见了"早教奶奶"，别人家孩子没有这样的环境。你可以自问：你的孩子能不能保证今后一直领先同龄的伙伴？

记得那年在微沙龙讨论这个话题时，我举了长跑的例子：假如，有一运动员以短跑的速度起跑，上来就跑到了前面，"赢在了起跑线上"。我们能说他比其他人厉害吗？能说他有"超常的长跑能力"吗？显然不能，只能说，他在起跑的时候超前了。而且，起跑就冲刺的后果，很可能是中途就累趴下，因为过劳有如超载。

中科院心理研究所一直在研究"超常儿童"的发现和教育，其研究显示超常儿童占普通儿童的1%到3%。对于这样的数据，我一直存有异议，觉得仅以智商高出130的标准来定义超常，似乎有点太泛，若用优秀来表述或许更实际一些。

我之所以有上面的观点，是因为超常通常只是在某一方面有"过人之处"，或计算方面天赋异禀，或记忆超强，或艺术思维很独到，全面超常可能是神话。当然，我这里所说的"过人"不是"过同龄人"，而是与一般成人的思维方式甚至能力相比，有独到和超越的表现，这才是真正的超常。在这里"常"可以理解为"常人"或"通常"。

当下大家依然对中国科技大学在四十年前创办的少年班有许多非议，在我看来，问题不在于该不该给有超常能力的少年以超常教育，而是我们可能没有找到最适合的科学的超常教育方法和途径。

显然，这个问题不是我们话题的核心，核心是别把超前发展的儿童误认为超常儿童，若此，可能引发拔苗助长的问题，并发症或许就是幼儿教育小学化，就是抢跑心态。

至于超前教育算不算违背教育规律，我的观点是：整体实施超前教育肯定违规，有些儿童肯定会不堪重负，肯定会发生"超载"问题。然而，对于个体则不然，因为有些儿童具备"超龄发展"的条件。这就是孔子讲的因材施教，也是我们常说的因势利导。另外必须阐明的是，个性发展和对个性实施的教育，在后现代主义教育思想中，是定义"现代教育"概念的核心元素。

关于这个问题，我给家长和幼师提两点建议：

第一，别刻意制造"超常儿童"，特别要警惕那些打着"超强大脑"的旗帜、本着商业目的用技术手段来教孩子提高记忆力的行为。或许，这是另一种对儿童大脑的"野蛮开发"。

第二，别刻意追求超前教育，超前发展的前提不在于你有什么样的教育，而在于儿童是否具备超前发展的能力。所以，从卢梭到杜威到蒙特梭利，这些大教育家都主张以儿童为中心，遵循儿童发展的规律，让教育自然而然地发生。

最后，用中科院心理教育专家张梅玲教授的观点做结论。

张教授说，儿童发展过程有三种情况，第一是正常上升曲线，第二是超前上升曲线，第三是滞后上升曲线，但到了一定年龄，这三种上升曲线将归为同一条水平线。

这是儿童发展的规律，所以，作为家长应该稳住心态，孩子发展得快了点别骄傲，别学方仲永他爸；孩子发展得慢些也别急，想想大器晚成的道理。最重要的是，千万别为了打造"超前儿童"，为了父母的"面子工程"，给孩子弄成"超载"模式，弄出个"厌学症"，如此，既毁掉了孩子的一生，父母也会抱憾终生。

看（kān）是保育，看（kàn）是教育

我在微文《说说托幼那点事》里，提到了两个关键概念——看（kān）孩子和看（kàn）孩子，读音有点小差别，内涵却大不相同。对这个没说透的概念，还是需要跟家长和幼师做进一步梳理，并从结果去品味、认识和理解什么是教育。

先从看（kān）孩子说起。

最简单和直接地解释看（kān）孩子，无非三条，吃好、玩好、别出事。这大概是大家对一般保姆的基本要求，那种有资格担当婴幼儿教育任务的高级保姆毕竟很少。

当然，接下来我要说的并不是怎样看（kān）孩子的事，而是基于看（kān）孩子的两大现实问题，从教育意义上说事拉理。

第一个问题是，当下中国零到三岁儿童教育尚属于缺失状态。

为啥这样说？没有统计，也不用统计，可以肯定地讲，大多数三岁以下的儿童都没走进全托幼教机构，不是奶奶就是姥姥或是保姆在家里照看着孩子，这是常态。

然而，这里面有一个最重要的问题——缺乏教育，而现代教育理论早已明确，零到三岁应该叫作"早教黄金期"！我用了一个惊叹号是因为许多家长还在说：孩子太小，懂个啥！送到托幼机构不放心。还会说：连找保姆都很难，不知根知底的不放心，只有孩子奶奶和姥姥看（kān）着才放心。

那么，家长们的不放心立足点是什么呢？我看就是前面说的"吃好、玩好、别出事"，可关键是，人之初的前三年若只谈"养"不说"育"，没有受到"有教育的照顾"，这真的能让家长们放心吗？

事实上，近两年国家和教育专家都高度重视三岁以下儿童的早教问题，并出台了相关文件，以推进低幼教育的实施进程。站在教育前沿的上海市政府，早在2018年就出台了关于零到三岁幼儿托育的"1＋2"配套文件。

总结来说：三岁之前不能只看（kān）孩子，让孩子在并不懂教育的奶奶的推车上或保护下或溺爱下成长三年，这是真正意义上的"晚了三秋"。

第二个问题是，当下许多幼儿园竟然也在看（kān）孩子。

我属于知情者，不是乱说，因为当下的"宝贝文化"之下，幼儿园做真教育，确实有许多为难之处。尤其是民办幼儿园，再小心翼翼也是围绕着"吃好、玩好、别出事"来办幼儿园，有如看（kān）孩子。

比如，天天给家长发食谱，晒美食，一个应该讲教育的幼儿园弄得好像饭店一样，把舌尖的活放在了第一位。试问，难道家长给孩子选幼儿园最看重的是吃吗？我看不该是这样，若幼儿园一味干这活，就是在看（kān）孩子。

又如，不知是因为媒体把幼儿园负面事件爆料得太多，还是当下家长溺爱孩子有点过分和矫情，也或许幼师们太年轻让家长不放心，总之，频繁发生的家园问题和矛盾，让年轻并没有涉世经验的幼师在家长面前处于弱势地位。于是，为了不惹家长就尽量地不惹孩子，即便孩子有问题、犯错误，也不敢坚持教育的原则，一味为了"安定团结"而去哄孩子。我看这也属于看（kān）孩子行为。

还有一点，我们说安全是幼儿园的天，这没错，但以安全的名义不做教育当保姆，就有问题。比如，在最让幼儿园老师头疼的户外活动中，我们很少看到孩子有自由，常常看到孩子们按照老师的指令排着队像监狱放风般，如小企鹅一样笨拙地前后拉着衣襟行走，而原本应该属于儿童的在规则下的自由和快乐，却因为怕出事而被生生剥夺了。

不过，我在郑州市第二实验幼儿园看到的大户外却不是这样的，因为石吟园长懂儿童、懂幼教。她放开思想和手脚，在围墙内活动场地投放了充足的游戏器材，创设了儿童喜爱的自然环境，然后，还空间给孩子们，还自由给孩子们。当我问会不会有孩子在跑动或玩器材中受伤时，她说原本她也有这样的担心，但操作下来发现这种担心是多余的，不但没有儿童意外受伤，而且他们的自我保护本领还越来越强。

所以说，若以别出事为前提，我们的幼教必然会陷入看（kān）孩子的困境，无法去做真教育。

接下来再说真教育。

真教育是需要真功夫的，我认为在诸多教育功夫中有一点很重要，那就是本篇标题中所说的"看（kàn）孩子"。其实，在中国早就有这样的说法，叫"三岁看大七岁看老"，这里所说的不是看（kān），而是看（kàn）。

然而，能看（kàn）明白儿童的问题，能看（kàn）到儿童的未来，这是很专业很了不起的本领，没有专业知识和经验的积淀，没有深入细致的观察与发现，没有找到正确的看（kàn）点，只空谈看（kàn）孩子的理论，这是没有意义的。

另外一点是，基于知识授受的幼教（我批评说这叫传统幼教），没有以儿童为中心，以儿童自主学习、体验活动为特点的幼教，是什么？我认为是"很难看（kàn）的幼教"。在这种小学化幼教模式下，儿童不能自由学习和自由活动，甚至没有自己说了算的游戏，没有表现自我的机会，试想，我们能看（kàn）见什么？

总而言之，我的观点是，看（kān）孩子是保育的活，看（kàn）孩子才是教育的事。

幼教，不仅看透还要说透

有人讲情商时说过"看透别说透"，意在劝人该装傻时就装傻，管好自己。

但幼教工作者不可，因为幼教水太深，一般人看不透，而我们若看透不说透，问题就来了。尤其是家长，看不明白就没法配合幼儿园，甚至会对幼儿园有误解。

所以，我们必须为家长撩开面纱，好好说说幼教的一些事，说到内涵深处，还给大家一个明明白白、清清楚楚的幼教原本。

一、幼儿美术不是教孩子画画的课

曾有一名中学美术老师，退休后发挥余热去一所幼儿园教儿童美术。结果她很郁闷，说这帮孩子不上道，因为，她在说画得"像不像"时，孩子们却问她画得"好不好"，他们之间对画画的理解不在一个频道。

这是实话和实情。这位老师意在教授美术专业知识与技能，培养和发现美术苗子。但孩子们的习惯却是用画画讲故事，用画画表达心情，用画画记日记，用画画说创意，甚至可以说他们的所谓美术类似于象形文字，属于自己的创造和使用。

所以，这段时间的儿童根本不在意画得像不像，因为画画本身不是目的，只是在不会写字之前的替代工具，和我们中小学阶段的美术不是一回事。

二、幼儿音乐也不是教孩子们唱歌的音乐课

南师大许卓娅教授是这样说的，也是这样做的，她的音乐课开展的形式是游戏，融入的内容是故事，内含的品质是创造。所以，她的音乐游戏课程，不仅符合幼教的本质，也深受儿童的欢迎，理由就一条，幼儿音乐不是也不该是中小学那种偏于学术的教育。

德国音乐家卡尔·奥尔夫的音乐教学也是如此，尤其当下，奥尔夫音乐被幼教界广为接纳，而理由竟然是它"太不像音乐课"了。

奥尔夫音乐不像音乐课，像什么？我认为它像一个世界，装满了儿童喜欢的在旋律和节拍装点下的故事、儿歌、律动、表演，这是奥尔夫最适应儿童的活力所在。

所以，我们确实要认同，在幼儿阶段音乐课真的不是简单到"教儿童唱歌的课"。

三、幼儿的表演也不是表演

不是表演，是什么？最简单的回答，是成长。

栾川伊禾幼儿园的情境剧定义极准，吉小宁园长把通常的"情景剧"改成了"情境剧"，从"景"到"境"虽一字之差，内涵却大不同。前者是以观众为中心的表述，是把儿童表演视为给观众看的"情景"，后者则不同，是以儿童为中心，旨在让儿童融入故事的"情境"。

所以，对于幼儿表演我曾说过：我们给孩子们的不是舞台，是成长的平台；台下的家长也不是观众，是儿童成长的拉拉队。还可以说：儿童情境剧的意义，不是为了表演，是为了儿童的成长。

四、幼儿的体育也不是体育

只有外行才说"幼儿体育课"，如今幼儿园都叫"体智能课"。

但这也不算完全内行，至少我是这样看的，因为幼儿园没有像中小

学那样的"纯音体美课",所谓的体智能课不光发展儿童的智能,还包括情商培养、规则教育、社会教育等。

所以,我还是那句话:幼教水太深,也有点"浑"。

正是基于这种认识,我在给小米尔顿教育设计的园本课程中,把引入的体智能课和自编的体育游戏,包括传统游戏,统合成"体智情"。尤其是情商植入和导出环节,属于幼教走向纵深的探索,也因此我们唯有拥有透视的目光,才能看清楚幼儿体育并不简单,许多内涵不属于体育。

五、儿童的重复不是百无聊赖

幼儿常常不厌其烦地反复做同一件事,如摆积木、听故事、看绘本。尤其是儿童在蒙氏教育下的工作,有些简单教具被儿童反复地"玩"个没够。这恰好是蒙特梭利的第一个发现——儿童的反复做事是一种天生的带着生命密码的成长动作,其中所含的两大成长元素就是专注力训练和意志力训练,这是儿童的智力体操,也是儿童成长的自然法则。尤其是低龄儿童,妈妈尽量别干扰,别用"妈妈看你无聊"的态度去对待他们。

总而言之,幼教确实比中小学教育"难看一些",需要真的懂教育,需要平视和透视,更需要把我们看透的道理,跟看不透的家长们说透。

第六辑　说蒙氏教育

我认为蒙特梭利博士的最大功绩是
打开了儿童成长的黑匣子，
她超越了洛克的经验主义白板说，
她说儿童生来虽然没经验却有能力，
尤其是强大的吸收性心智非成人可比。

从此没有地位的"小屁孩"，
有了与成人同样的地位和尊严。
她反对说"长大成人"，纠正为"长成大人"。

遗憾的是，至今还有人隔着"一堵墙"，
趴墙头戴变色镜看蒙氏教育。
然蒙氏教育的科学性并非由谁看和由谁说，
因为她以其科学性被世界认同，
尤其是她在一百年前就提出的
教育的方向应该与灌输式相反，是由内向外，
教育应该以儿童为中心，以主动学习为基本方法。

她竟然点到了今天中国的课堂教改痛点上，
但遗憾的是，尾大不掉，积重难返。

我们不得不在没有考试的幼儿园阶段暂且从容下，

引入蒙氏教育，

给儿童一个坚实基础，

让他们能在未来高考以及走进社会后

厚积薄发。

"一堵墙"让蒙氏教育成了"隔壁"

记得那年，我去一所民办园参访，接待我的是一位从公办幼儿园退休的老园长。当她跟我表述了"民办园难办""竞争无序"等问题后，顺手一指说：隔壁就有一所民办蒙氏园。

我忘了当时具体的对话，但这位园长说隔壁蒙氏园时的表情我还记得，那是一种有点不屑、有点愤然，还有点无奈的眼神。总之，透过那复杂的表情我看见了她很复杂的心情。

对了，还需要注解下，"那年"是十年前。

彼时，中国推广蒙氏教育最给力的香港跨世纪教育集团尚未发力；彼时，似乎各地主管教育部门对蒙氏教育多有排斥；彼时，坊间有许多误读蒙氏教育的闲言碎语，说蒙特梭利的儿童之家是专为智障儿童量身定制的；说蒙氏教育不教东西，孩子整天就是玩；说从蒙氏园出来的孩子，上小学后跟不上；说蒙氏教育就是"蒙事"，骗家长的钱……

当然，今天不是彼时，至少，超过一千家并且广为家长接纳的跨世纪联盟园，正在用行动明证，蒙氏教育不仅是优秀的国际品牌幼教，而且与中国当下的基础教育也能接轨，只不过不是以知识接轨，而是用素养和能力奠基。

其实，坊间并非学界，学界才是先行者。早在二十多年前北京师范大学学前教育系就已开始研究引进和推广蒙氏教育，并且梁志燊教授领衔的课程研究及推广小组直接走进全国各地的实验园，做了许多扎扎实实的理论与实操研究及培训。这些年来中国幼教界快速发展，其表现之一就是对蒙氏教育的理性接纳和认知。

不过，即便如此，即便在学界和市场双轮驱动推进蒙氏教育的今天，还有一些幼教工作者，依然在"一堵墙"遮挡下，把蒙氏教育看成"隔壁"，依然用非此即彼的思维，不敢"爬上墙头"，或者"把墙推倒"，看看百年蒙氏教育的"庐山真面目"。

所以，我不得不发问：难道所谓的"传统幼教"和蒙氏教育真的"隔着一堵墙"吗？

气愤之余我说了一句话：谁要是在今天还以"隔壁论"来看蒙氏教育，那他就不懂幼教！

显然，这话狠了点，因为，当下确实有许多不懂蒙氏教育的幼教人。所以，在一次园长培训讲座中，我说：你可以不懂蒙氏教育，但你不应该排斥蒙氏教育，更不应该不懂装懂。

我敢如此放言，是基于台湾邱韵凌女士送我的一套蒙特梭利博士的著作。书中写到有人问蒙特梭利博士：蒙氏教育是很特殊的教育吗？蒙特梭利博士回答说：NO，不是特殊，是科学。

我理解科学的意义就是放之四海而皆准，科学的内涵就是能融入任何幼教课程中，包括所谓的"传统幼教"。我在美国哥伦比亚大学医学院幼儿园考察时，那位很帅的老园长就说，他们不谈蒙特梭利教育模式，但他们的教育和课程都渗透了蒙氏教育思想和实践。后来我归结说，他们与蒙氏教育不隔墙，也不隔心，属于融入融合，这正是蒙特梭利博士追求的科学性。

说到蒙特梭利教育的科学性，我概括了几条：

1. 蒙氏教育的亮点是感观教育，内涵是强调以儿童为中心，放开手让儿童主动去感受事物、认识世界，去自学，而不是依赖老师的"教"。看看吧，这是多么伟大的理念，这不正是现代教育思想的基本主张吗？

2. 蒙氏教育特别注重儿童的秩序感和规则意识的建构，这恰好是每个人终生必须具备的能融入社会的基本素质。尤其是蒙氏教育在建构秩序的实操中的与众不同，即绝不从外到内用强制手段，而是在二到四岁的秩序敏感期，循序渐进地养成儿童的"有秩序"品格。这是多么科学的教育啊！

3. 蒙特梭利博士的吸收性心智理论，揭示了环境教育对儿童成长的重要性。我学习后的心得是，环境教育是儿童的第一教育。而蒙氏教育在这点上的要求极其严格，包括物质环境和人文环境，均提出以儿童成长为前提，给儿童一个"有准备的环境"。这就是教育的科学性，因为正确。

4. 有人说蒙氏数学很独特，我从不这样认为，我说蒙氏教育的数学认知方式很科学，不是在黑板上和教科书上教数学，而是把许多数学概念实物化，让数形之间的直观性得到最好的表达，在儿童的数物关系发展敏感期，让儿童在工作中主动建构"数学大厦"。显然，这是在为未来儿童能轻松学数学奠定最好最坚实的基础。

5. 如果说混龄教育独属于蒙氏教育，我不认同，因为在没有幼儿园的时代，在中国的私塾教育中，混龄学习模式早已存在。只不过蒙特梭利博士能在一百多年前实践混龄教育确实不简单，是挑战行为，是向鼎盛的工业革命时代下的班级授课制的挑战。

总的说来，不管你是处江湖之远，还是居庙堂之高，或是在"隔壁"观望，我以幼教后入行者的视角所谈到的这几条，你都无法否认。无法否认，就承认，不懂蒙氏教育就抽空多学点，千万别不懂还抵制，甚至设障碍。若如此，或许真的属于"智障"了。

最后说一个观点，别把蒙氏神话，也别把蒙氏教具化，更不要把蒙氏商业化，真正的蒙氏教育，一定是开放、包容和发展的教育思想体系。

是蒙特梭利，改变了教育方向

物理学上把既有大小又有方向的量叫作矢量，其中包括使物体产生加速度的作用力，并提出了力的三要素：大小、方向、作用点。

我是物理教师出身，习惯之下，顿悟之下，发现教育也存在方向性，学习力也有作用点，并有内力与外力之分。

其实，这个问题玛利亚·蒙特梭利博士一百年前就提出了，她超越了儿童白板说，打开了儿童成长的黑匣子。她发现儿童和成人相比，虽然没有经验，却有与生俱来的学习力；尤其是儿童的吸收性心智，儿童吸纳环境的能力比成人强得多，包括创造性思维，远远高于被经验所困的成人。仅这两点发现，就足以击溃那些说"儿童是个空容器"的学说，并由此给儿童正名。

蒙特梭利博士的发现和观点，改变和重构了幼儿教育。

首先，她改变了传统的教育发生的方向。她认为教育应当是由内向外的，应该以儿童主动学习为基本形态，而不是由外到内地强迫性灌输。

其次，她改变了教育作用点的位置。她提出了以儿童为中心的学习定位，提出了独立自主的学习模式。而在蒙特梭利时代之前并不是这样，儿童处在教育的边缘，中心被教师和教材占据，儿童的一切悲哀都源于成长的被动。

再次，她改变了学习的动力模式。她反对以老师的外加动力来进行教育，她相信儿童具有主动学习的能力和态度，特别是她充分肯定了儿童先天具备的强大到超过成人的学习能力。所以，她要求老师不要教学，只为儿童准备好环境，并让自己成为儿童学习的环境和援助者，然后，退一步当学习场内的观察记录者，把体验式学习的机会留给学生，而不是把教师的经验传给学生。她坚信儿童内在的学习动力是健康和强大的动力源。

如果上述属于理论概述，下面就要说点实际的了。

我们都知道，在给儿童建立规则意识的时候，传统教育很强迫，尽管有时也跟儿童讲讲为什么，但终究还是在用成人和老师的权威说事，生硬地要求儿童和约束儿童。这就是所谓的先生意识和先验主义。

但蒙氏教育不是这样，在教儿童遵守规矩、敬畏规矩时，不是老师由外向内地强制，而是如台北罗宝鸿老师所说——温柔的坚持。老师用权威强行管制儿童，表面上看儿童似乎能遵守规矩了，但很可能口服心不服。看似有规矩，实则没有规矩意识，只是屈服于老师的权威而已。我曾对比说，前者能迁移成习惯叫作"养成教育"，后者属于适应环境的"管成教育"。

哈佛大学王涛博士也持同样的观点，他谈的是"爱和规矩"同在，并以对立统一共生。我的理解是，没有爱的存在，由外向内强制建立规矩，这是不以儿童为中心的问题，就如监狱管理罪犯类似。反之，只讲爱不谈规矩也不是教育，更不是真爱。正确的做法应如蒙氏教育提出的"规矩之下的自由"，而不是放纵和任性，更不是所谓的释放儿童天性。

上面所谈的是幼教的方向性和动力问题，其实，这类问题最严重的并不是幼教领域，而是我们当下的中小学教学。

我曾比喻中小学教育很像一条紧张而无法活泼的管道，儿童从入学那天起就拥挤在竞争的环境中，就受到考试和分数的压榨。所以，用不了多长时间，在幼儿园阶段主动学习的原生态就遭到破坏，儿童就会在不同程度上出现厌学。

没法子，这不怨老师，是我们的社会文化和教育文化出了问题。我们的老师为了业绩不敢寄希望于儿童的主动性，只能从外向内，用外力推进学生的学习，包括拉上家长入伙，一起来给学生施加提高分数的推力。

这样的教育方向是不对的，也是不自然的。

而真正的学习不应该这样，不应该被强迫，也不是自我强迫，而应该自然而然，应该是一种自然生长形态。或许，说到这里大家都会想到一点，在中国由来已久的为做"人上人"而学习的目的下，在"学海无涯苦作舟"的苦学文化之下，以竞争为习惯的中小学学习，何谈自然而然！那是属于"理想国"的故事。

但无论如何，我们还是需要认定一点：教育确实是有方向的，教育的目标指向应该是为学生终生学习奠基，保护学生的原生学习态度，培养学生的自学能力，而不是仅仅为了考试。

似乎，我在说一道无解的难题。因为，这里所说的"应该"是谁都知道的"应该"，这里看到的问题是谁都能看到的问题。于是，一声叹息后问：谁能改变一点？

业外人不知，一些学校一些人一直没有停住教改的脚步，高效课堂实验尽管还有许多不完美，但支持自学为先的教学方向是对的，建构讨论式合作学习模式也是对的，我敢肯定地讲这是教育的未来和未来的教育。

于是，我从问题出发断言，自主与合作学习的起点必须至少从小学开始，最好始于幼儿园。

读了蒙特梭利教育我才知道，蒙氏教育的思想精髓和教育方向就是如此，其主张六岁之前就开始。于是，我颇感后背出汗，我们当下的教育问题，蒙特梭利博士早在一百多年前就说清楚了！今天的我们，必须深刻检讨我们的问题和问题的教育。

最后说下愿望，希望我们的小学教育从业者也能读点蒙氏教育，也能把控下教育的方向，也能释放学生的学习内动力。并且，要少讲点竞争，多提倡一些自学与合作，以培养出有态度、有能力的学生。

若如此，我相信，学习那点事和中高考那点事，全都不叫事。

孟母 & 蒙特梭利

　　我在读蒙特梭利的吸收性心智理论时，忽然涌出一份骄傲，想到了孟母三迁的故事，还想明白了一点，提出环境教育的第一人当属中国亚圣孟子的母亲。

　　这是中国教育史上第一位妈妈老师。

　　孟母用三次搬家来改变孟子所处的环境，孟子最后的成功证明了环境对儿童的教育非常重要。

　　其实不仅是孟母，中国发现和建构环境教育理念，由来已久。比如，出自晋代傅玄《太子少傅箴》中的那句话"近朱者赤，近墨者黑"；比如，出自荀子《劝学》中的"蓬生麻中，不扶而直；白沙在涅，与之俱黑"；还有孔子的话"其身正不令而行，其身不正虽令不从"。这就是当下我们所说的身教胜于言教。特别是《三字经》所言"性相近，习相远"，一语中的，阐明了儿童原本天性都一样，而后天从环境中汲取的习性却相差甚远。

　　然而，孟母以及中国先贤们，毕竟比蒙特梭利博士早了两千多年，所以，当年的他们对环境教育的认识，也仅限于"知其然而不知其所以然"。等到了蒙特梭利时代，这位意大利伟大的教育家，从当代教育科学和脑科学、心理学的角度出发，终于研究明白了这件事的"所以然"。她的实践和研究可以表述为：儿童有极强的吸收力，叫作吸收性心智。

　　这是与成人相较来谈儿童学习的本质和特点，我的理解是：环境对于儿童当属"第一教育";或者说,儿童阶段最有效的教育不是说教,是提供环境,是建设环境,然后他们就会主动吸收环境中的教育营养。

在此,我制造了一个新概念——第一教育。

那么问题来了:既然说环境教育是儿童的第一教育,那么,成人的第一教育是什么?是说教吗?还有介于儿童和成人之间的在校学生,他们的第一教育是什么?

相对来说,儿童吸收环境的特点是,吸收力极强,辨识力极差;成人不然,我不无玩笑地说成人有点"皮糙肉厚",抵抗力很强,吸收力较弱。这也是因为儿童没有生活经验做基础,而成人通常都是用"吃过的咸盐"说话。

所以,我认为对成人而言,第一教育也不是说教,而是最有品质的自我教育。

至于对中小学学生来说什么是第一教育,这是一个复杂的问题,因为这一阶段当属于儿童成长为成人之前的过渡期。所以,对于一般缺少个性的学生而言,间接的经验教育,也就是说教,是会起一定作用的;而对于个性极强的孩子而言就不是这样了,直接体验教育对他们更有效。

言归正传,回归本文主题幼儿环境教育。我想到了环保事业,还想到了一项工作叫"环评",也就是当下做项目可行性报告时,必须考虑的环境因素评估。

如此,我们可以把自己的孩子作为"成长项目",也来一次"环评",并且,按照教育意义和环境影响力度进行排序。

第一环境是父母:主要看父母的教育观、文化修养和夫妻关系,也包括父母对孩子成长目标的意见相同与否。这是起决定作用的第一环境。

第二环境是幼儿园:主要看幼儿园老师有没有爱,会不会爱,看幼儿园的教育和现代社会对未来人才的要求,对不对路。

第三环境是社会:显然,当下家庭和学校都比较封闭,不像孟子的时代,所以,周边社区的影响不会很重要。但是,毕竟不可能全封闭,所以,社区和邻居也需要考虑。

最后说说蒙特梭利提出的混龄教育模式。这是基于给儿童提供"有准备的环境",也是基于"儿童有强大的吸收性心智"。所以,把年龄不一样的儿童放到一起,即便老师不教,儿童之间也会发生教育,这当属自然而然。

尤其是,当我们看见"小孩子主动问大孩子",看见"大孩子主动帮助小孩子",看见了爱与感恩,看见了教与学,你能不感动吗!多美好的镜头啊!而且,都不是在老师的导演和教授下发生的。这就是环境教育的魅力,是孟母行为的启示,是蒙特梭利教授的理念。

蒙氏教育竟然"无奖惩"

说实话，对于"无奖惩"的观点，我在很长时间内没读懂。没懂的理由极简，那就是思维已经被经历给经验化了，尤其是记忆中抹不掉的"小红花"和"戒尺"，已成教育定式。所以，每次读到"无奖惩"学习，我都会结合中小学的学习实况自问：没有奖励和惩罚这两件工具咋行？就凭学生自觉学习行吗？甚至我还想到，若蒙特梭利博士走到中国当下中小学去看看，说不定这条理念就得收回。

这是事实。有一次听一位中学班主任说：表扬和批评是老师手中的两件法宝，也是学生脚下的两个风火轮，所以，要想让学生跑得快就得双剑合一、双轮驱动。他的发言是有所指的，但不是说蒙氏教育的无奖惩，而是针对当时风靡一时的"好孩子是夸出来的"。所以，我当场为这位敢想敢说的老师鼓掌。

可是，走出场外我却再度陷入沉思，又一次把蒙氏教育的无奖惩理念，搬来和我们的现状对比一番。依然似懂非懂，只能用流行的那句话说：理想很美满，现实很骨感。

但这个解释我自己都不满意。

于是，带着问题重读卢梭，再学蒙氏教育，并重点体悟自然教育和学习的原生态两个教育概念。

这是让我体悟最多的两个教育理念，也是理解和定义理想教育和真教育的认知基础。尤其是审视我国当下中小学应试教育问题后，我敢说，我们的教育当属"非原生态教育"，学生的课堂学习和考试评价也是"非原生态学习"。并且，在我看来，"非原生态"就是"不自然"，我指的不是户外自然环境，而是说"不裹挟生命"的自然学习形态。

教育本该是自然而然的原生态。

问题是，本该的原生态学习是怎样的呢？

我们还是从婴儿说起，因为，大家都清楚婴儿的学习行为是与生俱来的本领，是天生的不是妈生的。关键是儿童的学习态度很干净，没有功利目的，也没有外力掺杂，很纯粹。我认为这种很纯粹的学习情态就是"原生态"。

遗憾的是，这种原生态学习很快就遭到了父母的干预，因为父母没办法忍受儿童的自然而然。当父母意志加上父母脸面，注入儿童的学习目的之后，接下来就会用上各种手段，包括口头表扬和物质奖励，也包括强制和批评，这些都属于推进学习的外动力体系。显然，这样的学习情态不属于原生态了。尤其是到了有考试检测学习效果的中小学，在"学而优则仕"的功利主义思想引领下，学习早已不见原生态，甚至连次生态都谈不上。

实话实说，当下的中小学教育确实不敢奢谈生态，在十几年的强化考试排名次、十几年的以成绩论英雄、十几年的"胡萝卜加大棒"之下，还有几人能保留学习的原生态？大数据也表明，厌学情绪在当下大多数学生身上普遍存在，中小学课堂上已经很难见到"有呼吸"的教学了。所以我们不得不发问：此时，若无奖惩方式作为外动力，单凭自己几乎锈蚀的发动机内动力，行吗？

这是不容忽视的现状，是现象级问题，是"说实在的"。

但这不是拒绝真教育的理由。

因为，蒙特梭利博士的教育思想和方法中说的"奖惩无用"，是基于卢梭自然主义教育思想的理念，是依赖儿童内在的学习动力机制来建构成长系统，而不是凭借外力来保证学习的动力系统。儿童早期教育还没有被功利教育模式套住，所以最好自然而然，即尊重儿童天生的"好学"意愿，顺而导之。

请注意，我用了一个炒股的词"套住"，如何解释？很简单，当家长为了自己的目标（比别人家孩子学得多），投其所好——美食奖励，或用其所惧——巴掌伺候，久而久之孩子的学习内动力就会消失，而慢慢养成"被动学习"习惯，甚至终生被套，想想这多可怕！

一名初中老师在课改实验中有所体会，说：真没想到这些学生竟然会自学！然后还天真地补上一句：我也没教他们咋自学啊？我做课评时说：其实自学能力包括态度都不是老师教的，是天生的。在我看来，每个学生自己都有一部"学习发动机"，只不过在老师的灌输教学下，学生越来越懒了，"发动机"渐渐地不转了。所以，我的观点是，课改第一改就是改思想，给学生这部"汽车"加上油，点着火，老师只管方向盘即可。

最后回归幼教：如果我们的教育从幼儿园开始，如蒙氏教育"无奖惩"，多好啊！那才是教育的原生态，那才能体现出大自然赋予儿童的学习生命健康态。

我力挺蒙氏教育的"无奖惩"，但不知在当下中小学高强度学习压力下，在没有奖惩这一外动力辅助下，能不能挺得住？

"长大成人"与"长成大人"，
根本不是一回事

"长大成人"，其实是一句态度恶劣、不讲道理的话。因为，用逻辑反推的结论是，儿童没长大就不是人！

你别以为这是文字游戏，这曾是中西方一度秉持的儿童观和教育观。用通俗的话解释就是，"没把儿童当整个人看"。

首先，17 世纪英国学者约翰·洛克的白板说就是如此，他认为新生儿的心灵一片空白，如空的容器一样，是后天经验和教育的充填，让他们成人了。当然，从时代的意义讲，洛克在否认天赋论的同时，也否认了基督教的原罪论，所以，他的白板说似乎给儿童洗掉了不该有的"罪名"。但与此同时，他也把儿童说成了"穷光蛋"。

直到二百多年后，意大利教育家玛利亚·蒙特梭利打开了儿童成长的"黑匣子"，发现儿童有一个世界，这个世界有太多鲜为人知的"富矿"，儿童虽然一无所知却不是一无所能，尤其是学习能力，包括专注力和创造力，甚至包括一些逻辑能力和安全意识，都不是后来成人刻意教的，都是与生俱有的。

举两个例子：

大约二十多年前，研究儿童发展潜力的程淮教授做过一个惊险的实验，他让一个刚出生的婴儿握住自己的两个大拇指，在确认被握住后，突然向上提起，旁观者吓坏了，可婴儿却泰然自若，像玩单杠一样悬吊

173

着。这确实不是谁教的，是自带的一种生存能力，就如刚出生的小牛犊，无师自通，试几次就能站起来，就会主动找到牛奶喝。

我同事杜继义老师的孩子甜甜刚会说话，处于语言敏感期。一天，不知从哪里听到一个新词——温度计。回家后见到爸爸，不叫杜继义，直接改成了"温度计"。我曾怀疑是谁借孩子的嘴在搞坏，后来确认纯粹是孩子的原创。这说明啥？有许多能力是娘胎里带来的，不是教出来的，也不是学出来的。甜甜能把"杜继义"和"温度计"两个近音词联系在一起，这是逻辑能力和联想思维的表现，同时，也证明儿童不是一块白板，是一个有能力的人。

蒙特梭利博士在研究儿童成长规律时，一直在拿儿童与成人对比，发现了许多比成人更厉害的独属于儿童的能力。比如，儿童有成人难以企及的强大的吸收性心智；比如，儿童有学习和认识事物的敏感期。

那么，蒙特梭利的发现意义何在？最简说法是，揭示了儿童的学习力远大于成人的。所以，我们还有什么理由忽视儿童，还有什么底气敢说儿童是"小屁孩"！

蒙特梭利博士说儿童是"具体而微的成人"。后来，人们在研究蒙特梭利教育的过程中，包括蒙特梭利本人，也进一步发展和完善了"儿童观"，指出儿童不应该被简单地定义成"没长大的成人"，还必须认识到儿童是一个独立和区别于成人的完整的人。正如上面所说，儿童成长过程中有许多独有的特点和规律，与成人不同。

上面所说的是西方儿童观和儿童教育观，事实上，在中国几千年的封建社会中，儿童观也是一个有些说不清让人很纠结的问题。包括孟子性善论和荀子性恶论，以及西汉杨雄的善恶混合说，这些都属于对儿童的认识问题，其中，尤以下面两个观点为重：

其一是"子子观"，是父父子子的地位表述，是"父让子亡子不得不亡"的文化，是成人本位的社会文化在家文化中的体现。所以，中国封建文化的糟粕"集装箱"中就有这一条——没把儿童当作人。

其二是"香火观"，把儿童当作传承家族血脉的人，但仅限于男孩。

所以，这个儿童观不属于女孩，妇女几乎和奴隶一般。可见，"香火观"之下，也并没有真正地把儿童地位扶正，即便是男孩还要看是不是嫡长子，若不是，照样不被待见。

上述两点集中起来能说明什么呢？就是注解了为什么在我国要大谈特谈"长大成人"，因为，只有长大了才不被成人欺负，才有了人的样子和地位。所以，中国自古以来都是盼望儿童快快长大，遇见问题习惯解释说"长大就好了"。包括那句话，吃得苦中苦方为人上人，也是说给儿童的，意思是小时候多吃点苦，长大成人就厉害了，就是人上人了。

显然，我们确实没认真地用生命学和人类学来研究儿童和尊重儿童，所以，才会一切以成人意志和成人标准要求儿童。鉴于此，让我们响应蒙特梭利博士的呼喊：把儿童从成人的监狱和沙漠中解放出来吧！

总之，我们必须抛弃"长大成人"的错误说法，同时，也要正确认识到"长成大人"的过程极其重要。只有基于对儿童的尊重和对幼儿教育的敬畏，才能实现"长成大人"的目标。

蒙氏数学很温柔，绝不简单粗暴

先说两个真实场景，对比一下，品味一番，即可知何为简单粗暴。

【场景一】

妈妈伸出食指，教孩子：这是1。孩子回应说：1。（心想，妈妈的这个手指头叫1，记住）妈妈随后亮出食指和中指，说这是2。再比出OK手势，说这是3……

实际上，对还处于形象记忆阶段的幼儿，这位妈妈的努力几乎徒劳，因为，孩子不懂抽象，竟然把1、2、3……认作妈妈的手指头。

不信？那就试着用筷子替代手指头，看能不能问出个1、2、3……结果肯定让妈妈大失所望。

再不信，爸爸弄出一个花样指，只伸出拇指、食指、小拇指，问孩子是几。孩子顿时会堕入云里雾里，不明所以。

或许，父母会错误地认为：这孩子可能和数学无缘。

【场景二】

妈妈做好饭，摆到饭桌上，孩子看见自己喜欢的美食，欲先吃为快。

这时，妈妈说：咱俩稍等一会儿，刚才爸爸来电话说快到家了。咱们三口人一起吃饭才好，要是差爸爸一个人，咱两个人先吃，不等爸爸，他会不高兴的，爸爸每天上班好辛苦的。

　　你可别小看这位妈妈的这几句话，有教育含金量，有认知在发生。

　　妈妈的话里有数和人的对应，让抽象的数字不抽象；当然，再往深一点讲，还埋伏着三以内的加减法，三减一等于二。除此之外，还有感恩教育、自控力培养等在其中。你看，厉不厉害！

　　好了，就举这两个例子。相信读完之后，你肯定弄懂了什么叫"简单粗暴地教儿童数学"，也肯定会给后一个妈妈点个赞。

　　不过，如果我爆料一下第一个孩子的发展，你可能会晕掉。这名被父母早期认定今生与数学无缘的孩子，却偏偏成了数学专业的博士。当年我也不懂，不知道有数学认知敏感期一说。后来我的观点是，孩子的数学认知敏感期没到的时候，父母别太急，方法别太粗暴，而且不同的儿童成长也有速度差，要学会等待。

　　接下来要说说伟大的蒙氏数学了。尽管我对蒙氏教育的未来效应，最认可的是建立规则意识和培养秩序感，但蒙氏数学的品质，我深以为然，尤其是数学思维模型的建构，没有哪一种儿童数学教学能与之比肩。

　　记得早些年一位幼儿园的老师对我炫耀说：蒙氏数学能让幼儿园的孩子学会千以内的加减法。哇！太不可思议了！就这样，我被这句不靠谱的话引诱了，走进蒙氏数学教育，非弄个究竟不可。

　　那么，究竟是怎么一回事呢？其实，蒙氏数学根本不是立足于算术，它的意义在于通过教具操作，运用感官系统与思维加工系统，把数物和数形之间的关系建立起来，把与数字相关的秩序建构起来，把数学运算逻辑渗透其中。具体来讲，就是用蒙氏数学的建构，让儿童初步理解平面与立体、二项式与三项式的关系等，并在动手做的过程中潜移默化，为将来走进中小学学习数学的基本计算、平面与立体几何、解析几何等，建立起早期的基础概念。

　　说到这里，不得不说说那些打着"速算神童""快速记忆""全脑开发"等名堂，违背幼教规律去折腾儿童、去赚家长钱的生意人。

我跟家长说，计算机、云储存、全球脑、智能时代的到来，至少会改变两件事：一是计算那点事，人脑比不过电脑，无论是速度还是质量，所以，那些精于"袖里吞金"的"江湖算士"，在未来社会只能歇菜；二是，人的大脑记忆功用渐渐淡化，许多事不用记，会查找就行。

所以说，在当下智能时代还弄那些陈年算术，还以速算作秀、赚钱，就是坑人，就是在浪费儿童的时间和大脑，是误人子弟。尽管如此说有些人会觉得冤，会说出发点是好的，会说没想坑孩子，只想坑爹，坑孩子爹兜里的钱。

不说了，还是说蒙氏数学，我冠以伟大，因为确实伟大，其伟大在于，蒙特梭利博士一百多年前就知道，将来的数学主要不是计算，而是建构数学逻辑，用数学思想和模式解构世界。

所以，我劝各位：一定要对初来乍到数学世界的孩子们好点，千万别在黑板上教数学，那是小学化，是简单粗暴，不可取，一定要带着孩子们领略生活中的数学之美。

儿童是成人之父

最早说"儿童是成人之父"的人并不是蒙特梭利博士，而是英国浪漫主义诗人威廉·华兹华斯，他在1802年写了一首诗《每当我看见天上的彩虹》，其中有一句"儿童乃成人之父"。

尽管当年他如此一说确实惊到了一些人，但毕竟他是"浪漫诗人"，所以，大家并没有站在科学的角度去分析他的诗句是否在理。包括后人的注解，也是基于艺术性，说威廉·华兹华斯不过是在表达永葆童心的美好，以及对儿童那种至纯至真的向往和敬畏。

一百多年后蒙特梭利博士也说了这句话，她在《儿童的秘密》一书中表达了这个观点，并在提出"儿童是成人之父"后，认真地做了一番科学的解释。

尽管蒙特梭利博士解释了她的观点，但对于初涉蒙氏教育的幼师而言，这仍是蒙氏教育诸多理念中最难理解和接受的一个观点。因为，习惯使然，每个读到这句话的人都会从社会伦理的角度出发，下意识地表示否定，或是不解；又因为是蒙特梭利博士所说，是大教育家说的话，尽管不懂，不敢怀疑。

这一观点，我也反复读过，也曾思考良久，但终不敢随意去说，唯恐说不透，或者说错。这次要说也不是因为领悟透彻，而是被微友问及，不得不说，权作抛砖引玉，与大家分享。

我认为蒙特梭利所说的"儿童是成人之父"内含三层意义。

179

一、基于社会关系的一般性意义

按理说父子之间的社会关系就是父父子子，是明摆着的没有问题的关系，但蒙特梭利却不这样看，她找到了审视这个关系的另一个角度。

她是站在儿童成长和脑科学的角度看问题的。

她说的儿童和成人泛指同一个人的两个生命阶段。然后她发现每个人的生命进程最初的几年是基础，包括品性、能力、习惯和道德，这些构成了一生发展的根基，由儿童阶段的环境和教育所决定。

所以，她的观点是"儿童是未来的成人"。

二、基于社会地位的平等性意义

我一直在说蒙特梭利博士是打开儿童成长黑匣子的人，尤其是她的研究与实践表明：儿童虽然没有阅历和经验，但他们有天赋和智能，而且，就这一方面来讲，他们的天赋和智能远超成人，因为，成人在成长的过程中，在不断汲取知识和增加阅历的过程中，那些天生的弥足珍贵的能力，在不知不觉中会减弱或消失。

比如说，好奇心、吸收性心智、发散思维等，到了成人阶段，无一不被经验主义所困囿。所以，从这个意义上讲，成人必须尊重和保护儿童的天赋，并且向儿童学习。

其实，蒙特梭利博士的这一观点很客观也很实际。在这一观念提出之前的很长一段时期，无视儿童人权平等的观念盛行，把儿童看作一个空容器。蒙特梭利博士从发现儿童和尊重生命的角度出发，为儿童"维权"，呼吁成人要对儿童高看一眼，并以向儿童学习的理性去认识问题，说他们是成人之父。

这是基于儿童与成人的社会地位而言的第二层意思。

三、基于哲学观点的意义

哲学是所有科学的科学，教育科学也是如此，任何一个看似根深蒂固的理论，在哲学面前都会因为换个角度去认识而得出不同的结果。这就叫作没有绝对只有相对，爱因斯坦的相对论就是出于哲学。

蒙特梭利博士也是如此，她的研究课题中处处能看出教育哲学的存在，尤其是"儿童是成人之父"的提出，终极解释直抵哲学。

比如，在社会大染缸中的成人，早已失去了童真和童趣，连外部形象都被岁月和经历改变得面目皆非，所以，若以纯真论美好，成人远不及儿童。这是以发展的观点看问题。

比如，当成人不断地从环境、社会以及教育中汲取知识时，经验多了的同时，天赋会一点点减少。这就是多即少，也是得即失，很辩证。

比如，从生命和遗传意义上讲，成人与儿童之间存在着你中有我，我中也有你的关系。也很辩证。

这属于我理解的第三层意义。

上述三层意义是我的学习心得，接下来摘录一段周国平先生的话：孩子长于天赋、好奇心、直觉，大人长于阅历、知识、理性，因为天赋是阅历的父亲，好奇心是知识的父亲，直觉是理性的父亲，所以，孩子是大人的父亲。

我认为，这是对"儿童是成人之父"最有逻辑和最理性的解释。

非洲尖毛草 & 儋州星语村

尖毛草是非洲草原上的大个子，身高两米，被誉为"草地之王"。

星语村是海南儋州一所人们期待已久的儿童之家。

你肯定要问：这两者之间有什么关联？

我回答：三观一致，精气神相同。

你说：不懂。

好，听我细细道来。

先说说尖毛草的故事——

春天到来，非洲大草原上的各种植物开始复苏，甚至在春风里疯长，唯独尖毛草好像被遗忘在春天里，始终保持着寸草姿态，可怜巴巴地看着别人恣意。

就这样，在阳光普照下，尖毛草"光吃饭不长个"，熬着日子，直到约半年之久后，雨季到来。

一觉醒来，人们惊讶地发现，尖毛草拔地而起，竟然一夜间长高了半米。之后的几天，在雨露滋润下，尖毛草以每天半米的速度疯长，最终以两米身高的王者风范，成为非洲草原上的一道"高架线"。

刚开始，人们一直想不明白，为什么低矮的尖毛草能够一下子蜕变为"草地之王"？植物学家通过研究发现，尖毛草之前不是没生长，只不过是在向下扎根。在长达半年的时间里，尖毛草的根不断向周围和地下扩张，最深的地方竟然达到了二十多米，它的根系牢牢地锁住了水分，锁住了土壤中的营养成分。当蓄积的能量达到成长的需要时，尖毛草就会一发而不可收，在短短几天时间内，长到比人还高。

故事讲到此，我们很容易联想到拔苗助长的问题，也必然会在与幼儿教育进行对比后，明白我要引申出来的话题：幼儿教育是根的教育。

儋州星语村的蒙氏教育就是坚守"根的教育"信念，就是以非洲尖毛草的故事为他们的教育叙事诗，就是把大自然赋予人类的成长文化浸润在儿童教育行为中的实践。

说到这里，不得不提及儿童之家的"家长"李盛姣。

她和同做幼教的妹妹李盛芳园长携手，在海南一隅，用近二十年的时光，静静地践行着蒙氏教育，追寻着幼教的真谛，在业内享有李氏姐妹花的美誉。

李盛姣外表柔弱，骨子里却异常坚韧和执着。当"雨季"来临，她突然发力，在儋州城中找到两套"居闹市而不闹"的别墅，创建了一座定位超越海南岛幼教地标的儿童之家。

她的行为让业内外对她刮目相看，说她在颠覆自己，在完善自己，在挑战自己。她听后摇摇头，腼腆地说：我只想为儋州幼教做点有价值的事。

我的解读是，李盛姣园长在做"地下工作"，她属于"地下党"，她要率领盛国教育集团的老师，以"地下工作者"的名义，为儋州养育出一批"尖毛草"。甘愿俯身三尺，宁可埋名十年。

蒙氏教育确实如此，为儿童积攒一辈子不断发展所需的基础能量，而不是为了"读小学能跟得上"的"小学化"幼教。说到这里，你一定会问：蒙氏教育好在哪里？

我简说如下：

通过老师的示范和儿童参与生活，培养和发展儿童的独立品质和自理能力，这是第一好；通过在规则下的自由选择和反复操作，培养儿童对规则的敬畏意识和建构秩序感，这是第二好和第三好；通过混龄编班"过日子"，培养儿童的责任意识和感恩情愫，这是第四好和第五好；通过把控敏感期让教育发生在最适合时期，达到事半功倍的效果，这是第六好；通过为孩子们准备好适合成长的各种环境，让儿童第一教育（环境教育）得到落实，这是第七好；通过最好的数学教具让儿童建构数物对应逻辑，为今后学习数学和发展逻辑思维奠定基础，这是第八好；通过安静环境下独立工作的开展，培养儿童的专注力和认真态度，这是第九好。

我如数家珍，但限于专业，也仅能絮叨这些，反正星语村要做的教育确实好，因为他们引进和实践的蒙氏教育全世界都说好。

不过，说得再好也不如亲眼一见，我以星语村荣誉村民的身份邀你来参观。

谁是"蒙娃"

"蒙娃"是指接受蒙氏教育的孩子。

"蒙娃"和"非蒙娃"在一起时,如何分辨?

我用时间节点来注解这个话题:

十五年前

初涉幼教,在北大附中河南分校当校长时,园长和老师们和我谈蒙氏教育,我说:略知一二,我和北京师范大学领衔研究与传播蒙氏教育的梁志燊教授有交往,很敬佩梁教授,也知道蒙氏教育是国际品牌。

但是,彼时我的所有认知,竟是蒙氏教育只是一套优秀的有教具的教学方法,根本不懂蒙氏教育的思想高瞻和文化精深。如今,说起这事还脸红,深感浅陋。

七年前

那年,在火车包厢看见一名四五岁样子的男孩,自己安静地看绘本,自己去车厢一侧给保温杯接水,自己在卧铺上爬上爬下取东西……

我在静观静思中被感动:

感动之一,男孩从行李箱翻出方便面,准备泡面时回头问妈妈:"你也来一桶吧?"那一刻,我的感受是,这个妈妈和这个孩子都有点意思,与众不同;那一刻,我想的是,这是一个"懒妈教出勤快孩子"的案例。

感动之二，当我用赞许的目光看男孩时，他竟然读懂了，立马礼尚往来还给我一个真诚的微笑。我顿感幸福，能被当下这些被娇宠的很自我的孩子注意到不容易，而且，男孩还和我"眉目传情"。

再后来，我跟男孩妈妈交流，我说："你家的家教真好，孩子真能干。"她赶紧解释说："不是的，我文化不高，也不懂家教，是幼儿园老师教得好。"还没等我说啥，她又赶紧补充说，"是跨世纪幼儿园，做蒙氏教育的。"听后，我并没有立刻亮出底牌说我也是搞幼教的，而是如外行一样问："是这样啊，那蒙氏教育究竟好在哪里？"

我把她问住了，好一会儿她才说："自从上了幼儿园，俺家孩子就不太喜欢被我照顾了，什么事都要自己去做，把我闪一边了。"我插嘴说："有独立意识和能力了。"她点头赞同。然后我继续追问："还有呢？"她又说："另外就是有自觉性了，到什么时候该干啥就干啥，不用我老在后面督促。""还有呢？"我继续问。她说："再就是不胡搅蛮缠了，原来没上幼儿园的时候不是这样，没规矩，啥事要是不满足他，闹起来也够喝一壶的。"

我当下总结，这位妈妈说出了蒙氏教育下儿童的三种表现：独立、有秩序感、懂规则。

近几年

我之所以一直不忘那次火车包厢中的遇见，是因为我遇见的不仅是"蒙娃"和"蒙妈"，而是蒙氏教育。那次偶遇之后，我立马开始认真系统地读蒙特梭利文集，不敢再肤浅地说蒙氏教育了。随着读书和接触蒙氏教育专家，我对蒙氏教育由知之到敬之，尽管程度不深。实话讲，就这一点，当感谢香港跨世纪教育集团，当感谢台北家田蒙氏教育专家邱韵凌和房美秋。

为何如此说？原因有二：

首先，是香港跨世纪教育集团从后面给了我一个推力，他们分布全国的一千多家联盟园，每年年会都邀请我，可我不会讲官话，也不敢说空话，不能站在台上耽误大家的时间，所以，必须认真备课，分享自己学习蒙氏教育的心得体会。所以说，我是被逼着走近蒙氏教育的。

其次，台北的邱韵凌从前方给我施加了一个拉力，或者再客观点讲，是引力。尤其是刚结识的头两年，我不仅被她坐落在台北的家田、咪咪两所精致幼儿园吸引，更被邱韵凌和她的团队做事认真到极致的态度吸引，我觉得这是蒙氏教育的思想与灵魂注入后的行为符号。所以，我被带入了，被蒙氏教育的魅力吸引，继续蒙氏教育的学习之旅，并在学习中不断领悟到真教育的真谛。

如今

如今我还在追问，一群幼儿园孩子在一起，能否分辨出"蒙娃"和"非蒙娃"？升入中小学，当年的"蒙娃"有什么样不同凡响的表现？"蒙娃"是赢在小学入学"门口"，还是一生受益？

2019 年初冬季节，我带着这些问题走进香港跨世纪教育集团，把问题抛给了以王晓军总经理为首的管理层。大家现场表态立即行动，对长大了的"蒙娃"进行追踪！

谁是"蒙妈"

在《谁是"蒙娃"》文中，我依据孩子妈妈对"蒙娃"的描述，归结了她以旁观者角度对蒙氏教育效果的三点发现：独立、懂规矩、有秩序感。

这三点虽然不能概括蒙氏教育的全部思想和理念，但作为蒙氏教育的核心呈现，分量足够了。后来，我进一步解释为：独立是儿童成长的第一要素；懂规矩是懂事，是公民意识的早期表现；有秩序感是会做事，隶属于管理品质，也有人说成是领袖品质。

基于这个观点，如果孩子妈妈在家里教育孩子，也能以"独立、懂规矩、有秩序感"为目标，并采取一套适合自己孩子的有效方法，那么，这样做的妈妈也可以被定义为"蒙妈"，不论孩子有没有就读蒙氏园。

所以，并不是把孩子送到了蒙氏幼儿园，妈妈就会自然晋升为"蒙妈"，"蒙妈"是有家教功力和教育效果的妈妈，是一个"高级职称"。

既然我们定义了"蒙妈"，接下来的话题便应该是"先说家，再说妈"。

我曾在一次幼师培训中说过：蒙氏教育有生活、感官、语言、数学、科学五大领域，蒙氏教室也有对应的五大区角，但还有一个被我们都忽视的领域和区角，那就是家庭，一个综合性的大区角，一座蒙特梭利教育没有充分发掘的富矿。

我一个蒙氏教育的外行，为什么这样说？这是因为前些年我读过一套书，是梁志燊教授送我的《家庭中的蒙特梭利教育》，读后就想到一个课题——培养"蒙妈"，把蒙氏教室搬回家。

每每走进蒙氏园看到大一统的环境，看到教具架子围成的区角，看到几乎一模一样的空间摆放，我总会觉得差了点什么。直到后来，我从台北家田和咪咪两所精致的蒙氏园参访回来，方解开心头之惑，也想明白了我们差的一点就是"家的感觉"。我也理解了蒙特梭利博士在1907年给她的第一所儿童教育机构起名为"儿童之家"而不是"学校"的原因。

原来，蒙氏教育真正的有丰富营养的沃土，在家里，或者说是在如家一样，有爱和自由的地方。

说完家之后，说妈。

首先请理解，我无法用学术语言定义"蒙妈"，只能对"蒙妈"的"是和不是"用事例辨析一番，让各位妈妈对号入座。

比如，对孩子无微不至地关怀，一切由妈代劳，不劳烦孩子，不让孩子受到一点委屈，结果是惯坏、啃老。这不是"蒙妈"！

比如，孩子自己能做的事，妈妈绝不"第二者插手"，只是作为旁观者在孩子需要帮助的时候，该出手时才出手。因为，"蒙妈"的理念和行为是支持孩子独立。

比如，"儿子，穿衣服跟妈走。""妈妈，我们去哪里？""乖，听话，跟妈走！"这位妈妈的行为，有如把孩子当作自己随身的"挎包"，连发言权和发问权都不给孩子，所以，这不是"蒙妈"。

比如，周五晚间妈妈问孩子，"明天周六休息日，你都想干些啥。"甚至，对于幼儿园大班孩子，还可以给他一张双休日工作计划表，让孩子自己通过写和画来完成计划表，然后父母把自己的计划亮出来与孩子讨论，解决好冲突地方，同时指出孩子的不合理计划并提出建议。这才是懂蒙氏教育，懂如何培养孩子计划力的"蒙妈"。

比如，每到做饭之前，妈妈都先问孩子，你想吃点啥妈妈给你做。

久而久之，孩子在家像在饭店，以顾客身份点菜，妈妈像服务员，这不乱套了吗！结果是破坏了家庭成员间的平等，养成了孩子唯我独尊的习惯。所以，这位以爱孩子为名义，把孩子培养得很"唯我"的妈妈，绝非"蒙妈"。

比如，母亲节时爸爸妈妈要去看望奶奶，但孩子却想去游乐场，而且跟父母玩起了一哭二闹的套路，欲征服父母。这是个原则问题，家长万不可屈服迁就孩子，即便严厉不起来也得温柔地坚持，否则，就会让孩子变得任性和为所欲为。儿时没规矩，长大后就没道德。所以，能够坚持拒绝孩子无理要求的妈妈，是"蒙妈"。

比如，有位妈妈信奉"养不教母之过"，遇见小儿初成长难免的错误，便柳眉倒竖杏眼圆睁，一番训斥，如监狱管教，用外力强行树规矩。这不是"蒙妈"。

比如，带着孩子过斑马线，跟孩子讲红绿灯的作用，然后回家找一些因闯红灯出事故的视频跟孩子一起看，让孩子自己理解和内化规则。这是"蒙妈"，不是"猛妈"。

比如，晚间睡前，孩子玩困了就不愿意走洗脸刷牙的程序，也包括早上赖床，妈妈拗不过孩子任其所为，久而久之，孩子做事也会随随便便没有秩序感。显然，这不是"蒙妈"作为。

比如，一位妈妈给孩子做了两张表：一张是作息时间表，包括平时，也包括双休日；另一张是家务劳动分工表，包括一家三口。关键是执行严格，不打折扣。入园后，她家孩子在幼儿园表现得懂规矩、有秩序、不乱来、不任性。这才是真正的"蒙妈"。

最后说句实话，我国引进和推进蒙氏教育的力度非同一般，但发力点几乎都在幼儿园，家长的参与仅限于走进幼儿园近距离看看蒙氏教育是啥样的，然后给幼儿园点个赞，没有深度参与其中，没有走进家园一体的"蒙家军"阵列，没有形成教育合力。

不过，我熟悉的海口松柏儿童之家不是这样的，积极努力地拉家长"入伙"，包括创办者李盛芳园长注册的管理公司，干脆直接命名为"蒙妈妈教育集团"，幼儿园的谢欣默、章悦两位园长，也一直在组织家长学堂，培养"蒙妈"。近来，他们的"蒙妈妈学堂"正在招收未入园的孩子的妈妈，志在让"蒙氏走进家"。

　　总之，尽管我对"蒙妈"的表述很有高度，但实话讲，这个高度并不属于蒙氏教师的专业高度，而是从家教效果反观，从殊途同归的角度去看，只要致力于能帮助孩子做到"独立、有规矩、有秩序"，那么人人皆可为"蒙妈"。

谁是"蒙师"

"蒙师"是我对蒙特梭利教育专业教师的简称，但需要说明一点，这是个并不简单的简称，因为，只有经过蒙特梭利专业培训并获得认证的老师，才有资格叫作"蒙师"。

而所说的专业认证体系，一般包括 AMI、AMS 和 CMS。其中，能获得 AMI 认证的幼师少之又少，这不仅是因为十几万到几十万的昂贵学费，还因为该体系对学员考核要求的严格程度非同一般。所以，就目前来看，我国的蒙特梭利专业教师，以参加过 AMS 体系培训的为主。

由于我国幼儿教育师范院校的课程体系问题，当然也受教育思想开放程度的限制，幼师在校期间基本没有接触过蒙氏教育，于是，蒙特梭利教育的专业培训就显得更专业了，更专业意味着独特。

所以，我在一些场合说过：蒙特梭利教育专业教师是幼师队伍中的一支"特种兵"。

那么，这支被我称为"蒙师"的"特种兵"，有什么不一般？

我尝试着进行了归结，主要有以下五点：

一、"蒙师"与"蒙娃"关系不一般

传统教育思想和教育方法集中体现为"老师教、儿童学"的灌输模式，于是，老师的"先生先知"地位，决定了老师高高在上，决定了与儿童间的不平等关系。其次，当下依赖市场生存的民办幼儿园，在教育服务理念下，在唯生存的商业意识下，弄得老师像保姆哄孩子，让老师与幼儿间的关系更不正常。

对比之下，蒙氏教育与众不同的是，老师在为儿童提供了有准备的环境后，最多以示范角色出现，大多时候"混迹在儿童"之中，静静观察和记录，说白了就是"不教的教育"。

显然，"蒙师"的行为是由师生关系决定的，这个关系定位于成长伙伴和协助者，是平等关系。所以说，较之传统教育，"蒙师"与"蒙娃"的关系确实不一般。

二、"蒙师"的眼睛不一般

有人说，当儿童处于自由选择的工作时段，"蒙师"很轻松，可以袖手旁观。显然，这话外行了，事实上，这个时段最能看出"蒙师"的功夫所在，因为，要做到在儿童工作中发现问题并进行引导，"蒙师"的眼睛不仅要有显微镜一样细微的观察力，还要有360度环绕摄像机的功能。

当然，"蒙师"的这点功夫绝不仅是教学技术，更重要的是责任和情怀。所以说，真正的"蒙师"必须有高尚的教育情操，这也是不一般之处。

三、"蒙师"的职业危险不一般

这个话题是我在跨世纪洛阳绿洲幼儿园一次座谈会上说的，我说，因为蒙氏教育的主要模式是给儿童提供环境，然后，儿童依赖强大的吸收性心智，从环境中吸收成长营养。所以，我们必须清楚一点，蒙氏教育体系中所提及的环境不仅指物质环境，更重要的是人文环境，而第一人文环境不是别人，正是"蒙师"。

这正是蒙氏教育的不一般，"蒙师"的"不教"和儿童的"自学"，直接把"蒙师"推向了儿童成长的"模特"角色。这个角色了不得，一言一行、一举一动都要十分小心，因为围在"蒙师"身边的孩子可不一般，是一群自学能力极强的"蒙娃"。

所以说，当一名"蒙师"真的不易，某件稍不留意的小事，都可能影响儿童终生的品格塑造。所以我说，当一名"蒙师"有危险。

四、"蒙师"的学习力不一般

蒙氏幼儿园老师与众不同的一点是，必须不断进行专业学习，不能因为拿到专业认证就万事大吉。

台北蒙氏教育专家邱韵凌曾说过，别看蒙特梭利文集并不多，对于我们实践蒙特梭利教育的人来讲，足够读一辈子了，而且，最大的感受就是每读每新，越读越觉得自己很浅，蒙氏教育很深。

你看，连教育专家都这样说，更何况普通的"蒙师"，所以，我和跨世纪集团的园长们交流时说：蒙特梭利教育是一座富矿和深矿，需要精炼和深挖。

实际也是如此，蒙氏幼儿园的老师确实在不断地参加培训，而且，每次培训的提升都会转化为内在的学习力，久而久之，学习习惯就成了"蒙师"的不一般。

五、"蒙师"最不一般的是职业信仰

我深深地感受到，做久了"蒙师"会迷恋蒙氏教育。有人说这是蒙氏教育的魅力，在我看来，是因为蒙氏教育从理论到实践都非常纯真。

我用"纯真"一词是有道理的。"纯"是纯粹的意思，是指蒙氏教育纯粹以儿童为主体，以儿童独立成长和发展为教育目标，不掺杂其他。"真"是就教育的辨识而言，因为真教育如《幼儿园教育指导纲要》所

言，是为幼儿一生发展打基础的教育。

　　所以我相信，每一名"蒙师"若从内心吸纳了蒙氏教育的灵魂，一定会转化和升华，一定会自我建构一种心态——以敬畏生命之心去，信仰蒙氏教育。

我为蒙氏教育辨是非

一直以来，对蒙氏教育的质疑主要集中在两点：一是蒙氏教育培养出来的儿童做事中规中矩，缺少创新意识；二是蒙氏教育培养出来的儿童喜欢自己做事，不善于合作。

我和大家一样，在没有接触蒙氏教育之前，道听途说之下，也曾误解。及至走近蒙氏教育方才明白，这样的说法确实让蒙氏蒙冤了。

为了把理讲透，把观点说清，我将从蒙氏教育支持和培养儿童"独立自主"品格出发，沿着逻辑脉络去寻找独立与创新、独立与合作的关系。

其实，蒙特梭利博士对世界的最大贡献是发现儿童，揭示了儿童具有强大并独立成长的力量。她在解释儿童的吸收性心智时，指出不是环境向儿童注入什么，而是儿童主动积极地从环境吸收，这种内在的力量被蒙特梭利称为 Mneme（牧内美）。

蒙氏教育基于理论的实践也是如此，教师对儿童的工作不干预，只提供有准备和有教育的环境，以及观察记录儿童独立做事的过程，并就此分析和发现儿童。

蒙氏教育另一个支持儿童独立的观点和行为就是建构秩序，这和传统教育的做法截然不同，传统教育主张从外向内强迫儿童去接受秩序。而蒙氏教育的伟大之处就是由内向外，让儿童从自然和社会多方面用感官去认识和建构秩序，尤其是抓住秩序敏感期进行适时教育。

如果认同蒙氏教育对儿童独立意识和独立行为的培养意义，那么，接下来我们言归主题，说说独立与创新、独立与合作的关系。

1. 独立是创新的基础

爱因斯坦晚年在谈教育、谈创新时，常说到两个概念：一个是"神圣的好奇心"，一个是"内在的自由"。他认为这两点是儿童成才的关键品质。其中，好奇心人皆有之，无须多讲，而"内在的自由"，我认为就是"独立自主"的意识，就是"独立思考"的习惯。

中国发明学会学前创新分会会长程淮的观点也是如此，他力推的儿童创新教育，核心观点是支持儿童独立思考，鼓励儿童放飞与生俱来的想象力，提供给儿童能够自主创新的各种环境，然后，老师退后一步，等待儿童最美创造力下的最美作品。

毋庸置疑，这些有创造力的儿童，首先应该是会独立思考和有独立习惯的孩子。所以，我曾表达过这样一个观点：创造力不是教出来的。后来又补充说：创造力是独立自主习惯下的能力。

2. 独立是合作的资本

说实话，总会有人把独立与合作之间的关系弄得很对立，这是错的。

此话怎讲？我先从几年前的高效课堂说起，这种课改模式是老师导学、学生自学，然后再开展小组合作讨论式学习，也就是合作学习。当年，我曾多次走进这样的课堂，发现最尴尬的问题是那些"南郭先生"在小组合作中当"影子"。为啥会这样？因为他们不会独立思考和学习，他们都是被教出来的学生，所以，在小组讨论中他们无语。

这就是问题的关键，合作学习也好，小组做事也罢，都需要儿童具有独立能力，而不是在合作活动中可有可无。或者换句话讲，独立做事的本领是合作的资本。

说理到此，再说事实。下面是台北蒙氏教育专家邱韵凌园长跟我讲的一段"咪咪史记"：

咪咪是她的第一家蒙氏幼稚园，早年有一位家长蔡先生跟随孩子走近蒙氏教育，并在孩子毕业走进小学后，办了一家"安亲班"。安亲班是帮家长解决小学半日课的后顾之忧，相当于我们的托管班。

"安亲班"有两个班，其中，十二名毕业于咪咪幼稚园的孩子被编在一班，其他毕业于非蒙氏幼稚园的孩子编成另一班。事实上，蔡先生在有意完成一项教育比较，也是在检视蒙氏教育的魅力。

几年下来，蔡先生总结了三条。

1. 生活自理方面：咪咪班的孩子做得超级好。他说：咪咪班的孩子什么事都能独立完成，就连脱下的鞋子都自动自觉地摆放，从大到小，方向整齐，像一道风景。另一班的孩子，根本没法与之相比。

蔡先生说，这在意料之中。

2. 合作学习方面：安亲班的学习方式是小组合作，写作业和讨论问题时，有独立有合作，尤其在合作方面，咪咪班的孩子既能安静自习，也会小声有序地讨论问题，没有谁是可有可无的存在，都能自主参与其中，效果极佳。

蔡先生还说，小学第一学期，两个班级成绩不分伯仲，后来咪咪班就发力了，平均成绩逐年提升，到小学毕业时已经领先另一班一大截。再后来，这十二名咪咪班的孩子，竟然都考入了台北最有名的高中，包括后来读大学，都一路领先，一直优秀。

蔡先生说，事实证明蒙氏教育确实好。

3. 活动参与方面：安亲班有许多活动，在所有集体项目中，咪咪班的孩子表现最棒，最有想法和主见，不用老师辅导，创造力和组织能力都是最强的。

所以，蔡先生说：有些出乎意料，但都在道和理之中。

我归结蔡先生的道理如下——

蒙氏教育之道：发展儿童的独立意识和独立能力。

蒙氏教育之理：因为有独立思考和独立行为能力，所以，蒙氏教育培养出来的儿童具有创新意识和创新能力，具备合作学习和合作做事的资本。

第七辑　说问题课题

我曾说管理者的眼睛会变焦，
登高望远能看清未来，这叫眼界，
俯视脚下能发现问题，这叫眼光，
总说没有问题的人，本身就是问题。

为啥这样说？
因为问题随时随处都在，
只有用思想和智慧才能发现。
甚至我还对管理者说过，
有时发现问题比解决问题还重要，
因为问题是课题之母。

我欣赏"有问题"的园长，
这属于园长的真功夫。
高手在别人的视界之外发现问题，
在大家的盲点处隐居，
关键是发现和立题。

别把保生和招生混为一谈

在一所幼儿园座谈时我问园长：你认为现在工作的难点是什么？她回答说：招生和保生。少顷，还没等我说话她又补充说：招生还可以，保生不太好。

那一刻，我联想到了二十年前的一所大型民办学校，也是如此。那时候民办教育算是刚刚起步，所以，有些学校的运作很像做生意，我说的这所学校就给招生办起了个别名，叫作售前服务部，在内训中堂而皇之地把工作性质说成"卖学位"。

"售前服务部"是学校最大最重要的部门，部门人员一度超过60人，工作点分布全省各个角落。并且，学校以优秀的招生业绩，被业界称为"特别能招生的学校"。

然而，招生的辉煌并没有掩盖住生源流失的问题，开办的头两年还好，入大于出，整体学生数依然正增长，后几年就不行了，招生的数据抵消不了生源流失的数据，开始负增长。于是，董事会借鉴海尔售后服务理念，成立了一个新部门——"家长服务中心"，这个部门的工作任务是"发现、拦阻"，也就是跟踪各个班级，发现流失的苗头，赶紧与家长沟通，防患于未然。这个部门被校内老师叫作"消防队"。

这个案例当年很典型，也由此引发了大家的思考：保生与招生不都是生源问题吗？为啥一所学校会同时出现一流的招生和三流的保生现象？究竟是哪里出了问题？

我的解释是，保生和招生工作根本不是一回事。

我主要有以下三个方面的认识：

一、我认为有"招商保教"的说法

"招商保教"是指招生可能近乎商业行为，而保生一定是由教育品质决定的事。

我们先说招生，在创办期把招生放在所有工作的首位，这很正常，但问题是，如果过度包装，过分宣传，不管不顾，把招来生源作为唯一目标，甚至，在重金激励之下，招生人员"只管推销，不问东西"，很可能就把麻烦留到了开学后，留给了教育。

比如，有一所幼儿园开办宣传时，竟然把国内幼教界的头面人物照片张贴了一墙，说是他们的顾问团，又不知从哪里找了一些很有历练和业绩的幼师，也弄上墙，说是他们的团队，还有不知从哪里找来一位负责招生的园长助理，嘴巴功夫非常厉害。所以，这所幼儿园的招生很火爆，很成功。

不过，就在开园的同时，家长也开始了闹事，因为宣传与事实不符，他们的第一批老师多是刚毕业的学生。当家长指着墙上"有历练有业绩"的老师的照片质问的时候，负责招生的老师"退到墙角"解释说：那些是我们园的指导老师。

自此，这边入学，那边退学。这位不懂幼教的投资人感叹说：打江山易，坐江山难。

二、"重保轻招"才是管理正道

我们不能简单地说招生不重要，尤其在开办初期，生源是生存的基础，这个道理谁都懂。但是，如果幼儿园的生源已经具备一定规模，工作重心还不转移到保生上来，就有问题了。

保生工作做得好坏决定于是否具备一个硬条件，那就是孩子喜欢老师，家长信赖老师。这两点的实现，一定是基于老师的思想品质和工作态度，以及老师的业务能力和教育服务品质，还有老师与家长之间的关系相处等，这些因素都归属于教育，不是市场。

另外，这里也凸显了管理杠杆的效应，即看似抓保生，实则撬动教育服务、教育教学和家园关系，以及教师的个人成长，可谓一举多得。

所以，若以经济手段来激励老师，我建议好钢用在刀刃上，把奖金投放在保生上，因为保生和教育品质直接关联。

三、优秀民办园一定是"以保为招"

没错，我常说的观点就是：保生就是招生，流失就是流血，老师必须干老师应该干的活，家长才是招生的主力军。

但接下来的问题是：怎样做好保生工作？保生工作做好了家长就能给我们招生吗？

一句话，直接靠幼儿园的品质说话，没有其他。市场行为解决不了，硬件环境决定不了，甚至与幼儿园墙上挂了多少奖牌和等级证书都没有直接关系。

我依然举例来说。河南新郑D士尼跨世纪蒙氏幼儿园，在投资人刘遂根女士的努力下，团队意志是一流的，教育服务也没得说，尤其是家园关系，可谓亲如一家。有史为证。前几年园所场地因市容市貌整顿被搬迁到七八公里以外，当时，大家都说这次保生没戏了，不但学生不会跟过来，甚至老师也会因为家远而离职。

结果出乎意料，所有的儿童和家长因为离不开他们的"亲老师"，一道跟着幼儿园成了"铁杆搬迁户"。

这件事被我总结说：是意料之外，更是情理之中。

业内人知道，刘遂根有一种特别的"魔力"，不，应该叫吸引力，把孩子、家长和幼儿园紧紧地粘在一起了，就如"我和我的幼儿园，一刻都不能分割"。

试想，若我们的教育教学和教育服务能做到如此优秀，让家长感动并在感动之余想感谢，想用行动表达心情，我们何须再担心保生问题！

　　不过，千万要注意，当家长主动替我们招生时，幼儿园坚决不能用钱或减免学费的方式来回馈家长，此刻谈钱伤感情。因为家长帮幼儿园招生不是为了钱，而是因为我们的教育做得好，他们感受到了幼儿园的真情实意。

"特色求生"与"特色求生存"

关于幼儿园特色的话题，曾有不少园长问起，但我多少有点回避，理由无非是说法不一，有点乱，有点被市场化解读。

直到前不久在上海，欧顿锦绣幼儿园潘雪雪园长与我讨论这个话题时，谈到了新政之下的生存危机。于是，特色办园这个老话题，又被摆到了台面上。

我回顾了与欧顿锦绣幼儿园几位管理者的交流过程，总结出五个要点，以供幼教同行者参考一二。

一、关于特色的定义

关于特色的定义，企业界的说法是，"人无我有，人有我优"。

毫无疑问，如果产品或服务别人家没有，肯定叫作特色。所以，每一种创新产品面世，都会因为独特而独霸市场，这叫"特色求生"。

请注意，我说的是"特色求生"，没有"存"。因为，若只有独特，没有品质基础，缺少核心竞争力，或许，很快就会被模仿、被超越，就无法独霸下去，就可能走了一段"从先生到先烈"的路。

所以，只有"一直被模仿，始终没超越"，能做到"人有我优"，才是有品质的特色，才能叫作可持续发展的特色。幼教也是如此，办出有品质的特色园，或将是新一轮竞争的赢点之一。

二、关于两种特色的解释

一般来讲，当下幼儿园的特色主要指向在课程和服务两大领域中的表现。

尤其是课程特色，因为不像中小学那样，有统一课标，有中高考的制导，所以，从目前来看可以说是百花齐放、异彩纷呈。如 IB 课程，如蒙氏教育、华德福教育、瑞吉欧教育、高瞻课程、奥尔夫音乐、感觉统合课程等。

国内各种机构研发的凸显与众不同的课程，也给幼教界平添了许多课程亮点，如，东方之星的思维游戏课程，华蒙星的篮球特色，安吉游戏课程，非洲鼓、小钟琴、钢琴教室，以及近年来被众人青睐的济源花妞妞农艺课程等。

我说得有点热闹了，需要冷处理下，实际上这些都不是"人无我有"！因为只要一推广，只要一拥而上，特色立马不"特"了。原则上只有园本研发的和别人没有的，才能叫作真正的特色，但这谈何容易。我们可以解释的只有"近距离特色"效应，以及"人有我优"的品质。

服务特色一般属于园本，因为这是由办园者的思想和智慧决定的。

接下来以两个例子说明。

有一所幼儿园四楼闲着，园长就想着利用起来为孩子的爷爷奶奶们做点事。于是，他们办起了公益性的老年大学，开设书画、健身、器乐等课程，条件是，只服务幼儿园孩子的老人。这个特色好，不仅服务了家长，而且从品质上讲是孝敬文化的作为，所以，一经开办大受欢迎，也见效益，幼儿园的社会口碑和人气急剧上升。

另一所幼儿园也有类似做法，为孩子妈妈量身定制了"沙龙会"，包括教育沙龙、理财沙龙、美食沙龙、读书沙龙、美丽沙龙。每学期有计划地安排若干场活动，深受家长的欢迎。

这两所幼儿园的服务其实就是搭建平台，许多时候组织者和讲师都出自家长，幼儿园并没有因此增添多少负担，却由此收获了丰盈的社会效益和招生效益。

三、关于特色建设的原则

这一点很简单，就两条：既有教育或教育服务的内涵，又有市场效应，简称有效特色；特色数量不可过多，应该是"万绿丛中一点红"，我戏称"特不过三"，多了就被湮没了。

四、把平凡做到极致也是特色

上海欧顿锦绣幼儿园的园所卫生抓得很好，于是，我借题发挥说：卫生也能抓出特色来。看着他们不解的眼神，我不疾不徐地说：没有哪所幼儿园不抓卫生，但是，如果谁能把环境卫生真正抓到"一尘不染"，那就是特色，就是"人有我优"。

他们看上去依然不大明白，于是我接着说：有两条，第一是高标准，如何检查？很简单，戴上白手套，在班级卫生责任区包括教室，任意摸，包括柜子后和凳子腿底面，只要手套沾上灰就不合格。这第一条能做到，只要认真即可。关键是第二条，卫生工作的主体不是老师，是孩子，每人都有责任，每天都搞卫生，人人一块小抹布。

试想，这件事要是在这样的高标准下，在儿童参与下，天天抓，抓三年，结果如何？我可以肯定地讲，这早已经不属于幼儿园的卫生管理工作了，早就由量变到质变了，早就化为教育了，而且是高品质教育，内化儿童做事品格的真教育，并归属课程了。

如此下去，可以肯定，三年过后儿童不只养成讲卫生的好习惯，而且习惯成自然，自然成品格。彼时，便可以骄傲地说：我们幼儿园的孩子有个共性，做什么事都认真，都能用最高标准来要求自己，都追求完美，也就是大家常说的"要做就做最好"。将来这些孩子走进社会时，在幼儿阶段铸就的品格，将成为他们走向成功的奠基石。

五、别过分依赖所谓的特色，把所有工作都做优秀了就是特色

这是结尾的话，不是否定语，是对特色与质量的辩证解读。特别是

当下，从"主场"退出的民办幼教机构并没走远，许多走向了"围场"，开始做起了幼教产品的生意。于是乎，形形色色的，国内外课程、教材、教具，纷纷登场，随便引进几个产品就是特色，就能在招生市场中闪亮一回。

　　但是，必须说清楚和说透的观点是，这些都属于锦上添花，而幼儿园的"锦色"才是"底色"，我们若能把所有工作都做到优秀，还用锦上添花吗？不用，因为我们的底色就很漂亮了，因为，这才是幼儿园能在市场竞争中，基业长青、立于不败的根基。

幼儿园的"硬中软"和"软中硬"

中华牌香烟分为"硬中华"和"软中华",硬中华没有软中华贵。对这件事,我并没有刻意去想,只是有点困顿,"硬中华"凭什么硬气不起来,这里好像有点隐喻,甚至有点概念纠缠。

其实这事是有映射效果的,近几年,当民办幼儿园从硬件竞争的突破,走到软件比拼的突围,我意识到,这就是"软硬中华"的道理,是以柔克刚,是软件制胜。

但问题并非如此简单。下面谈谈我的两个观点。

一、"硬中软"

其实,幼儿园的软硬件并没有一个很清晰的界定,一般所说的硬件是指环境装修和设施设备配置。比如,户内环境装潢、户外场地器材、空调新风系统等。

但我在此要谈的硬件不是这些,而是有教育的硬环境,我称之为"硬中软"。

在此仅举几例:

【超级鸟笼】

这个超级鸟笼多大要看幼儿园的可利用空间,关键是能让鸟儿飞起来,能让许多种鸟跟孩子们在一起,让孩子们感受到生命和自由。甚至,这个超级鸟笼的卫生打扫都承包给孩子们,让孩子们体验劳动,以爱育爱。

【轮胎山下有地道】

用地下排水管道做成"山洞"，上面堆积废轮胎和土，成为一座可以攀爬的山，满足儿童的"钻"劲和"爬"功，给孩子们快乐。

【快乐泥巴池】

孩子们喜欢玩沙玩水，但更喜欢玩泥巴。因为聚沙成塔有点难，塑泥成型很容易。只不过玩泥巴有点麻烦，但这不是拒绝的理由，按照日本幼教理念，给儿童制造一些麻烦他们才能成长。类似玩泥巴后的脏衣服怎么清洗，就是孩子们的生活功课。

【屋顶花房】

当下的"塑胶幼儿园"很糟糕，处处弄得色彩斑斓却不接地气，没有生命的感觉。济源的王修平看透了城市幼儿园的"塑胶病"，他这些年一直在给幼儿园做"顶层设计"，设计了一整套屋顶花房和花妞妞课程，给孩子们以自然而然的生命滋养。

除了上面这些，还包括幼儿园装修中的装饰部分，许多懂幼教的人知道，这里有教育。所以，我提出一个观点——轻装重饰。

读到这里你可能会发问：这些也应该属于硬件吧？没错，是硬件，但和那些豪华吊顶、红木家具等等相比，这些很省钱。不过，省钱不是目的，"有教育"才是关键。要知道，幼儿园是给孩子们建的，不是给家长看的。

所以，这种懂孩子的幼儿园设施和环境的建设，看似硬件，其实"心很软"，叫作"硬中软"。

二、"软中硬"

一般来讲，幼儿园软件主要包括管理、理念、服务、团队、课程等。我不谈招生，因为说到底，那些会招生和天天讲招生的幼儿园，很多是因为教育和教育服务的活没干好。所以，招生根本算不上软件，要算也属于"疲软"。

那么，什么是"软中硬"呢？

我的回答就一个字——人。

苏州同源艺术幼儿园董事长沈新鲁先生就很会写"人"，他很硬气，在大家都恐慌分类管理时说：什么盈利不盈利的，我不管，我的幼儿园盈利了也归老师们。所以，我说他就是这所幼儿园的"软中硬"。

相比之下，我熟悉的另一位高收费幼儿园的老板不是这样的，她对硬件投资"敢下狠手"，因为投出去的这些资产还属于自己。相反，对老师的培训和福利薪资则很抠门，理由是这种投资在她看来都是投给了别人。她把老师看作"别人"！

想想吧，后面这位董事长不仅目中无人，心中更没有人，即便引进了优秀课程，即便幼儿园的理念很先进，整个幼儿园也是软似一摊泥。

国学学什么？怎么学？

为了说清楚这两个问题，我们还得从"为什么要学国学"说起。

其实，为什么要学国学根本不是问题，因为，只要你是中国人就应该学"中国的学问"，没有为什么。

然而，有一段时期我们确实有点忘记中华民族几千年积淀下来的文化。那是在改革开放之初，经济跑得快了，眼光都向外了，一切向钱看了，灵魂丢在后了。

于是，有识之士，包括国家领导人，及时敲响警钟，国学不能丢！这是我们中华民族的灵魂，是做人之本，也是立国之本。

没错，我们就是在呼唤国学归来的声音中，迎来了21世纪。

不过，出现的问题是，方向没错，路线可能偏了。

彼时，呼唤国学的声音唤醒了我们的民族意识，但我们却不知道该学什么、怎么学。在我看来，主要存在以下三种情况：

1. 全面复古

至今还有那些"很专业"的国学堂，桌子仿古，不用椅子用草垫，或跪或坐，连校服都是汉服。显然，这是做形式。然后就是背诵四书五经，讲三纲五常，学仁义礼智信，当然，还有琴棋书画和茶道武术等。基本上是按照古代私塾的"课表"来办学，从里到外全面复古。

我认为，尽管"全面复古"看起来比"全盘西化"好像爱国一些，但其实问题很严重，甚至说，看似在守护国学实则在违背国学中的中庸之道，违背国学中的道法自然。

说到这里，必须强调一点，我们的国学和国门，其实一直都是开放的，从丝绸之路到航海东渡，中国一向都与世界联通发展，只是到了清末有些封闭自锁了。结果是，在饱学之士的道德文章下，我们的科技落后了，被西方的坚船利炮轰开了国门，我们吃了大亏。试想，当今世界已经步入智能化时代，如若我们再度把瞭望世界的窗户都关上做教育，行吗？

所以，我们不能忘记毛主席的话：洋为中用，古为今用；也不能忘记邓小平的话：教育要面向世界，面向未来……

2. 特色办学

一度以来，民办教育提出了一个观点——以特色求生存。于是，国学很应时地成了许多民办学校，包括民办幼儿园的一个课程建设亮点。相伴着国学特色的开展，国外的孔子学院也热闹起来，所以，大家不自觉地把国学再度与西学对立起来，办国学特色的学校一般都不讲国际化。当然，近年来这已经不是问题，在教育专家的引领下，我们开始讲"中国文化、国际视野"了。

但有一点没说清楚，把国学作特色是不对的，因为国学不是特色，是本色，是民族和国家的根脉。

3. 窄化国学

或许是我们从问题出发，发现在经济大潮的冲击下，社会品质、个人修养出现了种种缺失，都需要用国学中教人做人的教育来重建。于是，从幼儿园便开始了读经背诵，从《三字经》到《弟子规》到《论语》，不问其义，只求记诵。

我并不反对适度地选择性地背诵经典，也更欢喜看到通过国学教育，儿童安静下来，变得彬彬有礼，修养得体。

但我认为不能把国学局限在"道德教育"，一定要放眼中华优秀传统文化去界定国学，历史典故、文化名城、诗词国画、民间艺术、戏曲欣赏、名著名曲、农耕节气、武术茶道、汉字书法等都该纳入。国学教育意义无他，就是让我们一代又一代的孩子从小在灵魂中铸就一个属于中国人的文化符号。

再说怎么学的问题，我只举两例：

其一，当我们让儿童背诵"锄禾日当午，汗滴禾下土。谁知盘中餐，粒粒皆辛苦"的时候，应该想到"没有汗滴禾下土，怎知粒粒皆辛苦"，所以，必须要做到的是带儿童去农耕，去体验。

其二，我们给孩子"讲礼"，不要在课堂上讲，带着孩子走出去，在人与人交流的实景中讲。比如我曾给幼儿园设计过一个主题——电梯的安全和礼仪，就是把经书中的礼仪教育落实在生活中。

这两个例子想说明什么？就是"走出课本，走进生活"，就是让教育从说教变成体验，使教育活起来。

最后提醒一句：当商人在国学教育中发现商机的时候，我们应该小心一些，别被忽悠了。

一所走进"死胡同"的民办园

这所走进"死胡同"的幼儿园,毫无悬念,三年前关闭了。

幼儿园关闭后投资人在微信中找到我,把满肚子的委屈、不服、不解,一股脑地倒出来。她一再说,她不是干教育的材料,做幼教纯粹是不自量力。

她曾是餐饮界一个成功者,家庭美满,有两个孩子。当第二个孩子两岁时,她动了心思,想投资给自己孩子办一所幼儿园。动因有二:其一,读小学三年级的老大表现并不如意,她觉得是当年没能给孩子选个好幼儿园造成的;其二,她曾听过一节为女企业家量身定制的励志课,讲师举了一个例子,一位妈妈对当下的学校十分不满,竟然为女儿投资创办了一所学校,而且办得非常成功。

她确实是一名行动者,就在一些人怀疑她是外行办教育的杂音中,她行动了。

她找到一个高档小区场地,找了一家专业的幼儿园装修设计公司,还叮嘱装修施工的人:选好的环保材料,保证质量,要建成一流环境的幼儿园。

这一点她说到做到,因为她不仅不差钱,还初心端正,她曾在不同场合表态:不指望办幼儿园赚钱,要想赚钱就不干这,干教育就是想让自己的人生更丰富、更完美一些。关于这一点,在聊天时我对她进行了充分的肯定,说她以最美的走姿走进了幼教。

她办教育确实是认真的。比如，装修时不考虑成本与回报，给教师的工资和待遇都是最好的，用该地区最高年薪聘用园长，孩子们的伙食标准、园服质量都没的说，就连开园庆典时教育主管部门领导都说：她是在用情怀办教育，是真办教育。

她的开园招生也非常成功。因为，她不仅善用招生技术，更重要的是社会和家长被她的教育情怀感动了，尤其是老师，近距离地被她的诚心和诚信折服了。所以，她的幼儿园启动时是健康的。

但最后，毕竟失败了。

记得那次深度交流后我肯定地说：你的教育情怀和管理素养都很优秀。尤其是在教师团队的人文管理和制度管理方面做得不错，包括和园长之间的关系处理也很到位，课程体系管理也没问题，对幼儿的生活关照、安全意识和服务质量等方面，更没问题。

那么，问题究竟出在了哪里？就出在家园关系管理上！

然而，令她五味杂陈的是，当年家园关系曾被她自己说成是亮点，甚至还在一个地方媒体上发了一篇题为《一所家园共办的幼儿园》的文章。而让人意想不到的是，后来，这个往昔的亮点，竟然成了她久久难以释怀的痛点。

当年开园时，她曾跟老师们说：家园工作是我们的重中之重，家长的满意是我们努力的方向。这话乍听好像没错，但最终导致各种问题出现的就是这句话。

基于此，我分析了两条：

第一，这句话的画外音是什么？是说家长是顾客，说幼儿园所有工作的重心是让家长满意，说家长是"东家"，说"干活不由东，累死也无功"。她把教育的方向和工作的重心定位错了，她不懂真正的幼教必须以儿童为中心，她一味地强调家长满意，却忽视了国家和社会是不是满意，老师们是不是满意。作为旁观者我们看得很清楚，她虽然没带着商业目的来，却未脱出顾客第一的商业服务意识和行为习惯。

这一条应该是后来出问题的根源，她不懂顾客和商家的根本利益是对立的。

第二，她办园初成立的家长委员会建立在"顾客是上帝"的理念之上。按理说家长委员会或类于"政协"，或有如"人大"，可她给家委会定的工作职责是，"监督幼儿园所有工作，参与幼儿园重大工作的决策"。显然，有教育管理经验的人都能看出，这个家委会工作定位中潜伏着危机。

事实也是如此，刚开始"家委会"几名成员还算自觉，知道深浅，但时间长了，不分你我了，问题就来了。

比如，园长为了尊重教师，不对家长开放教室里的监控设备，如果有家长想看就到园长办公室去看。但家委会不同意，说为家长服务就得方便家长。这件事，她在园长和家委会的矛盾中妥协了，她支持了家委会。

比如，家委会提出餐饮安全和质量属于大事，他们要参与进来，管理食材源头的采购，走进后厨现场监督制作，参与每周的菜谱制订。甚至，后来还派驻会计审核伙食账目。这些问题开始她忍了，可后来她发现食材采购被家委会的一名亲属承包了，她忍无可忍，家委会和她的矛盾因此浮出水面。

再比如，后两年随着家委会人员更迭，他们参与幼儿园的工作更多了，包括常规工作，包括大型活动，甚至包括教学管理。而这种全面参与的结果是什么呢？简单来说，三年换了四名园长，都是不堪忍受家委会的干扰。包括老师的稳定性也很糟糕，流动频繁，用一位"我不想走但不能留"的老师的话讲：在这里我们比家长矮了八头。事实就是这样，后来，家长可以随意进班级，自认为有问题可以随时随地指责老师，几名奶奶甚至把幼儿园当作了街舞场地，锻炼之后还去后厨"品尝加餐"。

不说了，家委会，本该是"政协"或"人大"，结果却干起了"国务院"的活，你说这让园长咋干？

后来，教师的流动让一些家长不满意了，园长的频繁更换让家长有些担心了，结果便是转学的越来越多；还有被惯成"上帝脾气"的家长，提出不合理要求园长做不到，"一生气"，也把孩子转走了；当然，还有懂事的家长感觉到这所幼儿园被一些不懂事的家长搞得不像样子，也带着孩子走了。生源流失，口碑下降，家园矛盾频发……

最糟糕的是，老师不断流失后，她用更高的薪水聘老师，竟然没人愿来，因为，江湖有传闻，说这所幼儿园的家长太厉害，不好伺候。

最后，在濒临倒闭前，她心底拧成一个结说：我对老师不薄，我对家长百依百顺，可为啥老师纷纷离去？为啥我对家长的好换不来家长对幼儿园的好？

她想了三年，终于把走进死胡同的幼儿园放下了，思想上也走出了死胡同。她对我说：王校，我想再办一所幼儿园。我说：你肯定行。

幼师流动谁之过

近来什么事让民办幼儿园董事长和园长感到郁闷？是老师的流动，一不满意就跳槽，一些幼儿师范院校毕业生板凳没坐热就转身走人。唉！这些"90后"……

许多人叹息说：没有责任心，缺乏契约精神，不懂事，这山望着那山高，受不了一丁点委屈，累了不行，住宿条件差了不行，加班多点不行，等等。

但我并不完全认同这种叹息和无奈。因为任何事情的发生都有多种原因，应该客观分析。我认为幼师流动，主要有以下四个方面的原因：

一、"僧多粥少"让幼师成为"香饽饽"

这是第一动因，不必谈什么"90后""00后"，不管什么年龄，若工作难求，无论谁都会珍惜来之不易的"饭碗"。

不过，尽管这属于幼师流动性强的第一动因，却不必担心，因为很快会自然平衡。这种现象属于市场机制下的必然，是幼儿园数量急速增长的结果，并由此导致各师范院校的幼师毕业生满足不了市场供需，于是，一批非师范院校见机行事，匆忙开设幼教专业，速成幼师。

可以肯定地说，过不了几年供需就会平衡，甚至会出现"僧少粥多"现象。

二、社会对幼师不够宽容

但凡做过十几年幼教的老师都会感慨说：现在的家长比当年的家长事多，家园关系很难处理。

他们说的"当年"我经历过，大约是十年前。那些年民办幼儿园数量不足，入园有点难，家长一旦给孩子选择了一所幼儿园，为了孩子会主动跟老师示好。

现在不同了，幼儿园多了，竞争激烈了，供家长选择的机会也多了。于是，家长不仅开始挑剔幼儿园，挑剔老师，还可能会拿曾经不算事的事去说事，甚至闹事。对于刚参加工作的年轻幼师来说，还未从院校供需见面会上被"热抢"中回过神来，还在享受着"皇帝女儿"的优越，来到幼儿园不小心惹着了多事的家长，然后就是或被指责，或被冤枉，这种从天上掉到地上的感觉，谁能受得了！

于是，走人，换个幼儿园再说，惹不起还躲不起！

尤其是当个别幼师真的惹了事，媒体蜂拥而上，肯定会发生殃及池鱼的事情，有些老师也会因此动摇当一名光荣幼师的初心。

三、园长不懂事把人管跑了

有个新创办的幼儿园，董事长从外地一所名园挖来一位业务型园长，但是，她不大懂如何管理人。比如，开园之前，她不懂如何调动和激发大家的干劲，而是不断地给自己树威，并躲在屋子里弄了一个"四不准三开除"的严苛制度。

也该她倒霉，这支还在磨合期的教师队伍中，竟然有个"脑后有反骨"的老师，并且，还有点号召力。于是，还没等她的"四不准三开除"亮出，忽然有一天，人没了，只剩她这名"独孤园长"。

这虽是个例，但类似问题并不少见。究其原因，无非是民办幼教园所数量增长过快，致使许多没有历练到位的园长直接上岗，管理能力和方式方法的欠缺，势必会造成一些对园长不满的老师离职，去寻找"对老师好一点"的幼儿园。

四、工作很累还要不断学习

讲实话，当下大多数幼师来自农村，初中毕业后不愿受高中学习的那种煎熬。

幼师好读，不累，还能唱歌跳舞，这很对女孩子脾气。可没想到的是，毕业后到了幼儿园却不太好玩，很累。有一名老师曾直言：要是早知道这个累法，当年就读高中了，孬好也能考上个大学。

同时，还有不断学习这件事。目前中国必须不断学习的职业，除了IT行业之外就是幼师了，这谁都懂。面对幼儿园四周形形色色的培训机构，园长也很头大，几乎每周都有"被培训"的事，这也会让并不太爱学习的少数老师有点烦。

于是，在这两个原因之下，就有了"换一家试试"的想法。

当然，除了上述四个主要流动成因之外，还有许多因素，如待遇问题、环境问题、个人问题等。不过若仅仅流动也罢，毕竟还在做幼教，最怕的是在社会不宽容的情况下，幼师心理承压过大，黯然离开幼教行业，这不叫流动，是流失，说重一点，是让本应该受到国家尊重的幼教行业流泪，流血。

实话实说"幼儿园小学化"

"幼儿园小学化"不仅是教育问题，也是社会问题，已引起教育部以及各级教育主管部门的高度重视。

我深度思考后，认为有三个问题值得商榷：

什么是"小学化"，说清楚点好吗

通常所说的"幼儿园小学化"问题是指，幼儿园提前教授小学一年级课本知识，并以"赢在起跑线上"为诱惑，干扰儿童阶段性和序列性学习的科学进程。

对这种现象整治没问题，问题是"小学化"的概念有些模糊。本来这是和"幼儿园化"对比来说的，指代不同的认知模式和学习方式，现在却简单地拿"提前教授小学一年级课本知识"这种行为来解释。显然，这有点"用词不当"。

但问题的根本又不止于"用词不当"。因为，由此而论，很容易让人误解为，但凡在幼儿园里，儿童一不小心在生活和阅读中学到了汉字、拼音、数学，就是"小学化"了。天哪！幼儿园的老师要多么小心提防啊！

其实要我说这事很简单，搞清楚"小学化"和"幼儿园化"的学习模式差别，问题就解决了。我认为：在生活、游戏、表演中，不论学到啥都是"幼儿园化"；若整个教学为"粉笔＋黑板"，就是"小学化"。

于是，我建议各级教育主管部门把说法改改，改成"坚决不允许幼儿园提前按小学教学模式教小学一年级课本知识"。这话虽然啰唆点，但清楚。当然，更清楚的是，把"小学化"概念说准确后，再提出要求：幼儿园在所有学段，都不允许搞在黑板上教学的"小学化"。

谁是"幼儿园小学化"始作俑者，别冤枉幼儿园好吗

一说到"小学化"问题，就有人"扣帽子"，说民办园为了赚钱，迎合家长"多学东西"为上小学提前做准备的念头。

这话对不对呢？我不完全否认，但我知道当下的多数民办园，并不愿意干这种违背教育规律的事，甚至每年五六月份都是民办园的"灾月"。因为，这两个月中那些以幼小衔接为名，以退休小学老师为师资的社会机构，拼命地到幼儿园招生，把大班孩子弄过去。然后，不折不扣地"小学化"，直接教小学一年级课本。

于是，幼儿园为了"保生"，只能违心和违规地"提前教一些小学课本的东西"。

说到这里，我想大家可能会直接把责任推给社会学前班，但我不这样看，因为他们是市场需求的产物，也是"为了活着"。那么，究竟谁是"幼儿园小学化"的始作俑者呢？毫无疑问，是小学，小学难逃其责！

问题是，"幼儿园小学化"和"提前学课本"，究竟让小学得到啥好处呢？我举个例子，就像煮米饭，先把米泡上一段时间，然后煮起来好熟也好吃。这可能就是小学老师的好处吧，学过一遍，教起来省事。

然而，实际上许多小学老师并不认同这个说法，因为有的幼儿园和社会上的学前班，水平不济，不是简单的"泡大米"，而是弄成了"夹生饭"，小学老师面对"半成品"，也很无奈。更何况还有"学过后就不认真听课"这种儿童通病，导致学生的学习态度出问题，这才是最可怕的。

"幼儿园小学化"不是啥疑难杂症，政令不行咱法治好吗

为"幼儿园小学化"病症切脉后，接下来就该说说如何诊疗了。

首先，我反对教育主管部门直接找幼儿园说事。这好比一个人得了肺炎，发烧很厉害，然后自己弄些酒精搓身上，物理退烧，这是治标不治本。把惹事的小学放过，幼儿园成了"替罪羊"，这简直错得离谱。

其次，我支持重点整治社会上那些"纯小学化"的学前班，但可行性我有点怀疑，弄不好就是"口号行为"或"地面行为"，逼着他们直接进入小区住户，以化整为零的方式成了"地下工作者"。

当然，教育主管部门也不是没看明白小学是病根，近来，许多省教育厅都直接提出小学一年级授课要坚持"零基础"，不能抢进度。

但是，我觉得要想根治，必下猛药，当下那种简单、刮风式的政令，不能从根本上彻底医好病症。要想去根，必须靠法治。

我的建议是：立法规定公办小学一年级招生划片录取，坚决不允许以各种形式和名目进行考试招生，学校若违犯，校长直接撤职。

民办小学一年级招生，也不允许检测挑选，应该以排队顺序招生。否则，不予年检。

幼儿园监控是"双刃剑"，也是"双面盾"

关于幼儿园监控全覆盖的话题由来已久，每年面对新生家长都不得不谈，没法回避。

前不久，就此问题我接受了《教育家》杂志的采访，谈了几个观点，记录如下：

说成因

至少十五年前，有互联网公司就开发出一款新技术，叫作无线网络监控，一经投放市场，立马被幼教机构当成了商机。因为，当时正处于"宝贝文化"进行时，许多家长特别想进幼儿园看看自己的孩子在干啥、受没受委屈。而无线网络监控技术恰好可以满足这一诉求，让孩子妈妈坐在家里、走在路上能通过手机上网看到娃在干啥。

那年，有个别幼儿园率先引入了这项技术，并以此为招生亮点。不过，垂范作用却不明显，跟进的园所也不多。原因是，率先使用这项技术的园所也率先遇到了问题，全程监控亮点也是幼儿园家园关系的痛点。

原因是，在监控下干活的幼师每天都如芒在背，精神压力过大，很多忍受不了，选择走人，到没有开放监控的园所去。更重要的是，园所本想着有了监控家长就放心了，就不会没事找事了，可恰恰事与愿违，事不但没少，反而更多起来。

说发展

为什么幼儿园全面全程监控能发展到今天？还能上政府工作报告？

我看这是一种担心孩子受委屈，不放心老师的群体意识在作怪。为什么会这样？原因不外乎极个别幼师虐童事件的负面影响，包括一些媒体的过度宣传。

其实，正是这样的"宝贝文化"观，以及对幼儿园和幼师的不信任，使得学闹问题时有发生，让幼儿园和教育局都很闹心。教育局闹心的结果就是规范监控，让一切都在朗朗乾坤之下，出了问题容易找出责任者，不会没事扯皮，也不会处处由领导担责。

说本质

冷观静思下，我认为全面全程监控是"双刃剑"，也是"双面盾"。

双刃剑不难理解，意思是全程监控会在一定程度上让家园关系受损，因为它让家长站到了幼儿园的对立面去监视老师，使家园共育的亲密关系错位，更让老师因此精神紧张，无法与家长真情面对。

双面盾是指作为家长若遇到问题老师，可以直接调出监控还原事实真相，这是保护孩子；另一方面，幼儿园面对家长投诉，可以用监控证明澄清，这属于保护幼儿园和老师。

说劝慰

面对有些园所和老师对安装监控的不理解，我会说：你别以为只有幼儿园有监控，当下大街小巷、商场银行、交通要道、工厂车间、学校考场，到处都有监控，躲都躲不开。所以，大家想开点，更何况监控的正面效应也很突出，至少因为到处有监控，偷盗事件大大减少，社会治安环境得到极大改善。

说建议

尽管如此，我还是建议幼儿园，跟家长好好说，说安装监控没问题，全方位没死角也对，但为了特别辛苦的幼师能安心工作，为了消除孩子的安全隐患，监控还是别对外开放了，家长若想了解孩子在幼儿园的情况，或者想看看老师的情况，可以随时到幼儿园来看，这属于无风险开放。

　　其实，目前多数幼儿园就是这样做的，效果很不错，家长也能理解。

我请园长吃"小锅米饭"

"小锅米饭"是一家顾客盈门的快餐店,就在我家小区门外,所以,我确实请我的园长朋友们去品尝过 N 次了。

去的次数多了,渐渐就品出了个中真味。不记得是哪次,只记得边吃边聊中,我从"小锅米饭"的成功商务运作谈起,竟然谈到了幼儿园特色与教育服务的对比,这让在场的几位园长兴奋不已,说:这可不是一小锅米饭,是一次培训大餐!

以下为话题整理:

用米饭作特色,出人意料

我至今不知道谁想出的这个点子,很绝,也让路人乙不解。

我就是路人乙之一,每天从快餐店路过几次,当看到揭开盖头露出的"小锅米饭"牌匾,只是摇头,并和其他路人乙交流说:谁家不会做大米饭?谁家不是天天吃大米饭?谁会为了吃大米饭去饭店?他们还能把米饭做出啥花样?

开业第三天我就去了,吃吃看看,以解米饭之谜。

结果,不是吃人家嘴短,而是吃完都说好,真的好吃!不过,说实在的,做法没啥花样,而是"巧妇不重要,好米即可炊",他们找到了全国最好的大米,用大米质量说话,这是其一。其二就是会做"锅的文章",用底部和四周都能加热的锅,让热传导均匀,让大米熟得均匀。

如果说还有第三点，那就是"连锅端"，把锅弄到桌面上，让你能"吃着碗里看着锅里"，这也属于创意。

在快餐业竞争激烈的今天，谁有特色，有创意，并能和市场需求对接，谁就能占据市场。而绝大多数饭店都以菜品为特色，或主打面类主食花样，唯独米饭没有二样。

但高人思维就是"激活死点"，在常人想不到的地方做文章。

幼儿园以特色求生存也无非如此，想想吧。

若仅用米饭作特色，新鲜一阵

"小锅米饭"若仅凭与众不同的特色就想一劳永逸，那就大错特错。当下许多特色饭店就是如此，开业火爆一阵子，然后就逐渐冷下来，为啥？

我的问题立刻被一位园长接住了，她说：只依靠特色生存的时代过去了，现在需要的是全方位优秀。这话说到点子上了，确实如此。

"小锅米饭"是懂事的，知道仅仅依靠"一锅饭"是走不远的，所以，他们接下来把功夫用在菜品质量上，基于"吃饭"而不是"喝酒"来设计菜品，所以，他们考虑的是"下饭菜"，而不是"下酒菜"。

这个问题对幼儿园的创办和发展有什么启示呢？我看至少有三点：

第一，不能简单地迷信"一招鲜吃永远"，因为，信息时代不仅技术更新快，而且信息传播的速度谁都挡不住。今天你弄了一个共享单车，明天满街都是；今天幼儿园弄来一个篮球项目，明天就遍布全国。

第二，别忘了幼儿园的品质核心是课程，这是有教育含金量的硬核。所以，若我们创建的特色不属于课程，而偏于市场，缺少教育的厚重和团队的凝练，或许就没有可持续发展的营养基础，热闹过后必然走不远。

第三，如果幼儿园的特色仅仅是别人没想到，而不是别人做不到，那么，第二天就会有第二家模仿，第 N 天就有第 N 家……如此，可谓短命特色。

后来都说，"小锅米饭"的菜有味道

"小锅米饭"之所以没有"一阵风"，是因为懂得特色和品质的关系，懂得特色不等于品质，懂得以特色打开市场，用品质占领市场。

那天我们的话题转向了用什么保证品质。

其实，这个问题对几位园长来说不是问题，大家不假思索地说：是厨师的技术和创新能力，以及服务质量。那好，我接着往下问：厨师的技术和服务质量是别人学不了的吗？大家摇头说：也能学。还有人说：要是学不了，干脆就用高薪把厨师挖走。

厉害！但是，最懂事的董事长会不会用最好的管理理念和制度把最优秀的厨师与饭店捆绑成一体，让挖墙脚者无计可施呢？

我这段推进式问答解答了一个问题：什么才是真正的核心竞争力？是人，是团队文化，是创新文化。有了人，管理就是决定性因素，做到人无我有，人有我优，人优我新。如此，便是生存与发展之道。

中国有句老话——吃一堑，长一智，我稍做改动，改为"吃一饭，长一智"。

幼儿学英语是不是刚需

一位幼儿园孩子的爸爸被这个问题折磨了好久，因为他听到了两种不同说法：有人说必须学，这是国际语言；也有人说，中国话还没弄明白，英语着啥急。

后来他问我，我没有直接回答，而是把"球"回传给他，让他思考三个问题：1. 孩子当下学英语有用吗？2. 英语将来有没有用？3. 读小学之后学英语晚不晚？

他略加思考后说：当下没有用，将来在国际社会肯定有用。他还说：我是闽南人，从小说闽南话，不过还好，我的普通话也算马马虎虎；可我老爸就没辙，说得很费劲，别人还听不懂，所以他就走不出闽南。

我接过他的话，定义了一个新概念：英语应该属于"世界普通话"。

第三个问题他摇头说回答不上来。我说：按照教育家蒙特梭利博士的语言敏感期说法，0 到 6 岁是语言敏感期，所以，读小学时语言敏感期已过，相比六岁之前学习英语，会有困难。

他点头称是，但又摇头，问了我一个在业界纠缠的问题：幼儿阶段母语还没说明白，又学英语，会不会干扰母语学习？对此，我依然没有直接回答，只是提示他香港和新加坡的多语言环境，并没有影响当地儿童的语言发展。

这个问题我曾问过我的老同事、新加坡语言教育专家杨培根。杨先生直言：没问题，第一我们不要低估儿童的语言学习能力，第二更不能错过语言发展敏感期。他还说：新加坡的儿童在双语，甚至多语环境下，语言天赋得到了很好的开发，这是不争的事实。直接证据就是杨培根先生本人，他出生于新加坡，行走在中国大陆和东南亚，他的中文、英文、马来语、印尼语，还有粤语、闽南语，都很优秀。

最后，我和这个爸爸取得了共识：对于幼儿将来，学习英语肯定是刚需；对于幼儿当下，学习英语表面看来不是刚需，但若以语言敏感期解释，错过就是错误，所以，尽管不属于刚需，也是必须。

前不久，我在郑州北郡幼儿园参加"想象力英语"推广活动时说：对我国的幼儿来讲，英语不是母语，没有环境，所以"不学也行"，但等到中小学就属于不学不行了，因为英语考试是刚需。

于是，引出问题：幼儿英语没有应用环境凭什么让孩子们学？或者换句话讲，我们能不能给儿童找一个学英语的最好理由？

我想到一点，既然没有自然的刚需，那就"人造刚需"。

要想解决这个问题，必须了解什么是儿童的刚需。我看也就是吃、玩、模仿这几件事。所以，我们不妨就依照这三件事来设计幼儿学英语的可行性课程和教学。

比如，我们可以把学习英语和网络游戏有机结合起来，为儿童编写一套以游戏为手段，以动画为环境的英语学习课程。如此下来，儿童会在不知不觉中，在兴致盎然中，在玩起来没够的情况下学习英语。

当然，最好能有一种让儿童张开嘴巴，和网游英语环境发生互动的设计，让儿童走进另一个语言世界，暂时忘记母语环境，发生有效学习。

又如，早年我在管理青岛国基外国语学校时设置的"英语吧"，就是一种典型的"人造刚需"。

"英语吧"实质上是购买和吃零食的地方，但进去消费有两个硬条件：一是必须全程用英语交流；二是必须用英语老师奖励的"专用消费券"来购买。我这个创意有两点高明之处，一是立足儿童喜欢"吃"的刚需，二是制造"有钱"才能购买零食的必须。就这样，我们用这样的"人造刚需"赋予了儿童学习英语的动力。

　　好了，最后说说我的观点：英语不是母语，且在幼儿阶段没有考试，幼儿学习英语属于学而不用，所以幼儿阶段的英语学习不应该以单词记忆和句型掌握为目的，要以"有感觉、有兴趣"为基本目标。

别让幼儿篮球停留在表演上

在一所幼儿园文艺会演上，我发现赢得家长掌声最多的并不是歌舞类节目，而是篮球操表演，孩子们身穿篮球装，头系红布条很酷，很拉风。

掌声过后，我给训练孩子们的男幼师送出一个点赞手势，他边跟家长们挥手致谢边走向我，并和我分享成功感受：王校，这个项目非常受家长欢迎。

那一刻，我忽然察觉到这句话有点不对劲，但为了小伙子的努力，我还是发自内心地表扬了他一番。后来，心里一直琢磨这句话究竟哪里不对劲。

最终，我觉得有两点问题：一是"项目"这个词用在这里不恰当，缺少教育味；二是把"受家长欢迎"当作了第一目的，也没谈教育意义。

显然，我嗅到了"只对买主负责"的商业味。

当我把问题和质疑一并交给园长时，得到的解释是：篮球表演是他们园与体能机构的合作项目，这名男老师属于机构派出老师，他们机构的管理和理念就是如此，很市场化。我听后表示理解，不过，还是跟园长进行了一番深度探讨，并提出两个观点。

从教育视角看去，不是项目是课程

我曾说过，广义的课程应不局限于课本和课堂，尤其对于儿童而言，所有的体验过程都是课程，包括生活、游戏和表演，因为，在这些过程中儿童都能获得成长。这是我要解释篮球操是课程不是项目的立论点。

其实，单从形式上讲，或许可以叫作"篮球器械操"，但这不重要，重要的是把这一活动定义为课程后，必须讨个说法，必须说清楚这门课程对于儿童而言，有哪些成长点。

我和园长讨论后认为，至少通过训练和表演的过程，能有效发展儿童的体能、协调性、集体精神、合作意识、反应力、自信心、审美等。这是基于课程角度的教育目标，不是"讨家长喜欢"的项目目标。

继续深度思考，我又提出，若仅仅以上述目标和登台表演来看，我们并没有发掘"篮球课程"的教育深度，只有组织儿童小篮球赛，才对得起教育，对得起篮球。

小篮球赛，内含许多成长点

我问园长和篮球教练：你们园有没有儿童小篮球对抗赛的课程？两人同时摇头否定。园长欲言又止，篮球教练说：实话讲，孩子们肯定更喜欢投篮和打比赛，但是，这很危险。我追问：很危险吗？这时园长接过话说：倒不是说磕磕碰碰的危险，而是最怕磕碰之后家长闹事，现在的孩子都是父母的宝贝。

后来园长又补充说：这种舍弃换来的是不惹事。

我无言以对。

想了想，我还是从课程的角度，给他们解读了小篮球赛的教育成长点。

1. 竞争有规则。篮球赛说到底就是集体竞争游戏，而但凡竞争，都有规则，篮球赛更是如此，如边界、撞人犯规等。其实，儿童的天性在于喜欢游戏却不喜欢规则，所以，我们用小篮球赛让他们懂得，"江湖有规则"，这是为儿童成长建构的社会性品质。

2. 合作才能赢。三人小篮球对抗赛是典型的训练合作意识的游戏，因为大多情况下，之所以会输就是因为没有打好配合。于是，儿童在竞赛中体验最多的就是合作，这也是他们未来走进社会做事的基本模式。

3. 计分是数学。我建议设置计分组，这是从游戏中发掘的实用数学。当然，中大班的孩子们写算能力还不够，用小黑板和计分牌有困难，所以，可以用"实物替代"。比如，选用两个大一些的透明空玻璃罐及乒乓球若干，每投进一个篮球就扔进玻璃罐一个乒乓球。

这个计分组还有随时播报成绩的任务，除了各投进多少个球之外，还有领先与落后几个球的比较。这样的数学加减法运用，是在球场中发生的学习，不是在教室，所以请大家放心，这种做法绝对不是"小学化"。

4. 学会输得起。但凡对抗就有输赢，赢了好说，输了难办。输是对儿童心理承受力的磨炼，是非常有现实意义的。

确实如此，前些年我们以尊重儿童为名，以赏识教育为由，在家庭教育和学校教育中有点"浮夸风"，让未经磨炼的孩子们变得心理脆弱，逆商很低。而且，篮球对抗本身是能赢也能输的心理建设。

最后我跟园长说：真的不能把篮球视为器械，把集体拍球弄成表演性质的器械操，倘若如此，教育确实没到位。至于安全问题，我认为这应该属于教会儿童敬畏规则和做好安全防范的题材，甚至属于第五个成长点。

广州华蒙星教育是目前国内主推幼儿篮球课程的机构，总经理温大志因为本身就是幼师毕业，也是早期为数不多的男园长之一，所以，他领衔的幼儿篮球没有走偏方向，坚守了"篮球为标，教育为本"，也就是我所说的，把教育最大程度地融入幼儿篮球课程之中。我给他点赞。

幼儿园旁边是超市

没错，距幼儿园仅仅几十米就有一个超市，这很正常。但有些不正常的是，这所幼儿园每个班级区角也都有超市，我看后跟老师们开玩笑说：你们这是跟外面那家超市抢生意呢！

老师说，这是园长安排的，叫区角建设，也叫环创，有统一模板。

孩子家长从家里拿来的瓶瓶罐罐，被老师摆放到区角，看上去确实很像超市。但只是像而已，不是真的超市。于是，我再问老师：你们班级区角的超市是干啥用的？老师说：让孩子们走近生活，体验生活。我点点头，又摇摇头，追问：你说的是"走近"还是"走进"。这回轮到老师摇头不解了。

这一字之差，差的是什么？我看是教育理念。

我的观点是，幼儿园教育尽量和生活零距离。也就是说，尽量"走进去"。当然，在无法"走进去"的情况下，也可以退而求其次——"走近"。

毛主席说过：在游泳中学会游泳。儿童也该如此，在生活中学习生活。比如，超市就在身边，何必再给孩子们制造一个假超市！

基于此，我说：给儿童提供有准备的环境，应该坚持一个原则，能真则不假。

郑州麦瑞叔叔幼儿园高建丽园长就很懂这事，她主持的"生活课程化"实践——让儿童去超市体验的课程，就做得很好，真实中有创意，得到了家长的高度赞扬。

根据高建丽园长的活动策划和总结，我归结了"超市活动"的若干策划点和教育点：

去干啥

这是活动关键的第一步，是教儿童做事情要有目的、有计划。

比如：在小、中班孩子去超市的前一天，给家长布置亲子作业，让家长和孩子商量买点啥。这就是目的。为了调动小班孩子的兴趣，可以买些孩子喜欢的小食品。对于中班孩子，为了培养其家庭责任，可以买些家里缺的生活用品，如洗衣粉……然后，做好计划，包括买啥、商品的品牌等。甚至，幼儿园可以给孩子们一张计划表，让他们估算价位，画出商品的样子。

对于大班的孩子，除了要求他们做购物计划，还可以给他们布置一个商品调研任务，比如看看有几种面粉、都有哪些品牌、价格是多少……并记录（画）下来。

货在哪

在商场中能快速寻找到要购买的商品也是一种能力，这对儿童来讲并不是一件容易的事，因为之前可能都是在家长带领下完成购物的。这次独立完成，老师在行前要做好必要的提醒，然后观察儿童如何找到要买的东西。

活动结束后，让那些成功的孩子分享一下是如何快速找到目标的。老师要当一回"事后诸葛亮"，帮孩子们分析成功经验和失败教训。

钱咋算

这个项目叫"事前诸葛亮"，需要家长和孩子一起提前做好花销预算，可以粗略些。然后，去商场之前嘱咐好孩子别弄丢了钱，结账后，小、中班要带回"算账小纸条"，包括找零的钱，以便"秋后算账"。对于大班的孩子，鼓励他们当面算好账。

懂礼貌

走进人群就有教育了，礼仪问题贯穿整个过程。

比如，不能大声喧哗，走电梯不挡道，不到处乱跑，得到售货员帮助后要说谢谢，交完款后要对收银员说谢谢，等等。

这些都是去超市之前老师要教给孩子的。

讲安全

在老师的带领下，不掉队，不乱跑，不跟陌生人走。如果不小心走丢了怎么办？怎样找保安叔叔？怎样和服务员沟通？……

会总结

超市归来，不仅儿童收获满满，老师也应该收获满满，这种收获是"发现儿童"，发现儿童的个性素养和能力，也发现儿童的各种问题。

那次，幼儿园老师最大的发现是一名叫童童的女孩，她从购物袋中拿出来一袋老式蛋糕，是给爷爷买的，她说爷爷牙不好，喜欢吃软软的点心。老师问：是爸爸和妈妈让你买的吗？童童摇头说：不是的，是我的想法。

看看吧，去真的超市就会有真收获，就会有有教育内涵的收获。

总之，超市行动不简单，懂得生活教育的幼师，一定会从中发现许多教育点和成长点，上述策划中就包含着礼仪、安全、计划、数学、沟通、帮助、亲情、责任等。所以，千万别把带孩子去超市做成一次"溜达溜达"，那是保姆干的活。

第八辑 说想法做法

从想到做有多远，因人而异。
有的人想得多说得多但做得少，
有的人想明白了就做，
这叫少说多做，也叫实干。
优秀园长的符号是
勤于思考、精于策划、快速行动。

今天的经验是明天的基础，
别人的经验是我们的捷径。
但别止于"学完就能用"，
还应该学会"来料加工"，
让自己活的思想走进创意空间。

尤其是有些成功的经验，
仅供参考并非普适，
南橘北枳的故事便是如此。
经验就是经验，经验不是标准，
经验是用教训和失败换来的财富。

敢于挑战"宝贝文化"的王修平

在中国民办幼教业内,有两位军旅出身走路带风的人,南有广西韦壮春,北有河南王修平。我把他们俩放在一起,是因为他们有太多的相似,尤其是敢说敢为的性格,凸显了战士的风骨,在民办幼教界可谓独树一帜。

不久前,王修平的济源龙儿雪儿幼儿园又干了一件事,让我们又一次看见了一道不同的高光风景线,他们在"龙儿节"这一天,为儿童量身定制了一项活动——负重行走。

你别把这一活动看轻了,别以为只是一次简单的徒步远足。你若细细研究他们的活动就会发现,他们是认真的,不只是带着孩子们走出幼儿园,到大自然透透气。他们在行前做了充分的准备,用他们的话讲,这是备课,是提前一个月开始的备课。

不信,请看以下四点:

第一点:做行动路线计划的时候,老师有点"坏",专给孩子们挑崎岖小路,挑树林里没人走的路。

第二点:他们非但没有考虑给孩子们减负,反而觉得孩子们背包里的东西不够分量,给孩子们弄个沙袋绑腿,这要是被有些家长看见,肯定会说是在折磨孩子。这点"更坏"。

第三点:他们不准备"随军车",若遇到孩子走不动了,就给孩子擦干眼泪并鼓励他们继续走。是不是心又硬了点!

第四点：他们没有像许多幼儿园那样为孩子找一个秋游点，而是把活动当课程看待。负重行走是"花妞妞课程"中的一项，也是他们挑战"宝贝文化"的具体行动。

王修平确实是个战士，他在为祖国的未来而战。他说：如果我们中国的未来缺少了有阳刚之气的男子汉，只剩下些被娇宠得奶声嗲气的小男人，中国的未来就危险了！千万别忘记，教育的真谛是教人做人，做中国人，做现代中国人。

如果我们客观些，就不会否认当下确实把孩子太当孩子了，"宝贝文化"因此渐成气候。比如：幼儿园老师跟家长甲交流，今天你家宝贝表现可乖了；然后又跟家长乙说，你家宝贝表现得也不错，没有挑食……看看吧，"宝贝"的称呼已经取代了"孩子"的传统叫法，正如有人所说：当下条件好，孩子少，谁家不把孩子当宝贝呢！

没错，当下经济条件好了，每个家庭的"工作重心"也从过去的养家糊口变成了教育子女，这是社会进步的表现。但如何才能做好家教呢？把孩子当作宝贝一样呵护着，唯恐孩子受一点委屈，所有为难的事都由父母替代了，试问，这样的宝贝未来能成为合格公民吗？

说到这里我又想起二十年前昆明南洋国际学校的军训拉练，我和主持军训的蒋营长一道为学生选择路线，在我的坚持下最终选了一条二十多公里的山路。

我的目标是让每一名学生都走下来，让每一名学生脚上都磨出泡，目标中没有家长的感受，只有学生的成长。

那次，我以狠角色出镜：拒绝家长驾车"随军"，拒绝跟队的"收容车"，拒绝后勤餐厅给学生们准备的丰盛野餐，只带上了矿泉水、面包、火腿肠。

那一次，我做足了战前动员的文章，让五百八十名中学生的激情燃烧起来。一路上大家相互鼓励，历经十个小时的挑战，最终在旗帜、歌声、泪水中，回到了学校。

那一次，我们的脚百分百磨出了血泡，那一次我们的意志百分百通过了考验，那一次，我们的富二代被行动重新注解！

所以，事过二十年，当全社会"宝贝文化"愈演愈烈时，我欣喜地看到了王修平以及他的团队，在许多幼儿园跟着家长一起喊宝贝时，他们如卫国的战士，去挑战"宝贝文化"。所以，我不能不感慨，他们是在用实际行动践行幼教才是中国基础教育的理念。

说到这里可能会有人质疑，说我们的中小学也是基础教育，中小学生的累地球人都知道。没错，但我认为中小学生尽管也负重，但那多是书包的重量，未必属于未来的需求。

幼儿园给孩子提供自助餐，你敢吗

东莞创思集团的幼儿园每个月给孩子们提供一次自助餐，按理说这不算什么大的事，但在幼儿园却是一件新鲜事。

我把这事说给一位朋友听，他不是做幼教的，听后他立马说：那这些孩子还不专挑自己喜欢的吃，这样不会养成挑食的毛病吗？

其实，这也是我听说这事后的第一反应，好在创思的自助餐只是每月一次，不是天天自助，就当成一次活动吧。而且，创思教育总监马玲玲女士也说，他们是为了给孩子一些选择的体验，并且在活动中感受到了孩子有选择权的快乐。

过后，我一直在思考这个问题，并有了如下想法：

儿童挑食究竟算多大的毛病？

我首先想到的是，20 世纪五六十年代粮食紧缺时，我们连榆树叶都吃得很香，我们那一代从小不挑食是因为没有挑食的资本和条件。

当下条件好了，当年没资格挑食的人如今也有挑食的了。所以，我认为挑食这件事不是单属于儿童的毛病，所以，别总拿孩子说事，成人也如此。

但营养学家的话还是要听的，尤其是长身体阶段的孩子，饮食营养要合理搭配。于是，这个问题摆在了幼儿园老师面前，懂教育的老师说，这不是大毛病，是人性的体现，为了儿童的健康成长，可以从训练儿童遵守规则和培养自控力开始。

比如，今天午餐吃鸡腿，老师告诉儿童：每人一个，如果有人多吃一个，就会有其他小朋友吃不到。这就是自控力和建构规则的教育。

儿童挑食的毛病是如何养成的？

了解婴儿习性的人都知道，给婴儿换奶粉比较难，它们偏爱第一口奶粉的味道。所以，挑食这件事与生俱来，不是谁培养的。

但话又说回来，当儿童长大一些，妈妈若使足劲惯孩子，每餐必问：宝贝，今天想吃点啥？时间长了，孩子也就适应了妈妈赋予他们的伟大选择权。还有就是带孩子去酒店点菜时，反复问孩子愿意吃啥，哪个菜好吃哪个菜不好吃。在这样的环境教育之下，孩子在幼儿园可就作难了，因为幼儿园没法挑食。

快餐店份饭给我们什么启示？

我喜欢快餐店的选择性制度：一份十元快餐，可以自选三样菜，两素一荤，关键是可选的菜品有十多种。这种感觉很好，有自由也有规则，还有尊重。

忽然想到，这不正是蒙特梭利教育思想在快餐店的应用吗？这就是"在规则下的自由"，也是人类社会最健康的制度，也是以顾客为中心的具体"实操"。

幼儿园想明白这事后咋办？

咋办？必须以儿童为中心，必须以儿童的健康成长为目标，在给儿童建立集体划一的行为规则前，必须充分考虑到对儿童的尊重。或者，换一句简单的话，儿童的教育必须符合科学规律，必须遵循儿童科学发展观，不能把幼儿管理弄得像军队管理一样，把儿童的个性都管没了，这不是教育。

　　说点具体建议：幼儿园餐饮第一不能全放开全随意全自助，因为这样既没了健康保障也没了规则教育；第二，可以改变一下积年习惯，每餐多给孩子准备一两样菜，增加一些自选项目。

　　你看如何？

年终表彰，不妨换种颁奖方式

每逢年终岁尾，每当学年期末，都会有不同形式的评优表彰，这不仅仅是业绩评估，更是一种团队建设行为。因为，但凡一个集体，都需要立标杆、树典范，都需要用正能量激发更多的正能量，都需要用火炬点燃篝火。

北京大爱教育集团也是如此，与众不同的是他们的颁奖仪式。王少群副总会当面问上台的受奖人：您希望谁来为您颁奖？

这一问，看似随意，实则在颠覆原本领导颁奖的约定俗成，她升华了一种团队建设行为。我当即为之鼓掌，为其点赞。

确实，这里有管理，这里有思想，这里有创意。

我把会后的思考进行了整理，与大家分享。

第一种方式：主持人指定领导颁奖

习以为常必有道理，由领导颁发奖牌证书，意味着工作业绩被领导认同，这对每一位员工来讲都是一种合情合理的期盼，并因此收获一种自豪感。

但这是常规，是意料之中。

第二种方式：主持人指定非领导颁奖

这是创新，是意料之外，是有"预谋"的管理动作。

　　我在管理学校的时候，有一次集会上对几位老师进行表彰，便让主持人搞了一把意外：没请学校领导颁奖，而是让这些老师的得意门生上台，为他们敬佩的老师颁奖。那一刻，老师意外加激动，颁奖的学生更意外，更激动，全校师生用经久不息的掌声表达着一种被点燃的激情。这也是团建。

　　若主持人指定的颁奖人是在工作中曾与受奖人有过误会甚至过节的同事，然后，再策划一个握手祝贺后的即兴祝奖词，效果会如何？想想吧。

第三种方式：受奖人现场邀请颁奖人

　　这种操作最好别提前剧透，保持神秘感。

　　那么，这种主持动作的管理效应和团建作用是什么呢？

　　我只能说出其最主要的内涵，即被邀约为自己颁奖的人，一般都是在工作中对自己帮助最大的人，以示感谢。这是常态思维，当然，那些想表达友谊，甚至想以此讨好上级的做法，也都在情在理。

　　总之，主动权在受奖人手里，其中有因人而异的变数，也有不变的因素，就是创意，也是美好。

第四种方式：主持人邀约，谁来为其颁奖

　　这是民主加自由的管理方式，不过，所有自由都应该在规则之下，这是管理法则。所以，主持人提出，邀约有条件。

　　这个条件就是必须在颁奖后，送给受奖人一段最恰当的祝奖词。在这样的条件约束下，就不会出现"抢舞台"的热闹了。

　　与前三种方式比较，这种操作会让大家感受到"去导演化"的自然、清新、唯美，也没有刻意做作的仪式感。

　　总之，在我的管理思想中有一条，任何纯形式的形式都缺少价值，只有融进内涵才具有实效意义。尤其是充满正能量的表彰颁奖仪式，若想办法增加管理和团建的含金量，必将为管理加分、赋能。

幼儿园教室应该啥模样

这个话题应该开门见山，简要直说。

教室，这个概念从一开始就是错的

教室，从字面上来说就是教学的房间。在这个概念下，幼儿园和中小学一样，以老师天天"上课"为日常。

显然，这与现代幼儿教育理念相悖，不符合幼儿教育的本质。

那么，幼儿园的教室应该叫啥？我不说，大家去想。

那些"太空"教室孩子不喜欢

这里的"太空"是指太空阔了，偌大的房间空空如也，几张桌椅、几个通透玩具柜摆放在教室四周，中间地带有如室内广场。

不过，说实话，这个"广场"还真的很实用。比如，搬来小椅子就能上课，拿走小椅子就能跳舞；搬来桌子就开饭，抬来叠落床就能午休。

但，孩子们确实不喜欢。

为什么孩子们不喜欢？孩子们喜欢啥样的房间？我曾和儿童心理学家交流过这个问题，得到的答案是幼儿喜欢有遮掩的小环境。比如我们在英美幼儿园里看到的，"很乱的教室"里有许多小角落可以藏身，可以搞"二人世界"，说点悄悄话。

后来我又问：幼儿爱躲藏的习性是从哪里来的呢？专家肯定地说，

是从娘胎里带来的，因为，孩子曾住过十个月的"黑房子"，那里很安全，是他们的"老家"。来到这个大千世界后，他们难免"想家"。这个道理，信不信由你。

孩子们喜欢的教室应该像家一样

我们不妨想象一下，孩子们来到幼儿园，一进屋是一块地毯，旁边有鞋架，像自己家一样，也要换拖鞋。然后，屋子里有电视，有沙发，有许多角落，但不是上级规定的主题区角。同时，这些没名字的小角落里还有许多小沙发和小地毯，可坐、可卧。另外，家里肯定还有真柜子，有门，甚至有锁，当下那些一看就是幼儿园专用的简易玩具柜，咋看都不像家里的真柜子。

所以，家就要有家的样子，就要有家具，并在上面摆放孩子们自己从家里带来的毛绒玩具，或在书架上摆放大家带来的共享绘本。除此之外，若能在一面墙上弄上孩子们的全家福照片就更好了，这会让孩子们感觉幼儿园真的像家一样，爸爸妈妈就在身边。

当然，教室的一角若有个开放式小厨房，供老师和孩子们一起加工些冷餐和简餐，就更有家的味道了。

走廊就是"每家每户"的共享"胡同"

若走廊很宽敞，那就给孩子们弄些"墙靠小座位"，也弄些小书架，共享一些绘本，方便孩子们自由活动时，在走廊里和隔壁小伙伴说说话，或者翻读一下绘本故事。

所以说，我把走廊当作"胡同"，把"胡同"当作小朋友社交的环境。不过，这得看我们的老师敢不敢给孩子们一点自由了。要是没自由，教室和走廊再像家也不是真的，因为家的核心是爱和自由。

还有一个问题，早年大家喜欢在走廊墙壁上张贴孩子的作业和儿童画，这样不好，搞得幼儿园特别像学校，不像家，破坏了幼儿园的温馨。

好了，最后说一句到家的话：如果园长敢把设计家一样教室的权力和建设资金交给老师，我相信他们一定会给大家一个惊喜，这个惊喜就是家家不一样，家家都有自己的美。

计划写三天，总结不过夜

前不久，给海南蒙妈妈幼教集团的园长培训，在讲到"项目管理"板块时，我说了一句话：计划写三天，总结不过夜。意思是写计划要认真从细，不能追求速度，但项目结束后的总结恰好相反，必须趁热打铁，必须从速完成。

为什么要这样？我不说道理，通过案例来说明。

我把自己在2001年主持青岛国基外国语学校开办迎新工作的过程，分享如下。

青岛国基外国语学校是一所大型民办学校，当时是它首次开学，是新学校的"第一次"，就像初生婴儿呱呱坠地，必须高度重视，必须当成大型活动看待，这叫"有态度"。

在基建工程和校园市政工程还没有全部完成，招生工作也在紧张进行中时，我开始了迎新活动的计划撰写和内容研讨，当时距离迎新日还有半个多月，这叫"有提前量"。

虽然迎新活动（学生报到）就一天，我却十分认真地撰写了总计划，用A4纸打印了好几页。同时，依据学校的规划，分成了教学区接待组、生活区接待组、招生接待和校园引导组、财务缴费服务组、后勤餐饮服务组、安保车辆服务组、环境宣传组等七个迎新工作组。而且，我还要求每个工作组写出比总计划更翔实的工作流程计划。记得那次有的同事觉得我小题大做，我解释说，这样的计划叫"有质量"。

七个分计划提交后，全被我判为不及格，被要求重写，原因只有一个——粗糙。后来我们就此开了两次项目计划撰写培训会，提出了"每个人、在什么时间、做什么事、有什么要求"都要体现在分计划中的具体要求，特别是招生接待和校园引导组，每位老师的站位、站姿、表情、语言都要一一明确，各组之间的配合，必须事前排演，现场不允许出问题，必须如流水一样顺畅。

记得我给招生接待和校园引导组界定了三种分类：一是已经缴费对学校有初步认识的家长和学生，二是带着学费准备当天缴费入学的家长和学生，三是趁着开学看看热闹。上述三种不同的群体，分别采用不同的接待方式。

如此，计划又经反复修改。我说这叫"无缝隙"。

开学前三天，就学习计划的制订我组织了一次全校员工大培训，然后是细致入微的分组小培训。这种活动前培训要求人人过关，不懂重来。这个做法叫"有落实"。

但这种"有落实"还只是落在想法和嘴巴上，只是想得好、说得好，还不是做得好。如果在迎新活动的当天，各种问题一大堆，就是前功尽弃，就是一切为零。

为了让开学迎新活动计划完美落地，我在学校层面上还组织了一个现场调控小组，也叫质保组，随时发现问题、应急解决问题。事实证明，这个调控小组的工作十分必要，有效协调了各个工作组的工作。我把这个做法叫"有控制"。

由于我的事前小题大做，把问题想在了前面，把解决方法做了预案，所以，那天的开学接待工作，秩序井然，完美展示了我们这所大型民办学校的管理风范，让所有家长赞许有加。

当然，从筹备到实施，因为想到说到了，因为做实做细了，所以，等学生都安顿好后，大家都有一种兴奋后的满足。甚至，有个小组负责人竟然弄了下酒菜，说等学生都睡着后，喝点。

我太理解大家了，因为我们活动的完美离不开大家的用心用情用力，大家那天也体悟到了什么叫"累并快乐着"。

但是，我说还不敢立马就快乐，还没有画句号。我让校办通知，晚上九点半开总结会。那位想喝个小庆功酒的同事跟我商量说：明天行不？好好准备一下。我坚定地回答说：不行，不能过夜，趁着热乎劲把成功和不足都说说，要不然，一觉醒来可能会忘掉一些。

我"总结不过夜"的说法就是源于那次开学。

最后，说三个观点：

第一，我认为学校或幼儿园的许多工作，不止大型活动，也包括月度整体工作，都可以借鉴企业的项目管理方式，从做计划开始，走入环节推进和程序监控。我曾简单归结为四步线性管理：计划——实施——调控——总结。

第二，我说过"好的计划是成功的一半"，也说过"没有落实，计划为零"。

第三，我认为，计划最怕"假大空"，执行更怕"不落地"，总结不能"唱颂歌"。

寒假，我却提出了"三不放假"

寒假前我问一位幼儿园老师：寒假有啥打算？她不假思索地说：睡觉、吃饭，然后还是睡觉、吃饭……

这个让我有点无语的回答非常真实，我理解，这些幼儿教师，尽管都年轻，尽管精力旺盛，尽管能从孩子那里获得许多快乐和小美好，但毕竟真的很累。所以，一个学期的劳累后，谁都想静下来好好休息休息，美美地睡上几天懒觉。

这是老师的想法，园长不是这样，尽管也累，或者说更累，但肩负责任，他们没时间说累。所以，有位园长在微信中跟我说：他们要"弯道超车"。

追问后才知道，"弯道超车"的意思是，别家幼儿园放假，他们不放。不放假干啥？她说：招生。

听后，我好半天不知道该说啥，直到她说起"赢在招生"，我才有些委婉地说：在我看来，幼儿园的真正赢点不应该是招生，而是平时的教育服务和课程品质，这是核心赢点。

基于这个观点，我对这位园长说：真正的赢，应该是"赢在不招生"。

她似乎没懂，但我没再解释，只在微信中说了一句"弯道超车违规"。

好了，不多说了。又到寒假，尽管我深知老师们的累，也说"不放假"的概念，但我的立足点是我们的"大家"和我们的"家文化"，当然，也是为了让我们的日子过得更好。

所以，我给小米尔顿教育集团提出了"三不放假"原则：

一、亲情不放假

去年暑期我听到一个故事，我们小米尔顿园的一位孩子妈妈说：俺这孩不适合放假，在家待几天就喊着去幼儿园找老师，几乎每天都必须和老师视频一次，不然就闹。我听了特别欣慰，因为我看见了老师对孩子的真好。

想想看，如果我们的老师都做得这样好，家长会咋样？一定是感谢，一定是到处去说幼儿园的好。试问，这样的幼儿园还用说"赢在招生"吗？要说也只能说"赢在老师"。

二、教育不放假

家园一家亲，放假勤沟通。有一位班主任有心，放假前与带班老师一起对每个孩子在本学期的一些成长问题进行了梳理，并据此做出了假期教育跟踪计划，以便及时与家长沟通反馈。

我认为这才是真爱，是爱到家的行为，其背后不仅是责任，更是情怀，是平凡中的伟大。

三、微信不放假

我们每所幼儿园都有微信公众号，不能因为放假就和家长没话说了，就"停工歇菜"不干活了，这肯定不对。因为，家园之间一旦建立合作关系，幼儿园就必须担当责任，包括家庭教育指导和教育案例推广，也包括家园亲情加温。

总之，我建议幼儿园的管理者，别把假期当作"弯道"，要善待老师的假期，要坚持做到亲情、教育、沟通"三不放假"，这才是"假期之道"。

档案管理有创意

通常幼儿园的档案管理都是被管出来的，是教育主管部门对园所实施管理的结果，也是等级达标评估的主要项目。一般而言，抓幼儿园档案管理的意义就是抓规范化管理，这也属于基础管理建设。

所以，长期以来，幼儿园的档案项目必须严格遵守教育部门的条规，不敢乱来，也不敢多来，更不敢不来。久而久之，档案管理就被模式化了，别无他想。

但我却多想了。

2010 年在北京二中，纽晓华校长带我参观了他们学校的教育博物馆，让我大开眼界。除了他们收集的 20 世纪七八十年代的旧钢板、铁笔、油印机、机械打字机等老物件之外，我更感兴趣的是那些封皮泛黄的该校老师的老教案，我在翻读的时候竟然动容不已。原因十分简单，我是老师，站在老师的立场上，我深深地感受到了老师的尊严和教育的高尚，并因此涌出一份职业自豪感。

最终，我想明白了，档案不仅是管理的项目，也是管理的工具；档案也不仅是历史留痕，一定还有更多的作用。

我带着感动继续想下去，想到了"凌烟阁"的功绩，想到了"馆藏作品"的价值，想到了"收藏家"的作为，也想到了让档案产生激励效应。

于是，我想到四种有点意思的"园本档案"创意：

记人：功勋人物纪实

意义：让那些为幼儿园的创建和发展做出贡献的建功立业者，园史留名。我认为，这是以人为本的体现，树立榜样、不忘功臣对后来者是一种激励。

那些因种种原因离开幼儿园的老师和员工，我们应该记住他们曾经的好；更应该把有特殊贡献的人和事记下来，并传承下去，激励后来者。

操作：形式有多种，若档案室空间有限，可制作成故事画册，每两年集中印刷一次，然后放进园史展柜。

记事：大事备忘纪实

意义：对每一次重要活动和重要事件，从开始到结束的过程，从问题到解决的方案，都做好翔实记载，作为下一个类似活动的模板和借鉴；给园所留下一份有故事、有镜鉴意义的"史记"。

做法：文稿分计划、实施、反思三部分，同时选部分有代表意义的照片打印存档。

记荣誉：获奖及作品

意义：包括教师和儿童的优秀美术作品，在评选后分类分级保存，当作作者在幼儿园的荣誉；也包括参加各种重大社会活动的获奖，经过品质评估后记入荣誉馆，以此作为激励。

做法：儿童和老师的手工、美术、摄影等作品，一旦进入馆藏系列，要给作者颁发相应荣誉证书。有特别意义的作品颁发终身荣誉金证。其他获奖证书，可以按年度上墙面展板进行展示。

记儿童：毕业后跟踪

意义：这属于"一旦入园终生为家"和"一日为师终生关爱"的大

爱举措。具体的意义是，突破常规，对已从园所毕业的孩子不离不弃，建构一种经久不衰的亲情纽带，这是其一；其二，对幼儿园的教育和课程"以观后效"，验证幼儿园教育的后期成效；其三，这些当年不记事的孩子，会由于幼儿园没有忘记他们，而记住幼儿园这个"家"，甚至会把自己的下一代也"送回家"来。

做法：为每个孩子建立一个跟踪电子表格档案，孩子毕业后档案跟踪管理小组每年定期进行电话或微信回访，必要的还要家访。之后，把取得的数据和照片一一归档保存。

对已经长大并在社会上有一定作为的毕业生，要组织各种形式的宣传，包括定时和不定时地组织一些如"回家日"的活动，邀请适龄幼儿和家长参加，感受幼儿园的教育文化。

以上四种园本档案若能从建园开始就有专人管理，落实到位，无疑是一笔弥足珍贵的财富。

从鱼鹰式管理说年薪制

一位民办幼教集团董事长和我聊人力资源管理，聊到园长的管理时提到了年薪制。说实话，他所讲的年薪制有问题，交流后我"记录在案"，整理了五点感悟。

一、把年薪制给弄死了

虽然业界对年薪制的理解和说法不一，但他们集团的做法，确实少见，也确实有问题。

简单来说，问题很极致。我用了一个介于褒义和贬义之间的词——极致，因为他们的做法确实简单到了极致。他们把约定的一年薪资除以12，然后按月一分不少一文不多地发放，别无其他，干干净净，利利索索，不拖泥带水，所以"极致"。

我评说：你们给园长的薪水属于"纯净水"，除了钱什么都不含。比如，不含干好干坏的考核，不含尽职尽责的褒奖，不含办园利益分享，也不含风险共担。

所以说，这种所谓的年薪制，没有生命态。

二、活的年薪制可以用鱼鹰管理来解释

怎样才能让年薪制有活力？我并没直接回答，而是讲了一个鱼鹰管理案例。

那么，什么是鱼鹰管理呢？很简单，鱼鹰主人在鱼鹰脖子上套一个不松不紧的铁脖套，这个铁脖套的作用就是限制鱼鹰吞咽：只能吞咽小鱼，乖乖地把大鱼叼到船上。

如果用现代企业管理的知识去解读，可以得出很多新的认知。其中，小鱼可吃就是"尊重鹰性"，认同鹰和所有动物的本性相同——贪吃，所以，不挑战鹰的本性；同时，也考虑到了"既要鹰儿捕到鱼，又要鹰儿吃得好"的道理，这属于工作动力学原理。据说，鱼鹰每次工作结束后，鱼鹰主人还会取下脖套，根据工作绩效，从船舱里挑一两条大鱼奖赏给鱼鹰。

好的年薪制应该学习一下鱼鹰管理，把年薪分成两部分：一部分按月发放作为旱涝保收的基础保障；另一部分属于"秋后算账"，把绩效和责任融入年终的薪资。这样下来，年薪制就有了活的因素，就有了生命力。

三、最活的年薪制应没有固定天花板

通常来说，年薪制必须有固定不变的薪资上限，然后在上限之下建构活的空间。但我个人并不这样理解，在我看来，本着充分发掘管理和最大限度调动人的积极性的原则，年薪的上限，也就是常说的天花板，可以是活动的，或者叫可以有穿透效应。

比如：干得不好，没完成任务指标，出现了安全事故，管理考核很一般，那么，年终算账的结果一定是低于原定上限；反之，若工作绩效极佳，没有负面问题，年终薪资可以突破上限。

这是最活的年薪制，尽管有人否定我的定义，说这已经不属于年薪制了，我还是坚持自己的观点。理由是，最好的制度是让人在希望中努力，在不确定中期盼。这正如一位年轻人走出安稳体制后的感慨：年初就知道年底的收入了，没劲！

四、年薪制会让管理层用老板心态干活

我曾经谈过这样的管理思想，说尽管这是一种高级管理境界，但实

际操作起来并不难。尤其是如小微企业的民办幼儿园管理，一个好的年薪制就可以解决问题。

为什么这样说？我的解释是，管理层的年薪制直接与管理效益和管理品质挂钩，意味着园长或管理团队与投资人的关系是利益共同体。仅此一条就奠定了管理团队的工作态度——为自己打工。

当然，这里也存在量与质的界限，也存在制度和人文的和谐问题。具体来说，如果年终效益在年薪结构中占比太低，则动力不足，效果不佳，这是其一；其二，如果投资人因为钱给足了而觉得不用给面子了，也会出问题，因为人都需要尊重，一旦无法忍受"跪着领钱"的屈辱，那么不管多少钱，都会走人。

五、可能会有高薪养懒的问题

我一直不理解所谓的高薪养廉，因为，人的贪欲没有止境，不是由高薪养出来的，所以，要想官员廉洁第一要素是有制度，其次是有思想。至于高薪，我认为既不是廉洁的基础，也不是廉洁的条件。

所以说，给园长和管理层高薪是好事，但若弄成按月发放的固定高薪，就有问题了，那是在挑战人懒惰的本性。

不可否认，这种仅仅依靠高薪、依靠老板够意思的机制，确实会在一定时期内起作用，但时间久了，明白了干多干少干好干坏一个样，甚至说每个月的高薪已经足矣，问题就凸显出来了。

于是，我们看到了高薪养懒，就如工作之前把鱼鹰喂饱了，鱼鹰就没有了工作动力。

非技术性招生

《中国教师报》记者褚清源写了一篇深度好文，题目是《公民同招新政下民办教育发展的七个预判》，文中建构了一个"后招生时代"概念，并由此提到了我在多年前讲过的课题——非技术性招生。

随即，便有业内朋友问我：什么是非技术性招生？

我说：一言难尽，说来话长。

于是，赶紧写一篇文章，把观点和做法说清楚。

从"一所没有招生办的民办学校"说起

十多年前，民办学校活着挺难，不像当下，那时，招生被业内视为"生命线"，甚至有所学校直言不讳地说：不管"白招黑招"，招来学生就是好招。

显然，这不符合科学发展观，也有悖于教育规律，透露着种种无奈。

我就是在这样的民办教育氛围下，在 2005 年主持了北大附中河南分校外国语小学和双语幼儿园的建校项目，包括场所建设和硬件配置，但更重要的是软件建设，是招聘教师和招生，尤以招生最难，尽管我们披着"北大长袍"。

至今不忘，那年夏天，酷暑难当，我带领老师们走街串巷招生，既流汗也流泪，既辛苦也委屈。流汗和辛苦都有思想准备，哪个创业团队不是如此，这没说的，可流泪和委屈却是一种别样的滋味，让我不能释怀。

记得有一天在招生例会上，我细数老师们工作中的种种累和委屈并表达感谢，说着说着，忽然激动了，说：创业没办法，必须招生，但今后我们一定不招生，如果年年都让老师们把时间和精力放在招生上，只能说明一点，校长无能。

我的这段话当即获得掌声，或许大家还没来得及思考不招生怎么办的问题。

当大家还没想明白凭啥不招生的时候，我有了新动作，宣布在学校组织机构中，不设招生办。这个决定在那个年代的民办学校中，有点狠，没按套路出牌，也有点破釜沉舟的意味。我解释说，不设招生办不仅仅是机构设置问题，更是一种文化表述，是一种办学方向解释，因为，我要表达的是用教育教学品质的内涵招生，不用市场行为招生。

不设招生办谁来招生

河南《大河报》记者听说此事后对我进行采访，问：王校，听说你们学校没有招生办？我平静地说：有的，有一个全国最大的招生办。在记者的惊讶中，我又说：我兼招办主任，几千名家长都是我们招办成员。记者会意地笑了。

让老师们专心干好老师的活，招生的活由家长干。

这是我在开学后第一次全体教职员工大会上说的话，并就此把我深思已久的招生文化给老师们做了一番解读。

我的逻辑是：招生不单是一种技术，更是一种机制和文化。再好的招生方法，也好不过家长的口碑。

老师们若把活干好了，干到家长感动，然后感谢。那时，我会跟家长们讲，"今年过年不收礼，收礼就收新生源"。

2005 年寒假前，我在家长会上就是这样说的，而且底气十足，因为我们的老师做得太优秀了，得到了所有家长的高度赞誉。那年，我懂得了一个道理，校长的腰杆硬是因为有老师们支撑。

但这只是招生文化，支撑文化的还有机制。

那次，我在会上提前剧透，说：今后校办接待新生报名时一定要询问家长，是跟谁了解到我们学校的，如果是据老生家长的口碑来的，做好记录，然后核实，最后给予老生所在班的老师们应有的物质激励。

其实，我这个招生文化和机制中，内含着杠杆管理效应。因为，看似说招生的事，实则撬动是教育教学和教育服务，因为，如果教育教学不用心，学生和家长不满意，就不用谈招生了。特别是家校关系的管理，因为有招生机制的作用，老师们都明白，必须把这项工作做好，如此，家长才有可能主动帮老师招生。

我不会招生，只会不招生

那年，河北一所大型民办学校的暑期教师培训计划中有招生工作一项，学校负责培训的领导给我打电话说：王校，听说你们学校很厉害，新生入学要提前一年排队，我们董事长想请你给我们学校老师讲讲怎样招生。

我听后认真地解释说：我不会招生，只会不招生。

或许对方没理解，或许我没说清楚，一声"谢谢"后，电话挂了。

过了半小时电话又来了，那人说：王校，你说不会招生，那你们的生源咋那么好呢？我笑了，说：你想明白了？小伙子很实诚地说：我们董事长说让你讲讲怎么不招生。

于是，我备了一课，课题是"非技术性招生"。

第九辑　说家园之间

难道家园之间有堵墙吗？
难道家园之间没有桥吗？
难道不能推倒墙填沟为路吗？

其实家园之间本无障碍，
本该属于一院人，
可有时竟然一家人说起了两家话。
原因何在？
是"有些问题"使家园双方都受伤，
但这只是病症不是病理。
病理是家园关系紊乱，
是家园之间沟通不畅。

别把家长当顾客，别把幼教当生意，
家园之间应该是合作关系
为了孩子们的成长同做一件事，
而且都是在园长领导下的教育资源，
如此，通则不痛。

谁说家长永远是对的

前不久，一位园长朋友问我：家长真的永远是对的吗？我问：谁说的？她说：参加了一次赢在招生为主题的培训，是大师说的。又说：大师说成功辅导过数百家企业销售策略和方法了。

其实，这位园长朋友是"老江湖"了，也是很懂幼教的幼教人，并且读过我许多微文，是带着质疑来和我讨论的。她说：这个看起来不到三十岁的大师，口才确实厉害，但很难想象他有值得炫耀的经历和业绩。我说：不管了，说说他讲的要点。

她随后把现场课件拍照给我发来，我整理如下：

老婆不会有错，如果老婆有错，一定是我的错导致的。总之，只要认为老婆不会有错，日子就会过得不错。

这段有点调侃味道的段子确实有点意思，接下来大师就把这个段子嫁接给幼儿园了：

家长不会有错，如果家长有错，一定是我的错导致的。总之，只要认为家长不会有错，幼儿园的日子就会过得不错。

我问：现场的园长听后有啥反应？

她说：笑完之后想哭。

确实，我也在一些场合听过用如此段子来说家园关系，但我连笑都笑不出来，因为如此忽悠不仅是一个俗字了得，更重要的是无理。所以，我跟园长继续聊这个话题时，归结了两个问题。

第一是忽悠了家长。

若园长没立场，觉得大师的话家长爱听，就转身对家长说：你们永远是对的。于是，个别家长觉得自己尊贵如上帝理应享受上帝般的待遇。

可这绝对是忽悠，而且，可能是无法兑现、风险极大的忽悠。

我不举例，但我敢说，没有哪位园长没被个别家长刁难过，没有哪位老师没有因此流过委屈的泪水，没有哪所幼儿园的家长全体支持和配合幼儿园的工作，总会有个别家长问题成为幼儿园的管理难题。

所以，谁敢如此说，必将自食苦果。

第二是难为了老师。

若园长被大师洗脑后，再把洗脑水端回来给老师，这才是最糟糕的事。因为，若仅仅是园长接受了"家长永远是对的"还不要紧，最多开会的时候讨好下家长，而明白的家长也只是听听而已，不会当真。但是，若把这样的观点直接注入老师的思想中，问题就严重了，它会彻底摧毁老师的尊严。

因为，一旦老师被这个观点和说法困扰，就会不敢说真话，一味迎合家长的一切要求，包括不合情也不合理的，最终像酒店服务生一样，用商业捆绑灵魂，把教育抛在脑后。

其实，一般情况下家长对幼儿园老师的态度都很客气，甚至比对园长要好得多。这很好理解，园长把家长当顾客，家长自然就把园长当商家了。但老师例外，老师不是老板，况且孩子直接归老师管，家长许多时候很务实，懂得和老师关系好一些的重要性。

总之，别忽悠家长，也别难为老师，"家长永远是对的"就是一句商业推销中的忽悠用语，千万别带进幼儿园。因为，幼儿园的本质是教育，不是以逐利为特点的商业，所以，没有边界一味迎合家长的说法是错误的，就是没有坚守教育立场，就是一切为了赚钱。

最后说说我一直坚持的观点——

家长不是顾客，更不是上帝，是在园长领导下与老师合作的另一部分教育资源。如此，有了正确的关系，才能表现出正确的态度。否则，若说"家长永远是对的"，就是自掘陷阱，就会导致"天下没有好办的幼儿园"。

幼儿园的"第一家长会"

"第一家长会"通常指新生入园家长会，若进一步来解释，应该定义为第一重要的家长会。

下面说说两个方面的问题：时间和意义；家长会上说什么。

时间和意义

第一，一定在新生入园前一周左右开家长会，这叫有言在先。

讲实话，民办园招生宣传总会有一定程度的美化和拔高，这是普遍存在的问题，关键是拔高了怎么落下来。

具体来说，开学初遇到管理不到位、新教师没经验、新生入园秩序乱、家长在围墙外用焦虑心态围观等问题，原本说的美好暂时没兑现，就会导致家长出现逆反情绪，意见一堆，甚至说是被忽悠了。面对这些现实问题，幼儿园通常的做法就是灭火，就是狠抓开学维稳工作，等"火势"小了，赶紧开会，跟家长汇报开学以来孩子的进步，让家长放心。

你看看，这多被动啊！不成。

就此事我劝园长，别当医院院长，等人病了才去治病，要当防疫站站长，未雨绸缪，把病症解决在没发生之前。

所以说，第一次家长会一定要在开学前一周召开，一定要把原来宣传的调子降下来，这也不是说原来有错，而是面对现实，面对整合期的暂时问题，把丑话说在前面。

家长会上说什么

怎样把丑话说好？说这些话的目的是什么？

丑话的前提是实话。第一次家长会的第一目的绝不是为前期宣传降温，推脱责任，而应该落在家园共育的"过日子宣言"上。

此话怎讲？我依然实话实说，你别以为家长缴了费就万事大吉，若没有后续的情感和教育跟进，很可能让家长以为家园关系就是买卖关系，这是将来许多问题的根源。

所以说，第一次家长会若开好了，就会起到"定亲"效果，就会让家长清楚自己和幼儿园职工的"同事关系"，为了孩子的成长，各尽其责。

所以，但凡我亲自主讲的第一次家长会上，我都有言在先：一家人不说两家话。这是开场的基调，是家园关系的主旋律。

接下来我会直面家长展开三个问题：

1. 你是谁？你和幼儿园是什么关系？

如果家长这样回答：是孩子的父母，是为孩子选幼儿园和交学费的人，是幼儿园的家长。那么，我会立马给出分数：不及格！

然后批改：你不仅是孩子的父母，你还是孩子的老师，别以为把孩子送到幼儿园你就把教育接力棒交接了，没那事！教育孩子的重心依然在家里，主要责任依然归于父母。

所以，你和幼儿园不是顾客与商家关系，是教育合作者关系，你是在园长领导下的另一支教育资源。

2. 老师是谁？

老师不是保姆！

这是我必说的观点，因为许多家长把孩子送到幼儿园，第一诉求就是别委屈了孩子，就是对孩子好一些。我不否认对孩子好，但我一定要讲清楚什么是对孩子真好，真好就是"一切为了孩子的成长"。

我会问家长：如果我们的老师继续像你们一样，像优秀保姆一样，帮你们继续努力地娇惯孩子，你们同意吗？

这句话大家都能听懂，换来的回答是：不同意！

接下来，我会这么说：

我今天就告知各位，我们不哄孩子，更不哄家长，甚至有时为了孩子成长，我们会用恰当的严肃和批评帮助孩子，因为我们是老师。我这样直截了当的说法，你们能接受吗？

全场回应：能！

3. 送孩子到幼儿园干啥？

我一般会先问孩子的爷爷奶奶这个问题。那次，一位憨厚的奶奶说：把孙子送幼儿园是为了上小学前多认点字，学点算术，要不跟不上。

我问老人：你读过小学没？她颇骄傲，说：俺读过初中。我一脸严肃地说：那你干吗还花钱把孙子送幼儿园，自己教呗！（我挖了个坑，大家听后笑了。）

我正色地讲：真正的幼儿教育是通过带着儿童走进生活、阅读绘本、参与游戏等方式，学东西，长本领，涵养性格。尤其后者，是决定孩子未来前途的最重要因素。

我还对家长讲：别把孩子当作装知识的空容器，别拔苗助长，幼儿教育是根的教育，是慢功夫，是根有多深树有多高的问题，千万别急，别被小学化抢跑论给忽悠了。

最后归结：第一次家长会应该完成三件事，"定亲""定位""定向"。

其中，家园关系用真诚定亲，家长和老师用责任定位，幼儿教育用成长定向。

凭什么敢跟家长说丑话

在第八届亚洲幼教年会上我主讲的内容是家园工作，其中，谈到了前一篇文章所说的新生入园前应该跟家长"说点丑话"。会后有一位园长在微信上问我，王校，我属于有点内向的人，平时连好话都不大会说，讲丑话就更难了，说不好就得罪家长，咋办？

我说：这确实是个问题，语言沟通不是一件简单的事，即便说好话也有讲究，说过分了可能成了忽悠，至于说丑话则更难了，说不好立马出问题，尤其在当下，家园关系微妙，处理不好麻烦不断。

还有一位园长说：王校，我们可不敢跟您比，没有您的资历，在家长面前不敢像您一样，啥都敢说。我回了一个"捂脸"后说：我也不是啥都敢说，至少我不敢忽悠家长，不敢跟家长讲假话、讲不靠谱的话。接着我又说：其实，跟家长沟通不需要居高临下的资历，也不必有矮人三分的心态，平等、凭心，讲实话、讲真话就行了。

针对这两位园长的问题和顾虑，过后我又回复了三条敢和家长说丑话的"凭据"——

第一条：讲丑话的前提首先是讲真话，凭着良心说话，这是底气。

第二条：讲丑话一定要把控好时间，一定要"丑话说在前"。

第三条：要用家长能听懂，能感受到为孩子好的话去"说丑话"，这样的丑话其实很美。

上述三条属于"讲理"，接下来是"说事"，说说我在新生入园家长会上通常所讲的六句丑话——

一、少说"尊敬"，不说"百忙"

但凡开家长会，主持人都会说："尊敬的家长朋友，感谢您在百忙中来参会。"这种客气我不认同，尽管好听。

理由和凭据是，我们是做教育的，不能把家长当作顾客。客观来说，家长和老师都属于幼儿园的教育资源，老师负责儿童在园时的教育，家长负责儿童在家时的教育，二者之间的精准关系是合作者，是一家人。一家人不说两家话，说"百忙"太虚了。

二、老师就是老师，孩子也不叫宝贝

常听说"老师像妈妈"，但老师真的不能太像妈妈，否则就不是合格老师，因为，老师首先是老师，首先要承担起身为老师的教育职责。况且，实话讲，妈妈对孩子的爱，在许多时候并不理性，甚至有点糊涂，但老师不能这样，老师面对儿童成长中的问题是要负责的，不然就会堕落到哄孩子和哄家长的地步。如此，就会毁了孩子。

把孩子一律叫宝贝，连老师也不叫儿童名字，张口闭口称宝贝，我不赞成。因为，这不是对儿童人格的尊重。而且重要的是，在如此宝贝文化之下，孩子能长大吗？

三、谈钱不仅伤感情，更伤孩子

把孩子送到幼儿园的行为是什么？我告诉家长：不是消费，是投资。所以，既然选择了幼儿园，认同了幼儿园的理念、环境和教育，那就不要再说学费贵贱的事，因为，教育不是生意，不是花多少钱买多少服务，教育服务的未来成果也无法用金钱来衡量。

特别是，孩子在幼儿园受了点小伤，极个别家长竟然当作商机，动

不动就用钱来说事，也就是我说的"只要是钱能解决的问题，都是问题"。

结果呢？问题接踵而来，老师们知道要提防这样的家长，所以，对孩子的教育变得小心翼翼，宁可不说也不惹事。

四、别总盯着舌尖看，幼儿园再努力也不如酒店

有一所收费三千多元的幼儿园，招生说明会上遇到一位家长质问：收这么多学费，你们都给孩子吃啥？机智勇敢的园长当场直接回答：首先，您说的是学费，不是伙食费；其次，孩子餐饮那点事我们一定能做好，但我们肯定没有酒店专业，因为，好点的酒店一顿饭都会超过您孩子一个月的学费。

我给这位敢说丑话甚至是硬话的园长点赞。更确切地讲，她说的是真话，是点到了当下社会问题的真话。所以，她的话说完后，现场竟然有人鼓掌。我懂，这是对园长做人不失本真的赞扬。

五、我们的老师很年轻，别用教育专家的水平要求他们

没错，既然当老师就要懂教育，但同时我们也要讲真话，当下学前教育发展得太快了，师资需求量太大，许多老师都是刚毕业的，没有多少经验，所以不能对他们要求太高，这不实际。

但问题是，我们有些家长，或许职业和教育有关，读过一些家教的书，听过一些专家的课，本身的教育素养比幼师高，对幼师"高标准严要求"，弄得幼师在他们面前"怯场"。

我劝这样的家长和老师携手，别当场外督查，因为我们面对的是自己的孩子，我们的合力才是孩子成长的最大助力。

六、开学第一周确实是"爱哭的孩子有奶吃"，你必须理解

新生入学哭闹再正常不过了，老师怀抱手牵的场面很平常。若此时

你看到自己不哭不闹的孩子被老师冷落了，别多想，理解第一，不然，我请你来体验一天试试。

好了，不多说了，上述六条是我常在第一家长会上说的丑话。

我还跟家长说，开学入园有如"结婚"，若在婚前相互沟通、交底，婚后的日子就不会出现"你咋不早说"，就会多一分理解和安宁，就会好好地"过日子"。

我写过《新生家长须知》

曾在一所幼儿园见到一个制度，叫作《新生家长接待须知》。本来这类工作程序类文件很常见，但其中的几句话却让我很不舒服，比如"不打无准备之仗""多听少说，别没事找事""无论对错都不要和家长发生冲突"……

读后，五味杂陈，尤以苦味居多。

本来新生入园是件好事，有如恋爱结婚终成一家。可这所幼儿园的园长也不知咋想的，把新生入园工作，好像弄成了一场家园之间的"战斗"，而且，幼儿园好像属于弱势防守的一方，我真的没想明白。

这件事给了我一些启发和想法，之后便动笔，用真教育和真情，再加上自信，写了一篇《新生家长须知》，让《新生家长接待须知》得到平衡，也给老师们一份自然和底气。

下面拿来与各位园长分享：

新生家长须知

1. 当您把孩子的手递交给老师，您就和老师成了同事，所以，您首先要端正立场，别误以为幼儿园和您之间是顾客和商家的关系。另外，我们认为，您为孩子选幼儿园不是消费，而是投资，您和老师一样，都是在园长领导下分工不同的教育资源。

2. 家园关系需要制度维系。所以，家长要配合幼儿园的日常作息时间安排，开展家园活动时，不能迟到，给孩子做榜样。若有特殊情况，必须跟班主任请假，园委会将考核记录。必要时由园长谈话。

3. 若孩子在家出现身体和情绪的问题，您必须及时跟班主任老师沟通，以便我们家园合力，抓住时机帮助孩子。

4. 请不要对老师提出这样的要求：我家孩子不能受任何委屈。因为，在儿童群体中这是难免的，也是幼儿成长中不可或缺的经历。我们不怕儿童之间发生矛盾，我们的教育目标之一就是培养儿童解决矛盾的能力。

5. 请不要这样嘱咐老师：我的孩子只能听赞扬和鼓励。这点我们无法接受和认同，因为真教育是对儿童一生负责，必须对其成长中的错误提出指正甚至批评。否则，就是误人子弟，就是忽悠家长。

6. 请相信和支持老师，我们之所以不把教室监控向外界开放，是想给老师和孩子们一个安全和安宁的环境。不要总以怀疑的目光看老师，若无爱心在，无人能在如此艰辛、待遇不高的职业坚持和坚守，我们需要家长的理解和支持。

7. 和老师发生矛盾或误会，请不要当着孩子的面指责和吵闹，更不能辱骂老师，不要让您的一言一行成为儿童坏的示范。有情绪时要远离教室，可到园长室沟通。

8. 不管您是有所求，还是真感谢，都不能送礼、请客。这是我们的高压线。

教育不是消费，是投资

有一次家长会上，我抛出一个问题：听郎朗的钢琴音乐会门票花了一千元，请钢琴老师上一节课两百元，请问，二者的区别是什么？

大家沉默了一会儿，不得要领。我缓缓地解释说：前者是消费，后者是投资；前者是商业服务，后者是教育服务；前者由市场决定，后者由预期决定。

我不是开玩笑，确实有许多家长在教育收费上是拎不清的。曾有一位孩子奶奶在幼儿园招生说明会后，一脸认真地问园长：这学费咋这么贵？我算了一下，一天合着快一百元了。

我相信，类似这样的事在民办教育领域并不稀奇，因为，在公办教育占主流的大环境中，民办教育的收费行为，家长在接纳时难免会想到消费。而且，三十年前民办教育刚出现时就已如此。

那年，我在福建泉州当校长时，一位预备报名缴费的家长非要见我，一见面就嚷嚷要点优惠，还说，没见过你们这样做生意的，连讨价还价都不懂。特别是，他一边讲价，一边跟我讲，昨晚打牌输了一百多万，手气差死了。后来了解情况的老师跟我解释，说他不仅仅是为了两万元的学费，还因为做生意习惯讲价，以及他昨晚输钱后想在交学费上找个彩头。这我不懂，但我懂得给孩子交学费不是消费，而是投资。

事实上，在给孩子选择学校或幼儿园时，若只看硬件，其立足点就是消费，就是对教育是怎么回事根本不懂。

那次，有一位家长拿附近一所新开办的硬件极佳的幼儿园对比，找出了种种我们比不上人家的地方当理由来跟我说价格。我听后说：你的对比中缺一个关键项——两者之间的教育差别，这点是最应该比较而又最不好比的一点。最后我跟这位家长举例说：千万别用菜市场买大白菜的道理和行为给孩子选教育，因为，好的教育无价！

为什么当下许多家长会把给孩子选择教育当成消费？这不能全怪家长，许多问题是我们自己"惹的祸"。

祸根就是自己把自己定位成商业了。一味地宣传自己的硬件如何优秀，尽己所能地包装面孔粉饰自己，招生手段处处透出商人推销的味道。如此氛围之下，家长不把自己当成消费者才怪呢？带着如此心态走进民办教育，不谈钱谈啥？

说到这里，我们必须清楚：若家长以消费者的姿态出现跟你谈钱，你就很麻烦；若你把家长培训成了消费者，你就更麻烦，而且会麻烦不断。

最后，说一个观点：既然教育不是消费，就一定不能讨价还价，更不能动不动像商家促销一样，在学费上做优惠活动。包括儿童在园意外受伤的后期处理，可以慰问，可以赔偿，但不可以把学费减免作为处理方式，如此，就是内伤和硬伤，后患无穷。因为，在投资概念下，收费如幼儿园的"承重墙"，不敢乱动。

华德福家长学堂的启示

去幼儿园参访被我说成"读园",而第一次冒出"读园"这一概念,是在 2016 年 1 月,那是我第一次参访成都华德福学校。

为什么之前看了许多园并没如此即景生"词"?原因有二:其一,关注和读有关华德福教育的书籍好多年了,早就想着一睹芳容;其二,那天走进华德福学校,听着华德福学校理事魏明宇的具体介绍,方知书上得来终觉浅。

于是顿悟:亲临其境才能读出门道和味道,此乃"读园"。

还有一点相信大家有共识,好书百读不厌,每读每新。读华德福教育就是如此,走进去,读出来,总有新看点,总有新遇见。

时隔三年,2019 年 4 月 12 日,在成都温柔的天气里,我陪同台湾邱韵凌园长再访华德福学校。

这次访问依然由魏明宇安排,并请来洪敏老师全程陪同讲解。

那天,我遇见了他们的"家长学堂",但不算偶遇,因为他们每周都有一次家教沙龙,有两次家长参与的观察教师与儿童活动,频率很高。尽管不算偶遇,尽管幼儿园举办家长学堂之类活动也不算稀奇,但在洪敏老师的深度解读下,再加上我对家长工作的理解,我顿觉眼前一亮,思维被华德福家长学堂的机制和文化点燃了。

说到这里,我想大家都会问:他们与众不同的家长学堂是怎样的?都干了些什么样的事?起到了什么意想不到或意料之中的作用?

我谈七点——

第一点是家长定位，也就是机制，他们的家长学堂招收的不是现有在籍学生家长，而是未入园的低龄幼儿家长，是周边关注华德福教育想深入了解的准家长。

第二点是他们的家长学堂不仅招收家长，而且邀请家长带着孩子一起到园，把华德福独有的环境开放给家长和孩子们，让他们在里面玩个明白。

第三点我称之为"独有的环境"。为什么说独有呢？在大都市里，很难找到如此"干净"的环境，"干净得像原来的农村"。他们园里没有塑化，也很少硬化，就连田园都弄得很原始，处处透着人文。所以，但凡走进华德福学校的人，都会被自然和自然而然的环境所浸润和感动。

第四点是洪敏的话，她说：这些未入籍的准华德福家长们，一旦走进来，一旦成为华德福家长学堂学员，毫无疑问都会从外到里接纳华德福教育，这点我们非常自信；他们会被华德福教育的纯粹和自然感动，并因此成为华德福的"福丝"，于是，赶快排队，准备把孩子送进华德福。

第五点是我的感悟：办好华德福家长学堂的直接效应是不用满街招生，办好入园前家长学堂就是最好的"家幼衔接"。有人形象地比喻道：好像试婚。很是贴切！所以，啥也别说了，天天讲招生技术，不如办好家长学堂！

第六点还是洪敏所言：华德福家长学堂还开办孕妇讲堂。听到这话我们集体折服，你想啊，孩子还没出生就走进了华德福校园，妈妈就接受了华德福教育，多好！我说：这是对家长做的早期教育呀！

第七点还是我的感悟：一般的幼儿园家长学校，或是请专家讲讲家教，或是请家长举办沙龙交流下教子心得，或是就一些儿童共性问题研究解决方案，而且，多是针对"在籍家长"的服务行为。而华德福的不同在于"超前"，在儿童入园前就把许多问题交代清楚。这就像"医院"和"防疫站"的差别。所以我感慨："防疫站"多一些，"医院"就少一些；家长学堂办得早一点，未来家长的问题就少一些。

　　还有一点我没归到系列中，因为这是我私下里的想法：我心想，华德福有点傻，偌大的园，到处是池塘、农田、沙土地、花花草草，只有几栋房子，只有区区二三百个学生，而每年排在外面等着入学的孩子那么多。这要是被那些商人看见了，还不立马盖房子、招生，扩成一两千学生的规模。

　　当然，我明白华德福不是办商业，是在办教育。

　　希望本文能给幼教同行们以启发和借鉴，别再到市场上像推销员一样招生，没劲！多学学华德福，用心做教育。

"一切为了家长的满意"这句话有问题

这句话出自我去过的一所幼儿园，被醒目地写在墙上，是该园的核心办园理念。

那次，我久久伫立在这句话前思索，因为似曾相识。直到把思绪链接到商场才恍然大悟，许多商场也有这句话——一切为了顾客的满意。

接下来的思考是：如果家长是顾客，孩子是什么？老师是什么？幼儿园是什么？

带着问题我问了这所幼儿园的投资人两个问题。

第一问，我直接问她是否是幼教专业毕业的。她憨厚一笑，摇头说：我原来开过美容院，现在投资幼儿园了。我心想，这就对了，她最懂的是服务，是商业服务。

第二问，我问这句话从哪里来的。她说，前几年参加过一次讲运营和招生技术的培训，那是培训老师讲的话，觉得很好，就用这句话当办园理念了。

回答了我的第二问，她可能察觉到了什么，于是反问我：王校，这句话有问题吗？

我没有正面讲问题，而是层层深入地和园长讨论起了我前面的思考。

如果把家长当作顾客，孩子也就是个"媒介"

在这样的错误定位下，家长成了幼儿园的第一服务对象，幼儿园就会在很大程度上以迎合家长的需求为基本目的，不管家长的要求是否符合教育规律，只要家长满意，其他都靠边站。

试问：这样的幼儿园在干啥？我看就是在做家长的生意，是通过儿童来实现自己的目的，是把儿童当作了"媒介"。

如果把家长当作顾客，老师就是服务员

先说一个非常商业化的幼儿园的一个故事，不，应该是事故。

有一天户外活动，一名调皮的小男孩在正常跑动时摔倒了，也没大碍，只是额头磕了个小包。但这是个高收费幼儿园，高收费加上商业化运作。家长拿这个事做文章去园长那里告状。

园长不问原因，按照"家长永远是对的"原则逼着三位老师集体给家长鞠躬道歉，换取家长的满意。试问：如此做法，在园长眼中和心中，老师是什么？如果老师成了服务员，则，幼儿园在家长心中又是个啥？

如果家长成了顾客，幼儿园就啥也不是

听说过"吸粉"和"获客"这两个新词吗？这是互联网和商业热词，现如今这两个名词伴随教育商业化运作，竟然堂而皇之地"登堂入园"了。

也是一次和园长交流时，我听一位园长频繁地用到这两个"时髦词"，于是点评时我问道：我们的幼儿园属于教育机构还是商业服务机构？如果是教育机构，我们的教育立场在哪里？如果我们两只脚都站到了商业圈子里，家长会怎样看我们的幼儿园？我们的教育尊严还在吗？

我这几句话，把在场的园长问得哑口无言。

接着我又提出了几个关于"满意"的问题——

有没有家长满意但孩子们不满意的情况？

最后我们统一了意见：如果有，那就是忽悠家长，就是两面派，就是以为孩子小不懂事，就是缺德，缺师德。

有没有家长满意而老师不满意的情况？

前面的故事就是如此，老板一门心思赚钱，根本没有把老师当回事。据说老师们给家长鞠躬后，老板给三位老师各发了个红包，说了句"委屈了"。可我还是觉得事情不该如此，老师的尊严不是靠钱给的，他们心里肯定不满意。

有没有家长当下满意将来不满意的情况？

这是肯定的。一些幼儿园为迎合家长，急功近利做些当下文章给家长看，根本不考虑幼儿教育的根本，根本不为儿童的将来考虑，只注重"多教一些让家长看得见的东西"，那些决定幼儿终生发展品质的好习惯、好品格等深层次的教育，被这些很商业的幼儿园说成是"费力不讨好的事"。当下一些家长被眼下的东西和利益遮住了视线，可能暂时看不明白，但将来回过头看时，肯定会不满意。

最后要说的是，让家长满意没错，但不是首先应该考虑的，占第一位的，应该是孩子满意、老师满意，甚至从宏观上讲，更重要的是社会满意，这是幼教的高度和责任，是为国家和民族的未来负责。

所以，要小心！"一切为了家长的满意"，有问题。

幼儿园竟然有家庭作业和考试

没错，当下家庭作业让小学家长不胜其烦，所以，我在幼儿园跟家长谈家庭作业时，总是有言在先，告诉他们，此家庭作业非彼家庭作业，说不清楚会吓到家长。

所以说，幼儿园给孩子们留家庭作业这件事，确实要说个明白。

首先要说明白的是，给幼儿园孩子布置家庭作业的两个因由。

第一因由来自我无意间旁听到的一位老师给家长做的招生推介。她说：我们园的老师都非常优秀，您就放心地把孩子教育的事交给我们，之后您就不用操心了。

我知道这位老师招生心切，也知道这位老师的责任心，但我更为她所说的话担心和后怕，所以，我在教师会上批评说：我们有的老师在招生时像推销员，胆大，心大，嘴大，什么话都敢说，不管能不能接住。我还说：实际上对于幼儿教育，家庭所担负的责任至少占70%以上，而我们的老师竟然敢说幼儿园"全包了"，这叫胆大包天！

第二个因由来自工作实践。2007年我在幼儿园课程建设方面提出"生活课程化"的概念，然后大家达成共识：幼儿在家里的生活教育不可忽视，家庭不应该成为教育的责任死角。

借此，我提醒大家，不要总说家园关系的话题，家园关系的好坏不是我们的最终目的，只是过程和途径，我们的家园管理目标应该定位在家园合作上，这才是正题。

于是，我们正题正解，自然而然想到了给幼儿布置与我们幼教理念相匹配的"家庭作业"，并安排家长负责指导、监督和反馈。这是让家园合作理念落地的举措，也是促进家园关系融洽的具体行为。

好了，因由在前，举措在后。

下面所说的是我归纳的三种形式的幼儿园家庭作业：

一、劳动作业

参加家务劳动是幼儿的必修课，入园时我们就跟家长强调：我们是负责任的，既要管"三尺园里"，也要管"三尺家里"。所以，请家长不要以"孩子还小"为托词，更不要以爱的名义来替代，因为，让儿童参与家务劳动不是分担家务，而是建构品格，是在培养有责任、有能力、有态度的孩子。

所以，我们只从年龄出发，提供一些家务劳动的选项，包括拖地板、整理房间、管理鞋架、摆放玩具、帮厨、洗碗、关灯、节水等，让家长确定孩子每月或每学期的自选劳动作业，并负责指导监督和记录评估，以及定时与老师沟通。

二、读书作业

我们知道，当下每个家庭都会给儿童买许多绘本，并对孩子寄予厚望。然而，恰恰因此，出现了"不成问题的问题"，绘本太多，孩子认真读书的习惯被"淹没"了，久而久之，翻读而已，甚至连翻读都厌倦了，只剩下摆个样子。

所以，我们借助家庭作业的形式，给儿童和家长布置每月的阅读主题与计划，并推荐相关系列绘本。与此同时，为了确保儿童真读、深读和读懂，老师要求儿童，读完后给爸爸或妈妈复述，并录像传给老师。

三、周末作业

这一类家庭作业具有计划性、即时性和多样化特点，有时应季，有时应节，有时应势，包括在幼儿园总的工作计划中，也包括在幼儿园周工作计划调整内，很灵动。

形式多种多样，如周末家政大扫除、自己的衣服自己洗、亲子阅读、社会实践、外出郊游、参观博物馆、书城读书、手工制作、节日帮厨、逛街识字、亲子游乐等。

接下来要说的就是：既然有家庭作业了，那么有没有与作业相匹配的考试？我的回答是肯定的：有的。

比如，"我的房间我做主"活动，就是通过家长录像，儿童自己讲解，向全班同学展示自己的房间，展示自己的美化布置和日常整理。

比如，给大班布置了"逛大街识大字"双休日作业，老师为了检验家长的配合效果，可以搞一个"字宝宝大比拼"活动，让儿童把与父母一起在街上、小区找到的生字，做成大字卡，在幼儿园进行展示和讲解，比比谁讲得好。

当然，还可以有许多形式，包括叠被子比赛、穿衣穿鞋比赛、趣味跑步赛、小小读书会等。

可能许多有教育意识的父母也在做着这些事，但是，不可否认，老师的要求儿童很看重，比父母的督促要有效得多。所以，若幼儿园把这些事当真，这些事就进入了课程的轨道，就把家长也拉过来"入伙"了，就把我们所说的"合作关系"理念落地了。

只要我们把控好，别让幼儿园家庭作业小学化，家长就不会烦，就一定会支持我们，就会在参与的过程中逐渐从旁观者和监督者，走到合作者的正位上。

如此，家园关系就会得到积极的改善和发展。

第十辑　说走园读园

我喜欢品读幼儿园，
也喜欢写读后感，
因为每所幼儿园都有可读点，
每个可读点都能读出来不同。

我喜欢走进孩子们中间，
被簇拥的感觉很惬意；
我喜欢听孩子们跟我说悄悄话，
那是最纯美的语言表达；
我喜欢观察孩子们的工作，
因为发现孩子是教育责任。

走园读园为了读懂幼教，
阡红陌绿只待桃李芬芳。
驻足在此确实很曼妙，
有一种被时光拉扯的感觉。
那种缠绵叫作幸福，
我把那种美好敲进键盘，
与幼教界的朋友一同分享。

日本幼儿园你学不了

前几年带河南学前工委去英国、美国幼教考察回来后，都要组织考察汇报活动，都要说点感想与大家分享，唯独 2015 年去日本考察那次，回来后我啥都没说，一直沉默。

直至三年后，才带着纠结和压抑的情态动笔。

所以，才有了这个话题：日本幼儿园你学不了。

请注意，我这个题中有题！我说的是"学不了"，而不是"学不会"，为啥？以下是我的所感所思。

看原汁原味的幼儿园

其实，日本幼教也谈国际化，也有国际味和国际范的幼儿园。那些就和现代城市里的玻璃幕墙、高楼大厦一样，哪个国家、哪座城市都一样，没区别。所以，在一次国际教育论坛中，我说国际化就是"由融合到统一"。

那次去日本前，我向组织方代表杨青女士提出要求，想看日本本土的"老幼儿园"，品鉴"原汁原味的日本幼教"。因为，在我看来，去日本看国际化的幼儿园没太大必要，国内多着呢。就连享誉世界建筑造型别致的藤幼儿园，在日本也是特例，代表不了日本传统幼教。我曾和园长加藤先生交流过，他也认同这个观点，还肯定地说日本幼教的主流很传统。

妙音红叶保育园记录

我们参访的第一所幼儿园在琦玉县，名字叫妙音红叶，很小，室内环境和设施设备很简陋，根本没法跟我国稍好一点的幼儿园比。

杨青是资深幼教专家，对中日幼教了如指掌，她用心安排的参观项目是这所幼儿园儿童的户外团体操。

下面是我的看点和思考点——

1. 先把鞋和袜子脱掉再跑圈

做操前脱鞋和脱袜子这件事我没看懂，看着一半自然草坪一半沙土地的操场，我立刻想到的是，孩子们光脚能否受得了。于是，我脱了鞋，去沙土地尝试了一下，脚硌得生疼，真的受不了。可转身一看，这帮孩子似乎没有感觉，就在草地和沙土地上，"软硬兼施"的交替中开始跑圈了。

我担心他们是因为参访而忍痛表演，可仔细看他们的表情，没人咬牙皱眉，很轻松自然。不用说，平时肯定就是这么训练的。我验证了一下，看了一个孩子的脚底，很硬实，确实受过磨炼。

相比之下，我国幼儿园的地面，都被没有生命的塑胶或人工草坪遮盖着，不接地气。但我明白，那不仅是为了好看，主要是为了安全。所以，尽管我们的园长懂得儿童成长需要磨炼，也欣赏日本幼儿园的教育理念，他们也不敢效仿，因为若你"折磨"孩子，"中国式家长"可能就会折磨你。"不中，学不了！"我们的一位园长当即摇头感叹。

2. 我被一个男孩毫不客气地推了一把

说实在的，在许多情况下遇到的日本孩子都彬彬有礼，点头鞠躬，但在做操活动中我却没有得到如此礼遇，原因是我站到一个孩子的位置上了，我被跑来的一个男孩双手一推，推离原本属于他的位置。面对有些突兀的一推，我愣住了，不明白刚才那些见到我们礼貌地点头弯腰的孩子怎么说翻脸就翻脸。我还想到，要是在英美幼儿园，结果肯定会不一样，那儿的孩子肯定会对我以礼相待。

忽然，我有点惊悚，或许这背后有种文化，不是个性使然，这种文化有别于西方，也不能代表东方（中国古文明），具有日本本土文化基因。

3. 团体操让你生出回家就学的冲动

他们自编的团体操和我国幼儿园常见的团体操不一样，在跑动和队列变化中蕴含着自由和规则，多人组合叠罗汉展示了结构美和韵律美，合作中有团体意识。总之，确实很美，让我们一行人眼睛一亮，因为在国内见不到。

当时，有些园长全程录像，也有园长不停拍照，说回去就照着学，这样的团体操很新颖。我现场也感慨地说：团体操就是要体现合作，可我们现在的团体操好像各自为战，只剩下整齐划一了，我们缺少的就是这种团队合作教育。

激动过后是冷静，有位园长在返程车上就说：咱们回国后敢这样做吗？咱们的家长要是看见自家孩子在罗汉造型底部，他们会不会闹腾，会不会说凭什么别人家的孩子能做"人上人"，而我家孩子当"垫脚石"！

事实也确实如此，回来三年了，我们一行二十几位园长，没有一人干过这事，都知道少一事比多一事好。这就是我想说的：不是学不会，是学不了！

不说了，三年了，每次想起这次考察都觉得很无语，不想说，也有些说不明白。比如，为啥日本幼儿教育要折磨儿童？为啥日本幼儿教育敢折磨儿童？为啥日本幼儿园很简朴？他们的培养目标是什么？对比之下，再问：为啥我国幼儿园都说"一切为了孩子"？这样的口号很真实还是很商业？为啥我国的幼儿园怕家长闹事只能哄孩子？我们的教育是真教育吗？

还有最后一问：若干年后，这些被惯出来的"宝贝"，如果遇到日本那些被折磨出来的孩子，咋办？

我欲说，却无言。

石吟和她的"漫教育"

我一直想说说石吟园长，因为她是有独立思考和善于行动的幼教人。

她说：幼儿教育应该是"漫教育"。

她说：所谓漫教育，是指在宽松愉悦的氛围下，安静、平和地陪伴孩子成长，是成人以特有的内在秩序，追随儿童心智的发展。

她还说："漫教育"有三层含义——

其一是弥漫，教育应该是一种"爱"的弥漫；其二是浪漫，教育应该有着美好的"小清新"感觉；其三，教育更应该呈现出慢节奏，也就是顺应规律。

这三点教育含义的解释，很深，也很美，把教育在空间上的"无孔不入"和在时间上的节奏感，以及在形态上的美感，表述得很到位也很清晰。

我是在"漫教育"的吸引下，在孙敏的带领下，在秋意正浓时，如约走进了石吟园长管理下的一所新园——郑州第二实验幼儿园（简称郑州二幼）。

一个上午，那么小一个园，三层楼，十几个班级，在边走边聊中，竟然有一种"被看点拖不动腿"的感觉。什么原因呢？我被处处弥漫的教育味和石吟园长对幼教的解读吸引着，不疾不徐走走停停看看说说，似乎没有了时间，仿佛被空间锁住，只有教育和对教育的思考，只有漫步和漫步在有教育的环境中，让思想从大脑中流淌，让语言表述着思想。

我不敢说阅园无数，但至少看园已经成了我的爱好和习惯。幼儿园的外观装修和内部装饰，以及老师的环创，这些是园所的第一道风景线。然而，就目前来看，能从这道风景线中看出教育的，并不多见，也就能看出投资者的实力。所以，在石吟园长的陪同解说下，我感受着这次读园，就像读一本好书一样惬意。

毫无疑问，石吟是"导读人"，在她的导读下，郑州二幼的"漫教育"，包括他们的"趣课程"，像一幅简笔画，跃然纸上。

过后再回味，我把"漫教育"的读后感整理成三条手记——

弥漫，我找不到比这个词更确切的词语来解释幼教

出于物理专业的习惯，我曾用"教育场"来解释幼儿园的教育氛围和影响，我说：有教育品质的幼儿园，处处都有教育的"场效应"。这话有点学术，若简单讲，就是幼儿园中应该处处"有教育"，应该时时"发生教育"。

包括一日常规、吃喝拉撒，包括户内外游戏，包括参与劳动，包括儿童之间发生矛盾和解决矛盾，总之，千万别说"教育只在教材里"，教材太薄，装不下如此厚重和无处不在的教育。

比如，石吟是懂蒙氏教育的，她没有给孩子们铁饭碗，孩子们用的是瓷饭碗，为啥如此？石吟园长说：我们让孩子们自己端着瓷碗打饭，这里有许多教育发生。我懂了，至少有自理、劳动、专注、认真、责任，也包括感统平衡的训练等。多好啊！我认为值得大赞！

走进班级，让我有点意外的是石吟竟然在做混龄教育，这在"非蒙氏"幼儿园中是罕见的，过后我用"漫教育"理念思考才恍然大悟。我们若把儿童集体管理了，只让儿童和老师之间发生所谓的教育，不给儿童之间交流合作的机会，则，毫无疑问，我们是在浪费环境教育的资源，我们的教育发生和儿童成长必然大打折扣，更谈不上教育弥漫在孩子们周围。

所以，让差龄儿童在一起，就如安装了连通器，借水位差的力量，让水流动起来。多好啊！我看见了教育的流动，也看到了爱和教育的渗

透和弥漫。

其实，教育的弥漫理性解释就是"生活即教育"，就是基于生活的大教育观。我曾说过"去管理化"，意思是学校，特别是幼儿园，所有的管理过程都应该挖掘和转化为教育过程，这样才能让我们的教育"发生弥漫"。

浪漫，忽然觉得这个词很孤单却又很唯美

孤单，是因为我还没听说谁用浪漫来解读过教育，尤其是那些死拼高考的学校，如果非要用浪漫说事，或许只能用"血色浪漫"来形容。

石吟园长却有不同的理念，她以"小清新"的笔触描绘了教育的原色调，如唯美的叙事诗。当然，浪漫的内层意义并不止于此，而是在功利思想下对教育本源的一种追溯，也包括给教师一份享受教育和浸润其中的精神滋养，尤其是后一点，属于对负重工作的幼师在生命意义上的尊重和礼赞。

的确如此，我在石吟园长的名师工作室里，在和他们管理团队交流的过程中，找到了一种久违的共鸣。我说：我属于眷恋课堂的人，因为讲课的感觉是幸福，而不是疲惫，如果非要说累，也是累并快乐着。这个解释也有点浪漫，属于行为美学。

其实，石吟讲的浪漫，或许可以有更深层的解释，是让教育"轻一点"，让教育"美一点"。至少我是在对比当下教育后，方有此说的。

在"只要学不死就往死里学"的口号下，谁敢说"慢教育"

石吟园长敢说，不只是因为胆量，更是因为智慧。

当然，"只要学不死就往死里学"的口号属于拼高考的学校，但大家都清楚，幼儿园"赢在起跑线上"的说法，与此同出一辙，都隶属于教育浮躁。

事实上，让儿童按照自然生长规律发展，这个道理谁都懂，不仅幼师懂，家长也懂，也知道拔苗助长的危害，也清楚给儿童过度加压的危

险。然而，一旦别人家的孩子超前了，别人家的父母把孩子送到"提前班"（提前学小学课本知识）了，自己也就坐不住了，就随大流了。

所以，有些幼儿园也就凑趣说说"慢教育"，要真的慢下来，由着孩子自然而然地成长，保护儿童成长原生态，"不施肥、不添加、原生态"，还真的需要石吟园长的那种挑战精神。

那天的大户外活动，我看见了真实的"慢节奏"，看见了一院子儿童"无组织、有纪律、有自由"玩得痛快。那一刻，我忽然感动，因为看过许多幼儿园，极少看见还给孩子们真正的自由，所以，涌出一句话，"自由诚可贵"。

其实，给孩子们自由一点也不难，开设以自由活动为形式的户外大课堂也极其容易，郑州二幼只是建设了适合的场地设施和投放了游戏器材，老师们也根本不用指手画脚和大声呵斥维持秩序，只需分布在各个站点，当好观察员，偶尔参与下即可。

我感慨地说：这是一道风景，尽管满院子都是孩子，但没有喧哗喊叫，静得很美，在规则和秩序下，各干各的，互不干扰，包括老师，也不干预，由着他们自主地做自己喜欢的游戏。这让我联想到许多幼儿园的户外活动，能看出老师们精神紧张，保持着"我和我的孩子们，一刻都不能分开"的安全警惕，所谓的游戏都是老师精心设计的，孩子们哪有自己的自由啊！

但在郑州二幼的小院里，在长达两小时之久的大户外活动中，我看见了"和谐社会"，也看见了活动结束时，孩子们听着音乐主动把玩具归位和摆正，主动"自由而不散漫"地走回班级，这里没有老师的大声召集，也没有孩子的大声喧哗，一切似乎都很慢，一切似乎都很静……

临走时我对孙敏说：我们都应该常来常看，只有慢慢看才会把石吟的"漫教育"看得更细腻、更清楚。

王修平和他的"花妞妞"

人物素描

王修平，军旅锤炼出来的硬汉子，复员后学园艺并精于摄影，自诩为"粗人干细活"。再后来偶遇幼教，开始把经年育苗培根的心得付诸实践，以英雄有了用武之地的精神头，在济源市王屋山下建了一个以花妞妞园艺课程为特色的、蜚声省内外的龙儿雪儿幼儿园。

如今，五十尚不知天命的他还在折腾着。

……

此处省略一万字。

为啥？因为，他太有说头了，一时半会儿说不完。所以，我只能找点——重点、亮点、特点，点到为止。

王修平印象

十年前认而不识，我以貌取人，误以为他是一个包工队老板，赚钱后办了几个幼儿园。这不怨我，就他说话那股子豪爽和简单，谁看了，都不会认为他是幼教人。

其实，我是见过 N 次后，才从了解他的人那里知道，这人外表看起来似愚公，内里却有大智慧。果然，在学前工委组织的英国、日本、美国教育考察中，通过实际的接触，我发现此言不虚，他粗犷的外貌下掩藏着各路功夫。

他绝对是一位懂得很多事的董事长。他懂园林设计，懂农耕细作，懂摄影艺术，懂环境创意，懂幼教课程，懂企业管理，懂口才演讲，懂……

花妞妞是谁

都说修平的女儿、恬静的王小麦是花妞妞，因为她大学毕业后就跟着爸爸设计和建设龙儿雪儿幼儿园，就天天围着那些花草树木和水稻小麦打转转。有人说她能和植物对话，有人说她熟悉园内数百种植物的名称和习性。

但她却说花妞妞不是她，不是一个人，是幼儿园里所有的花草，是他们园的孩子，也是幼儿园孩子的好朋友。

其实，真实的花妞妞是王修平团队这几年精心研发的一门课程，这门课程带着自然和生命的意义，让植物世界成为幼儿教育的课程平台，让课堂和黑板上的教育走进了生命蓬勃的绿色小田园。

这门课程属于自然而然的生命教育，内涵深刻。

一米坪和一平方米

说到这里你可能以为龙儿雪儿幼儿园一定有很大很大的户外空间，你错了，不是的，这里有限的空间被无限的创意占据了。尤其是王修平用木板制作的一平方米面积的小菜园，他命名为"一米坪"。我看后说，一平方米的土地不大，却是孩子们的一个世界，是植物生命的一片田野。

我还可以负责地说，在这些一米坪中，我们看到的不仅是孩子们播撒的种子和长出的绿苗，还有孩子成长的故事。如果有人问一米坪的价值，我可以肯定地说，北京的房价也无法与之相比。

因为，这里生长的是未来的人才，也是祖国的未来。

半天自由一天"下地"

他的幼儿园每周计划中，都给孩子"留点空闲，留点时间"，而且，不是一点，足足半天。我听后感慨地说：真大方！

或许你会说，这半天老师自在了；或许你还会说，这半天孩子玩疯了。你真的错了，不是这样的。这半天老师很累，放手不放纵，参与不干预，而且，老师会始终跟着孩子，及时记录孩子在自由活动中表现出来的优秀品质，及时处理发生的问题。

这半天，老师们说，累，但对孩子成长确实有意义；孩子们说，爽，我想天天玩。

我听了之后，问了两个问题：第一，他们会自己玩吗？会不会像撒欢的野马？第二，他们玩啥？在哪里玩？

王修平笑了，说：刚开始这帮孩子确实有点乱，不知道该干啥，在老师要求的自由活动范围内到处乱溜达。后来，在老师的引导下，孩子们从"有兴趣"到"有想法"，再到"有计划""有伙伴"，最后，玩出了品质，玩出了成长。

王修平最引以为豪的是什么？是他们每周一天的"种地课"，即老师带着孩子们去侍弄他们的"花妞妞"，去浇水、拔草、种植。

好了，亮点太多，不说了。反正，无论是谁，初次走进"龙儿雪儿"，看着到处生机勃勃的自然生态，走进屋顶的花园秘境，欣赏着小景观大创意，都会情不自禁地说出两个字——震撼。

最后，解释一下：龙儿写意的是男孩，雪儿象征着女孩。由此，他们创设了两个盛大的园本节日——龙儿节、雪儿节。

邱韵凌 "家有良田"

　　台北邱韵凌女士用二十几年的时间和历练，缔造了家田和咪咪两所蜚声两岸的精致幼稚园。并且，由于深耕幼教执着于蒙氏教育，她凭借优秀和成就获得了幼铎奖。

　　她只做了两所小幼稚园，却获得了一枚大勋章；她虽然专注于蒙氏教育，却在微环境创设方面成为业内广为传颂的样板；她从不高调宣传咪咪、家田的风韵，两园却以风骨卓然赢得两岸幼教界的青睐……

　　于是，有人问：去台北家田幼稚园学什么？

　　别急，我先用排除法告诉你，在那里你学不到啥——

　　你想学怎么把幼儿园做大，你学不到，因为，邱韵凌女士只想把幼儿园做精，把幼教做深，从没想过做大。如果你再追问，为什么这样做？她一定会摇头耸肩，不再多言。

　　你想去家田和咪咪学怎么招生，我劝你别去，因为邱韵凌和她的团队都不会招生，想入他们幼稚园至少提前两年排队。当然，你若想学怎样不招生，她在行。

　　你想学怎样快速创办一所新幼儿园，我也劝你别去，因为她的两所幼儿园都属于"挂一挡慢起步"，没有急着赚钱，注重打好教育基础。

　　好了，言归正传，接下来我不以蒙氏教育为线索，而是从文化高度去点读咪咪、家田"特产"，当然也是为本文的话题作解。

我就是我

"我就是我"的内涵是真实，是不包装、不遮掩。如家田、咪咪，包括我们所了解的台湾其他私立幼稚园，都没有"穿名牌大学外衣"和"嫁接品牌做市场"的。反观我们周围，"穿西装""套马甲"做市场的幼儿园，比比皆是，甚至某些名牌大学牌子竟然挂到了街头巷尾的小幼儿园门头上，怪哉！

我问邱韵凌是否有过"背靠大树"的想法，她否认，并说：我就是我，不会做夸大其词的表面文章。

深度研究家田做的蒙氏教育之后，我感慨地说："真正的蒙氏是敢于直面家长的。"参访后跟大家交流时，许多园长都有同样的认识，说：我们在家田看到了"真蒙"，并因此想到那些没有内涵的"贴牌蒙氏园"。我评价说，那也是"真猛"，有胆无实！

那次参访后，侯炳轩校长说：不识蒙氏真面目，只缘没到家田来。

没有差不多

认真，并且认真得不能再认真了。这种感叹来自我们这次台湾行的所有伙伴，尤其是汝州海天幼儿园董菲园长，她的感触最深，感动颇多。

在大巴交流会上我说：认真、较真的态度不独属于家田和咪咪，已融入台湾文化，包括酒店、商场等服务业，也给大家留下认真的印象。

尽管台湾的经济不景气，但医疗在世界前三的地位，教育在亚洲前三的影响，依然没变。我想，这与当地的文化根基不无关系。

所以，你到家田若能从做事的态度和文化去体会、去学习，然后再想想我们常说的那句"差不多"，必然会脸红，因为咪咪、家田的文化词典中没有"差不多"。

大和小辩证

大就是小，小就是大，这是辩证法，也是我们所解读的邱韵凌把幼稚园做得很小的理由。事实上，家田、咪咪在一般居民楼的几百平方米的房间中，想做大也没场地，可问题是，如此狭小的空间，咪咪竟然二十二岁了，我不禁问：当年没条件只能做小、做精，后来为啥不做大、做多呢？

正如前面所言，我的问题也没有得到邱韵凌的回应，她只是微微一笑。但等我参访完家田，一切都释然了，尤其是她对我说：我数学不好，不会数钱。

多么意味深长的话语啊，邱韵凌理事长懂理也懂事。

她在执着地做真教育，而教育就是大事，与场地大小无关。她的小院处处有微景观，她在微小之处植入的都是大教育。

尊重与成长

在家田的伙伴心语幼稚园参访时，毫不夸张地说，我们一行都受到了"惊吓"。

一名四岁左右的男孩，竟然手持一根针，安静地做针线活。当即，我们这些"被针吓过"的园长，纷纷咂舌，小声耳语：这事咱学不来。两名孩子在一个小案板前，竟然用真刀切真菜。我们惊叹说：这所幼儿园胆子真大。一名三岁左右的女孩，扎着厨师围裙，戴着工作帽，站在班级厨房洗碗池边椅子上，正专注地磕打鸡蛋，为大家准备午餐。

看到这几个场景，我的第一反应是不可思议、不敢想象。而且，那一刻，强烈感动我的不仅是儿童的认真态度和能力，更是蒙氏教育下儿童受到的尊重和成长。

归途中，培杰幼教董事长崔冬梅总结说：教师若能充分尊重和信任儿童，儿童就能健康成长；家长若能充分尊重和信任幼儿园，幼儿园就能做出让儿童受益终生的真教育。长垣步步高学校方玉英校长也说：老师不能总去哄儿童，儿童需要尊重和信任；家长也不能总怀疑老师，老师更需要尊重和信任。

最后我只说一句切题的话：去家田幼稚园不仅是去学蒙氏教育，更重要的是学文化。

汇爱教育：为儿童成长立项100

近些年来，尽管我国基础教育的应试行为愈演愈烈，但幼儿教育的主流还能坚守本分，能坚持按照幼儿发展规律做教育，能按照教育主管部门的行政规范办园。

尤其是在反对幼儿教育小学化的理念下，许多幼儿园懂得了一个道理：小学化的本质是在教室里教学，是灌输式教育。并且，基于对现代幼教的认识，大家把目光投向了西欧和北欧的幼教，开始研究自然教育课程，开始探讨体验式学习方式。

但是，打开大门带着孩子走出幼儿园去体验，这真不是一件容易的事，第一个拦路虎就是安全问题。出了问题谁来买单？于是乎，一些高喊开展自然教育课程的幼儿园，也就是在院子里种点花草，在屋顶开辟个微型农场，最多也就是借春秋之季，提心吊胆地让家长陪着带孩子去踏春和秋游那么一回。

客观地讲，带孩子走出幼儿园，根本不是跨一道门槛的事，就连在小区中的幼儿园一般也不会敞开门，没事带孩子走出小院，走进大院。因为，只要走出幼儿园，到处都有我们担当不起的安全隐患！

我用个惊叹号，并内心坦白：不是我们不懂教育，而是胆小怕事。

但汇爱教育张振宇董事长和谷长缨总经理却不这样，他们敢做事不怕事，为了做真正的幼教，豁出去了。

他们从日本归国，对比中国教育和日本教育之后产生了一个强烈的愿望：办一所不随波逐流、不迎合家长，坚持教育本真的幼儿园。于是就有了创建在郑州的汇爱教育集团，就有了一个大胆动作——"推倒幼儿园围墙"，让社会成为汇爱国际幼儿园（简称汇爱）的"大户外"。

目标既定，怎样落实？课题的解答也是理念的落地。

他们提出儿童成长的第一元素是亲自体验。他们把儿童在园三年的学习课程分解立项，以"汇爱儿童成长工程100项"描绘出一部教育蓝图，并自信地说，每个孩子经历过汇爱10类100项的体验课程后，一定会以完美的品格素养和优秀的能力结构，以最美的身姿带着汇爱符号，迈上小学那道成长台阶。

我多次走进汇爱观察研究，并于2019年10月18日再度走进汇爱后写下了《体验课程的"两观五点"》一文，介绍他们的做法。下面是我的分享提纲。

首先说两观——

第一：课程观

对于儿童而言，所有能支持儿童成长的体验过程都是课程。这是我一直以来坚持的观点。

毫无疑问，以往那种"小学化"的灌输式教学，随着教育的进步发展，势必会被淘汰，只有体验式才是正道，才是真教育，才是我说的"幼儿教育的第一课程方式"。甚至说，这属于基本方式，是先进幼教课程"血脉相连"的根系，特别是华德福和蒙氏教育，都旗帜鲜明地把体验式学习方式放在基础地位上。

第二：成长观

习近平主席在十九大报告中描述了中国发展的三段论——站起来、富起来、强起来，即从建国初的自力更生敢于斗争而屹立在世界东方，到改革开放的经济建设让国家富了起来，然后再提振精神强军强国，让中国从里到外从物质到精神都强起来。

这三段论恰好符合儿童成长的三阶段。

尤其是第一阶段"站起来"，这正是体验式课程的核心要素，是指必须带领儿童走进生活、走出教室，主动参与体验，也就是主动学习，这就是"自力更生"，就是独立自主，就是站起来，而不是抱起来。

"富起来"也是如此，富的是能力和素质，是通过体验过程，以自主学习获得"财富"，而不是依赖老师的灌输成为"富二代"。至于"强起来"的目标，这是一个逻辑归宗的表述，也就是通过体验式学习，最终实现真教育品质。

再说五点——

1. 立足点：以儿童为中心

我始终坚持这样一个观点，即真教育必须以儿童为中心，而不是以教材、以老师或者以考试为中心。尤其是"以考试为中心"，正是我国当下中小学教育的最大问题，也是我国进一步推进基础教育课程改革的重点和难点。

好在幼儿园教育不在考试之列，但仍要警醒，别被中小学的"一切为了考试"所影响，让幼教的科学性受到干扰。

2. 出发点：走进生活、走出教室

没错，离开生活圈在教室根本谈不上体验，张振宇董事长借用诗人陆游的"纸上得来终觉浅，绝知此事要躬行"来说体验的重要性。我也谈到，不知"汗滴禾下土"，怎知"粒粒皆辛苦"。汇爱大户外项目组，设计了带孩子去原阳水牛稻田体验的课程，体验后再带着孩子背诵"锄禾日当午……"无须多言这是真教育。

3. 落实点：项目管理

许多理念若不落地就是口号，汇爱的100项儿童体验课程就是落实，就是不讲空话做实事，就是让课程落地生根。

4. 着力点：发现与生长

不可否认，体验式活动过程中确实有许多不可控因素，总会有些经验不足的老师找不到抓手，会有些突发事件，但与此同时，会出现这样一种现象：儿童发现了问题，老师发现了儿童。当然，必须强调的是，儿童的发现是自主发现，是自然而然的发现，是通过发现问题来建构认知能力，而教师的第一要务是观察发现儿童，绝不是替代和干扰。

经过老师的肯定和点拨，儿童的发现会自然而然地变成由内向外的能力生成或素质养成，这叫作生长。

5. 制高点：发展创造力

可以肯定地讲，儿童的创造力是一种天赋，甚至是成人不及的本能。但是，如果我们把儿童关在教室里，让儿童的学习局限在书本中，那么，他们天生的创造力很快就会消损。只有让儿童走进生活，走向大自然，亲自感受，儿童的创造力才能继续发展。而且，未来社会的"通行证"，一面写着"做人素养"，一面写着"做事能力"，而后者的核心就是创造力。

最后我只说一条：在幼儿园讲安全，这是道德；若以安全为借口不做教育，这是缺德。

松柏听松

我说过这样一句话：于无声处听成长，目不及处看未来。

意思很简单，是基于教育者对教育的领悟，说儿童的成长必须用心来听，儿童的未来在视野之外。

教育确实如此，但凡经历过、领悟到和走入境界后，就会懂得老子在《道德经》中所言：大道无形，大音希声……

今年年底，我再次回到海口松柏儿童之家（简称松柏），竟然也体悟到了这样的教育哲学之美。

因为我在这个小院里看到了"真"，也看见了"善"，真就是真教育，善就是有爱心，而"真"遇见了"善"会怎样？就会如我经常讲的那句话：一些好人在一起做一件好事，多美！正所谓"真善美"。

下面言归正传，再说松柏——

走进松柏小院的第一感觉：回家了

海口松柏儿童之家是我的学生李盛芳的幼教精品，由台北家田邱韵凌董事长倾心设计，是海口教育界公认的精致幼教典范。

早在松柏画草图时我就来过这个小院，所以，小院问世后，我几乎一天也没有离开关注和远眺它成长的窗口，也不断找机会到这个坐落在海甸岛别墅区的小院，看看孩子们和老师，走进他们，感受他们。

我确实喜欢这个绿荫小院，喜欢小院里的孩子们。

由于常来常往，孩子们和老师们与我也不见外，每次回来我都有种回家的感觉。

走进松柏小院的第二感觉：很真实

我参访过许多幼儿园，最常见的场景是：电子屏上写出标语，小朋友夹道迎接。尽管很热情，尽管仪式感十足，但总觉得哪里不对。

松柏不会如此，最多是一个小海报，写上"欢迎王爷爷"，还是手写。然而，正因为去电子化，我感受到了人的味道；因为很自然不排演，我看到了真实的美感。

当然最真实的是孩子们。

我和李盛芳园长一起走进大门，一切都很自然，就像回到家中的小院，园里一帮孩子在忙来忙去地做木工。

其中一名男孩远远地看见了我们，然后，似乎又跟老师确认是我来了之后，立马奔了过来，牵着我的手真情问候了一句：王爷爷。那眼神流露出的纯真，那动作表现出的亲情，让我真切地感受到了家的温暖。紧接着，几名孩子闻声而来，其中一名女孩看我抱着先前过来的男孩，也扑了过来，我立刻蹲下用另一只手把她也抱了起来。

同时，我注意到旁边一名大一点的女孩，她很安静，她对其他孩子说：王爷爷抱不动了。这句话把我感动得眼泪都要涌出了。看着这帮可爱的孩子，看着他们如此懂事，我转身跟老师说：谢谢你们！

还有一名孩子过来问我：王奶奶咋没来？还没等我回答，另一名孩子更正说：不是王奶奶，是杨奶奶。原来，早间老师跟他们聊过欢迎板上的字，他们讨论过。

我被孩子们的热情和家一样的温暖圈围着，于是，深有感触地跟老师们说：透过孩子，我看见了最美的老师，看见了最真的教育。

走进屋子的第一感受：有秩序

一楼屋子里大约有二十多名儿童分布在不同区角，都在安静地工作。（蒙氏教育认为基于成长意义的事情应该叫作工作，这是对比成人而言给儿童最大的尊重。）

我的到来，打破了原有的安静，一些孩子向我挥手打招呼，也有一些孩子小声私语。跟随我的章悦园长说：他们前两天就知道您要来，一直在问老师，早就有期待了。谢欣默园长补充说：松柏的孩子跟人很亲，有些孩子说见过您。

我没有接话，唯恐干扰孩子们的工作，只是悄悄地走过去，走到他们身边，低声和他们交流，询问他们在干什么，喜欢干什么。其实，对话中我捕捉到了孩子们的眼神，深深感受到了孩子们的认真，或许我没有把他们当孩子，或许我没有摸着他们的头居高临下，所以，他们才能认真地跟我说真话。

大多数孩子激动了一小会儿就又埋头工作了，屋子里重新恢复了秩序。那一刻我脑海中浮现出我走进许多幼儿园的场景：老师大声提醒孩子们，大家看看谁来了？然后就是教大家说王爷爷好，接着就是此起彼伏的问好声，经常是一开始还算问好，后来就变成了喊话。

但松柏的老师很稳重，也很隐蔽，藏在孩子们中间。老师的安静我懂，这是蒙氏教师的修炼，是尊重儿童和敬畏工作的表现。

走进屋子的第二感受：很拔高

我指的是他们的教育有高度，他们的孩子很当家。

比如，他们竟然让年龄稍大一点的孩子记日记。我问：他们会写字吗？章悦园长说：他们会画日记。并拿来一本用画"正"字记录喝水的日记。看后我意识到其中包含的教育很厚重，包括自我管理，包括饮水健康，也包括数学。我点赞，真好！

他们告诉我，还有用其他图画记录的日记，包括即将推出的"双休日日记"。松柏儿童可能会就此发明出独属于他们的"象形文字"，我好期待。

又比如，他们竟然给孩子们读时事新闻，这还真的是一件新鲜事。我问：孩子们喜欢吗？听得懂吗？两位园长不约而同地点头肯定。我认同他们的做法，因为我一直以来的观点就是，把儿童当成人，他们就成长。

再比如，松柏菜地丰收后，吃不了的蔬菜孩子们说可以卖掉，赚到的钱可以给老年公寓的老人买礼物。我问：这样的策划出自老师还是孩子？这次不等园长回答，一位老师有点激动地抢着说：就是我们这帮孩子七七八八议论后的结果，而且做起来很认真，家长也非常配合。

好了，该说说心得了。

首先，在这个别样的小院里，我听到了松柏儿童成长的拔节声，看到了松柏儿童未来的样子。

其次，我又一次领略了幼教是基础的基础，幼师是"地下工作者"，培养人就像盖大楼，基础越深楼才能越高。

最后的结语应该叫作"夸海口"。

理由是，曾一度认为南疆热土教育落后，如今，松柏儿童之家等幼儿园的出现，改变了我们的认识。我们在这里看见了很美的教育，也透过很美的教育看见了孩子们很美的未来，还听见了孩子们成长的声音。

于是，有了题目——松柏听松。

偶遇南司旺仔

这个标题肯定让你有点晕，会问：谁是南司旺仔？

其实，"南司旺仔"是一所坐落在海南儋州白马井镇的幼儿园。哇！名字是不是很酷？不过真正酷和不一般的并非名字，而是它的历史、文化、教育、人物……

我偶遇后，归结了五个不一般。

六十年办园史，海南第一园，不一般

1958 年，一个甲子之前的海南儋州白马井镇，隶属广东，并以南方海洋渔业总公司（南司）所在地而热闹繁华，甚至胜过今天。

那年，南司办了一所幼儿园，或许该叫托儿所，专为职工照看孩子，是海南历史上第一所幼儿园。

所以，今天的南司旺仔幼儿园，是青出于蓝而胜于蓝的"老园"，是白马井镇教育乃至儋州市教育的"老根"，是白马井人用教育情怀写就的——园老人不老。

用事实说话，小镇能做大教育，不一般

教育有大有小，这毫无异议。

往小了说，一所乡镇级别幼儿园，能照看好儿童，儿童吃好玩好，再学点东西，家长或许就满意，办园就算成功了。

　　但现任南司旺仔幼儿园总园长的李明珠不这么看，她既不委屈自己，也不委屈白马井的乡亲们，她执拗地说：白马井的教育水平要和几千年的历史和东坡文化相匹配，不能因处于渔港小镇而降低教育标准。她是这样说的，也是这样做的。她北学东渐，到处求学，结识了台北家田幼稚园园长邱韵凌，发现了最有品质和最精致的蒙氏教育。

　　2019 年 1 月，在李明珠园长相邀下，我走进了南司旺仔，在那里我看见的不是服从于商业目的的贴牌幼儿园——"好像蒙氏"，而是真真切切地看到，这所幼儿园得到了台北家田人文学院的蒙氏真传。

李明珠的家成了白马井的儿童之家，不一般

　　最早的儿童之家，属于意大利教育家蒙特梭利，她在 1907 年创办的幼儿园没叫学校，也没叫幼儿园，而是起名为"儿童之家"。这当然是因为蒙特梭利博士懂幼儿也懂幼教，一个"家"字，装入了满满的爱，也装进了她以儿童为中心的教育理念，以及她主张的以儿童主动发展为方法的蒙氏教育。

　　至今，全世界的幼教都以蒙氏教育为骄傲，因为蒙氏教育的根基很深，能为人的一生发展不断提供营养，是目前业界公认的科学幼教理念和方法。

　　所以，当我走进李明珠的"家"，看到和参与到孩子们的工作之中后，我顿生感慨：没想到真正的蒙氏教育竟然能落户白马井，看来这个比邻洋浦深水港的白马井的教育底蕴和港湾一样，确有深度。

名声远扬是因为他们的老师爱学习，不一般

　　农历二十七，该准备过年了，但李明珠园长想的不是过年，而是利用我小住白马井的时机，让我给南司旺仔的老师讲讲幼教。（她最善于抓住机遇。）

　　让我钦佩的是，她不仅是为了自己的南司旺仔幼儿园，她的责任心和对家乡教育的大爱，让她没有忘记白马井镇幼教界的所有姐妹园。

我被李明珠园长的境界和作为感动，最终以"我也是白马井人"的身份，在镇教委符主任的主持下，给南司旺仔幼儿园的老师和白马井镇所有园长，讲了《幼师成长十二讲》的课题。课后，我归结了一条：从这些老师和园长如饥似渴的听课状态中，我深深感受到教育没有城乡差别，只有学习和不学习的差距。

南司旺仔的孩子吃了干墨鱼粥就是旺，不一般

当我在院子里看见孩子们玩跳箱，而且身轻如燕，看着孩子们在篮球场非常规范地运球投篮，我确实惊住了，心想：这哪里是幼儿园的孩子啊！正想着，一名年龄稍小的女孩，翻过跳箱后摔在了地上，我本能地冲上去准备把她抱起来。没想到，旁边的老师拦住我，说：没事。话音刚落，就见小女孩一个翻身利落地起来，拍拍衣服又跑过去，再来一次。

我忽然想到，在河南幼儿园常常出现孩子摔倒后骨折的事故。于是，我问李明珠园长，南司旺仔的孩子有没有因为户外活动出现过骨折问题。李明珠园长想都没想就说：没有，我当园长十六年了，一次都没有。这下我更惊讶了，他们这些旺仔咋就这么旺？

为什么？李明珠园长当时没回答出来这个问题，因为她第一次遇到有人问这个问题。但第二天她发微信告诉我，说可能是因为每周都给孩子们吃"干墨鱼粥"的缘故，那可是高钙食物。

儋州佳艺幼儿园李盛芳园长也说：全儋州幼儿篮球赛，南司旺仔的孩子最厉害，身体素质没的说，生龙活虎。他们园的林园长告诉我，每天上午户外自由运动两小时，雷打不动，雨淋不散。

我高度赞许"自由运动"中的"自由"，这是蒙氏教育的灵魂；并发现他们老师的站位和作为，都能体现出"放开手的爱"，这是教育的爱，是基于成长主题的爱。

上述五个"不一般"是走马观花所得，如果"下马深入"，我相信，收获会更多。

上街有一株"四叶草"

四叶草属于三叶草家族中的万分之一，很稀有。所以，在西方文化中，遇见四叶草就是遇见美好，遇见幸福。

或许就是源于这样的情牵梦绕，张绪坤从北京带了一株"四叶草"到郑州。

他用教育情怀和国际视野，以及自己修炼的教育功力，给老家河南奉献了一所唯美的幼儿园——四叶草国际幼儿园。

2019 年 11 月 21 日，我再访"四叶草"。上一次去是一年多之前，那时"四叶草"尚处于装修阶段，可谓"小草即将破土"，也能"嗅到生命味道"。那次，绪坤跟我畅谈他的教育理念，描绘园景的蓝图。在他的高谈阔论中，我已经清晰地看见了"四叶草"的清丽生命和美好未来，充满了期待。

后来"四叶草"成功开办，我深知背后之艰辛，所以用"踏平坎坷成大道"来表述。而当我对创办工作给予充分肯定时，曾园长代表管理团队表示："现在只是开端，是第一步，探索和实践优质教育和国际化教育的路还长着呢！"

他们是懂事理的。

没错，万事皆在事理中。我在三位园长的带领和介绍下，从一楼的功能教室、儿童游泳馆，一直到四楼的大型体育馆，再从室内到户外，从硬件到课程，边看边读边说，一路走来，从"四叶草"聊到了他们的四大习惯课程，偶遇正在教研的老师后，我又即兴说到了幼师应该具有的四大敬畏。

说完我意识到，中国文化中的"事事如意"，或许就隐喻在四叶草中。

于是，欣然整理了一点"读后记"——

用四叶草来表述教育理念和习惯培养，很美

张绪坤一直在讲"会考试更会做人"，其中的权重表述很清晰，做人比考试更重要。所以，在他对教育的理解中，学校教育应该有宽度、有厚度、有高度。尤其是对宽度的解释，他的教育主张是"不止考试"（考试指代学习），还有生活，还有运动，还有娱乐。

对学校教育宽度的这四项表述，被他比作四叶草的四片叶子。而在郑州上街区创办"四叶草"时，他本着理念必须落地的原则，把"四片叶子"解释为"四大习惯"，并据此整合开发成为这所幼儿园的园本课程。

这是我充分肯定的一点，做事必须做真事，绝不能仅仅喊口号。

我还理解到一点，用四叶草寓意四大习惯，这不是一种简单的数字对称式的理念镶嵌，而是寓意和寄托，是为教育的美好和幸遇教育的情感寻一个归宿。

尤其是一进门的开放式大型绘本馆和阅读池，几万册对外免费借阅的绘本，顿时点亮了这所幼儿园。我评价：这是真正的书香门第。继续往前走，还有一面记录儿童阅读的读书墙，标题为阅读影响儿童一生1095工程。我看到了用心和态度，他们以三年1095天为工期，以送给孩子一座图书馆为目标，把读书这件事做大了。所以我说：天天读，三年成习惯。我还说，读书习惯弥足珍贵，这岂止是送给儿童一座图书馆，而是送给儿童一座人生的黄金底座，是送给儿童一个最美的童年和最可期的未来。

培养生活习惯和运动习惯的场地和设施，都很用心，尤其是一楼的恒温游泳池和四楼的大型体育馆，堪称奢华。几位陪同的园长都表态说：我们都懂，硬件确实可以了，关键在软件。我赞许一番，也留下期许。

或许被"四叶草"暗示，我跟老师们说了四个敬畏

没有计划的安排就是偶遇，在三楼我推门走进了老师教研活动中心。他们正在研讨一节绘本教学课，看见我进来，园长不失时机地让我给老师们讲几句。

于是，我随意地跟老师们聊了起来。没有准备，围绕着幼师这个苦乐相伴的职业，自然而然地聊到了一个话题——敬畏。

我谈的第一点是敬畏生命。因为，我一直坚持这样的观点，除了父母之外，幼师是对儿童生命品质起到巨大作用的人。所以，我对他们说：你们从事的是一个既高尚又高危的职业，做好了，儿童因你们而幸福，做错了，儿童的一生因你们被耽误。

第二点我说到敬畏职业。这个话题是敬畏生命的后续延伸，因为分析下来，幼师职业当属"有生命力"的职业，不会被机器人和智能时代所替代，因为教育的发生必须是人和人之间的事，必须是有活力和生命的创造性劳动。所以，你们选择幼师就对了，安下心来，一辈子踏踏实实，敬畏自己的选择。

第三点我说到敬畏时间。我说，时间最公平，对谁都一样。我曾比喻儿童当属于钻石年龄，青年人可谓金色年华，到中年有所成就和继续奋进时可谓火红时代。后面的我就不说了，只说前两个与大家有关的时间段。儿童的"含钻量"与我们有关，我们必须对他们负责；同时，幼师正处于金色年华，正是激情绽放学习奋斗的好时光，不能耽误自己，不能让时光顺着指缝溜走。

第四点我说到敬畏缘分。老师们选择了幼教，这是缘分，是好人遇见了好事；我们大家在"四叶草"相遇，也是缘分，是为了做一件好事，好人与好人相聚，多好！

我问老师们：当你们懂了这是缘分的时候，你们是什么态度？大家说：珍惜！

下面这句权作结束语：有幸遇见"四叶草"，我们大家都珍惜吧！

沈新鲁的太湖童园岛

时间：2018 年 11 月 10 日

地点：太湖童园岛跑马场

人物：沈新鲁

活动：中国发明协会学前创新教育分会会长（扩大）工作会游岛活动。

场景：一匹高大的阿拉伯马背上，年已七十的沈新鲁先生，身穿一袭红衣，手提大刀，英姿勃发，豪气冲天，向前方疾驰而去……

我对沈新鲁先生的外在形象和内在气质有八字评价：简素、平民、安静、低调。所以，我起笔时颇为犹豫，唯恐因此干扰了新鲁先生信步湖畔的那份宁静。

那份宁静来自翌日清晨，平静得不能再平静的太湖水，配着轻柔的晓雾，我和早起的新鲁兄在湖堤上散步、聊天，说起人生的磨砺，谈到共有的信念……

不过，当我提笔描绘此兄时，确实为难，因为可以展示他形象的角度太多，他的阅历色彩太丰富，他身上的性情符号太多。所以，我搜索一番后，以我和新鲁兄两年两面的相遇相识，以太湖儒侠的定义描绘出"沈新鲁印象"：性格豪爽，军人风范，做事干脆，走路带风，表面粗狂，内心细腻，广交四海，文武双全；能跃马千里，善读书品茶，退伍后曾走仕途历练，后入商海见身手不凡，彻悟后皈依幼教，开办苏州同源艺术幼儿园二十余年。

我说：新鲁兄终为教育人。

只缘他乃书香门第、先生后人。那天，在湖畔别墅书房，新鲁兄拿出父亲手书，如印如刻的小楷，让我和程准等惊羡不已。并由此懂了，新鲁兄缘何学富五车遮衣袖，为何大爱至善不言语。

不仅我敬佩他，同行的十几人亦如此。

但我们真正敬佩的还不是他成功经商的积累，也不是他南人北相的风采，更不是挂在头上的宋庆龄基金会理事等各种社会荣誉光环，而是他的教育情怀和思想。

他是有思想的教育投资人，他崇信教育家陶行知，他懂得从大自然中给儿童摄取教育养分，他为了把大自然还给孩子们，竟然以爷爷的名义，送给同源艺术幼儿园的孩子们一座岛。

这个岛屿本无名，是太湖中的一个自然岛，他买下后起名为童园岛。童园意为儿童的乐园，他也做到了这点，在岛上给孩子们开垦了菜地、茶园、果园，还养殖了许多动物，有鸡、鸭、鹅、狗、猫、羊、牛，有孔雀、大雁，有巴马香猪，还有各种名马。

他还专门为孩子们购置了一艘汽船，而且，每次孩子们登岛他都亲自驾船，为孩子们走向快乐执舵护航。有人说，那一刻他像一个将军，也有人说，他好像儿童团的团长。我喜欢团长这个名字，符合他保护童心的初心。

说起来童心也真的很奇妙，那天我们登岛的一行十几人中，就属我们几个年过花甲的人，一反常态，最活跃，最像孩子。这不奇怪，因为我们平时都在"形象框架中"，被身份、环境和年龄约束着，着实不敢乱来。就在我们走到跑马场，拿着各种道具刀枪，释放童心的时候，岛上的十几匹马被管理员放出来，一路撒欢奔到了跑马场。

那一刻，我的脑海中忽然跳出两个词：自由、自然。而就是这两个词，与当下的孩子距离遥远，他们最缺的就是走进大自然，他们被可怜地困在城市的高楼林立中。所以，我脑海中又涌出另外两个词：幸福、幸运。我知道这两个词属于同源艺术幼儿园的孩子们，当然，也包括我们这些登岛的人。

　　遇见新鲁先生确实很幸运，但绝不仅是因为他的古道热肠，也不是这两天的盛宴款待，而是他的人生阅历、练达性情，让我们感悟了许多许多。尤其相较于那些所谓的商界赢家古稀之年后只剩下"回家数钱"，新鲁先生依然热度不减，依然宝刀不老，依然在做教育公益。比如，他给山东烟台的鲁东大学捐资，创设教育基金会，鼓励和帮助诸多投身幼教的学子，走进儿童，走进教育。

　　他的淡泊，他的超俗，他对教育功德的执信，源自哪里？在他的书斋中，我们找到了答案：当你以一定的文化修养，面对一窗太湖水品味一茶一书时，必生禅意。

　　所以，这次"太湖论坛"结束后，大家都说，如入仙境，幸遇沈仙。对此说法，新鲁兄只是用豪放和独有的笑声回答我们，而我，借此找到了一种解读，他是一个亦儒亦侠的人，很纯粹；他又是一个亦神亦仙的人，很超脱。

有一所敢"劳烦宝贝"的幼儿园

先说下宝贝和宝贝文化。

宝贝：不是古董古玩，不是金银玉器，是当下的孩子们。

宝贝文化：衣来伸手饭来张口，不让孩子受委屈，百般呵护，无微不至地关怀，一切为了孩子，一切惯着孩子。

但有一所幼儿园例外，他们竟然敢劳烦宝贝，他们竟然敢让宝贝自己的活自己干，他们竟然还让宝贝打扫幼儿园的院子，他们太不把宝贝当宝贝了！

这所幼儿园坐落在长白山下的白山市，叫作"世纪阳光幼儿园生态园"。

这所幼儿园并非名园，但它的特色课程却很稀有，属于园本课程，名字叫"生活劳动课"，很直白，不含糊，就是教儿童学会生活自理和热爱劳动的课。

其实，不管是业内人士还是业外家长，说到以"劳动课"为园本课程，嘴上不说心里也会嘀咕：一般民办幼儿园为了市场效应，弄来一些高大上和有名头的课程当特色，世纪阳光幼儿园的创始人何叙却一转身，捡起了一个被时代丢掉的劳动课来当亮点。

于是，我疑惑而问之，何叙是何许人？

可惜，至今也仅仅在微信中聊过幼教话题，所以，此问待解。

不过，有解的是她和他们阳光园的拳拳之心，以及因此确定的教育诉求点，是他们的理念和办园目标，或者更确切地讲是情怀。

他们把培养"德智体美劳全面发展的社会主义建设者和接班人"读懂了，她认为前些年在一些文献中只说"德智体美"，把五位一体中的"劳"弄丢了，这是不对的！

我有同感，也一直纠结于这个问题。尽管有解释说，"劳"含在"德"之中，也有说"劳"的内涵已经不再局限于体力劳动，还包括脑力劳动，但我还是想不开，依然困惑于劳动创造了人类的基本观念上。

好在这些没想明白的事，2018年9月10日在全国教育大会上，习近平总书记讲清楚了，他讲教育要"培养德智体美劳全面发展的社会主义建设者和接班人"。

一锤定音，一语中的，直接点到了我国教育和社会文化的问题要点。当下随着经济社会的发展，一切以经济发展为轴心的意识在一定程度上导致了儿童养育和教育的方向走偏，好逸恶劳鄙视体力劳动者的问题，已经越发严重地成为年轻一代的道德毒瘤。包括在中小学书本中德育或许尚能见到些许，但劳动教育却难觅踪影。

说到这里，或许你该了解何叙是何许人了，至少可以简述为：是一名看懂教育和看清社会问题的敢作敢为的幼教人。

青岛少年科学院院长聂麦花也是如此，她主持实施的学校劳动课程便是坚持素质教育大方向的大作为，也因此在国内基础教育界产生了广泛的影响，给沉迷于一切为了考试的教育注入一针清醒剂。

我曾写过一篇微文《不劳而祸》，阐述了当下劳动意识缺失的后果，也曾一度研讨和实践幼儿园的生活教育，并认为幼儿必须走进生活，这是根的教育和教育的根，也是儿童素质养成和能力培养的基本渠道。尤其是素质养成，是基于生活技能让儿童受益终生的品质。比如说，让儿童学会自理劳动和参与公益劳动，最重要的不是技能掌握，而是习惯养成以及品质塑造。

世纪阳光幼儿园生态园就是如此，我不逐一介绍他们是如何进行生活劳动课程的，我想这样的课程没有难度只有态度，所以，我仅用一句话来标注他们的教育理念：儿童自己能做的事情必须自己做，没有依赖，也没有替代，一切为了儿童的成长。

忽然，我发现这所幼儿园的作为颇像华德福教育，走向了生态回归，走进了自然而然的境地，真好！对比大城市里被高楼挤压难见阳光和绿地的幼儿园，对比因场地局限坐圈在教室里看黑板受教的儿童，世纪阳光幼儿园生态园的孩子，幸甚至哉。

没错，尽管当下宝贝文化流行，但我相信若把参与劳动和劳动的教育价值，以及劳动对儿童未来成长的现实意义讲清楚，家长们会支持我们的。相反，有些本着做生意的目的，把家长当作顾客一样哄着，把儿童当作小主和宝贝一样惯着的幼儿园，或许能暂时混个好日子，但从教育的道德和责任来看，实属误人子弟。

不！若幼儿园都走入如此的轨道，就不仅是误人子弟了，是误国误民！

所以，我为世纪阳光幼儿园生态园的敢于坚守教育，敢于挑战宝贝文化，敢于劳烦宝贝而点赞！

EDUCATION DISCOVERY · EDUCATION DISCOVERY · EDUCATION DISCOVERY · EDUCATION DIS
COVERY EDUCATION DISCOVERY

· EDUCATION DISCOVERY · EDUCATION DISCOVERY EDUCATION DISCOVERY · EDU
CATION DISCOVERY · EDUCATION DISCOVERY · EDUCATION DISCOVERY · EDUCATION DISCOVERY · EDUCATION DISCOVERY · EDUCATION DISCOVERY · EDUC

VERY · EDUCATION DISCOVERY · EDUCATION DISCOVERY · EDU
CATION DISCOVERY EDUCATION DISCOVERY · EDUCATION DISCOVERY · EDUCATION DISCOVERY EDUCATION DISCOVERY · EDUCATION DISCOVERY · EDUCATION DISCOV

CATION DISCOVERY · EDUCATION DISCO
VERY · EDUCATION DISCOVERY · EDUCATION DISCOVERY EDUCATION

EDUCATION DISCOVE
RY · EDUCATION DISCOVERY · EDUCATION DISC

教育
发现

E
DUCATION DISCOVERY

OVERY · E

DISCOVERY · EDUCATION DISCO

Y · EDUCATION DISCOVERY EDUCATION DISCOVER

ERY · EDUCATION DISCOVERY · EDUCATION DISCOVERY EDUCATION DI

SCOVERY · EDUCATION DISCOVERY · EDUCATION DISCOVERY · EDUCATION DISCOVERY · EDUCATION DISCOVERY · EDUCATION DISCOVERY · EDUCATION DISCOVERY · EDUCATION DISCOVERY · EDUCATION DISCOVERY · EDUCATION DISCOVERY · EDUCATION DISCOVERY · EDUCATION DISCOVERY · EDUCATION DISCOVERY · EDUCATION DISCOVERY · EDUCATION DISCOVERY EDUCATION DISCO

RY · EDUCATION DISCOVERY · EDUCATION DISCOVERY · EDUCATION DISCOVERY · EDUCATION DISCOVERY · EDUCATION DISCOVERY · EDUCATION DISCOVERY · EDUCATION DISCOVERY · EDUCATION DISCOVERY · EDUCATION DISCOVERY EDUCATION DISCOVE

EDUCATION DISCOVERY · EDUCATION DISCOVERY · EDUCATION DISCOVERY · EDUCATION DIS

COVERY EDUCATION DISCOVERY · EDUCATION DISCOVERY EDUCATION DISCOVERY · EDU

VERY · EDUCATION DISCOVERY · EDUCATION DISCOVERY · EDU

CATION DISCOVERY · EDUCATION DISCO

EDUCATION DISCOVE

教育
发现

RY · EDUCATION DISCOVERY · EDUCATION DISC

E · YREVOCSID NOITACUDE

OCSID NOITACUDE · YREVOCSID

REVOCSID NOITACUDE YREVOCSID NOITACUDE · Y

ID NOITACUDE YREVOCSID NOITACUDE · YREVOCSID NOITACUDE · YRE

EVOCSID NOITACUDE YREVOCSID NOITACUDE · YREVOCSID NOITACUDE · YREVOCSID NOITA